KB141088

일제시대
재일 한국인 노동자계급의
상태와 투쟁

__전기호 全基浩

1938년 경남 밀양 출생.
경희대 경제학과 졸업, 같은 대학원에서 석사·박사학위를 취득.
1971년부터 현재까지 경희대 경제학과 교수로 재직.
한국노동경제학회회장과 한국경제사학회, 한국경제학회,
한국사회경제학회 이사를 역임. 現민족문제연구소 이사.
저서로 《노동경제학》(1984), 《한국노동경제론》(1989), 《신노동경제학》 등 다수.
논문으로 〈한국의 임금구조와 그 변동에 관한 실증적 연구〉 등
경제학 및 노동 관련 백여 편.

일제시대 재일 한국인 노동자계급의 상태와 투쟁

초판 1쇄 인쇄 2003. 12. 24.
초판 1쇄 발행 2003. 12. 30.

지은이 전기호
펴낸이 김경희
펴낸곳 (주)지식산업사
서울시 종로구 통의동 35-18
전화 (02)734-1978(대) 팩스 (02)720-7900
한글문패 지식산업사
영문문패 www.jisik.co.kr
전자우편 jsp@jisik.co.kr
jisikco@chollian.net
등록번호 1-363
등록날짜 1969. 5. 8.

책값 18,000원

ISBN 89-423-3055-X 03330

이 책을 읽고 저자에게 문의하고자 하는 이는
지식산업사 전자우편으로 연락 바랍니다.

일제시대
재일 한국인 노동자계급의
상태와 투쟁

전기호

지식산업사

들어가는 말

일본 극우파 지도자들이 일제의 한국 강점을 합리화하는 망언을 계속해 온 터에, 이시하라 신타로 도쿄도지사가 '한국 병합은 조선인 스스로가 바란 것'이라는 망언을 서슴지 않았다. 뿐만 아니라 최근에는 한국 병합을 미화하는 한국인의 저서가 일본에서 발간되었다고 하니 가소롭기 짝이 없다. 돈벌이를 위해 민족을 파는 사람들이라 하지 않을 수 없다.

납북 일본인 문제로 북한과 일본의 관계가 나빠지면서 재일총련의 조선인들에게 일본극우파들의 협박과 테러가 자행되고 있다. 뿐만 아니라 그들은 조선인은 바퀴벌레니까 모조리 죽여야 한다고 선동하고 있다.

일본은, 과거 역사에서 우리나라에게 자행한 갖은 노략질을 논외로 하더라도, 임진왜란을 일으켜 우리나라를 초토화시켰고, 재산을 앗아가는 것은 물론이거니와 많은 한국인을 학살하고 포로로 잡아가기도 했던 것이다.

일본은 그 당시 선진문화라고 할 수 있는 '조선 문화'를 약탈하여 에도(江戶)시대의 산업과 문화를 발전시키는 원동력으로 삼았으며, 이것이 곧 메이지유신의 기초가 되었던 것이다.

일본은 메이지유신을 계기로 가까스로 제국주의의 자격증을 획득하여 한국을 식민지로 삼고서는, 전쟁에 광분하여 한국인의 생명과 정조를 빼앗아갔고, 노동력과 재산을 약탈하였던 것이다. 한국인을 '한국인' →'조선인' →'선인' →'반도인'으로 칭하면서 멸시는 점점 그 강도를 더해갔다. 그러면서 섬나라인 자신들을 내지(內地), 내지인(內地人)이라고 불렀으니 어처구니가 없을 따름이다. 그리고 한국인을 일본에 강제 연행해가면서 이입(移入)이라는 용어까지 써가며 마치 물건 취급을 했던 것이다.

최근 일본은 경제력을 바탕으로 극우화, 군국주의화하는 가운데 군사력을 강화하고 있어서 크게 걱정된다.

저자는 10년 전에 일제시대 재일 한국인 노동자들의 노동과 생활, 노동력의 착취, 그리고 노동자들의 투쟁에 관한 논문을 쓰기로 마음먹었다. 그뒤 이와 관련된 논문들을 발표하였는데, 이번에 이들을 모아 책으로 펴내게 되었다.

이 책은 1939년 강제연행 이전과 이후를 다 포함해서 일제시대 전 시기를 다루고 있다. 주권을 빼앗긴 식민지 백성들이 일본에서 겪었던 고통이 얼마나 컸으며, 그들의 통한과 울분이 얼마나 가슴에 사무쳤을지 이 책을 통해서 이해해주면 고맙겠다. 특히 일제시대를 체험하지 않은 세대들이 이것을 깨우쳐 다시는 남의 나라의 지배를 받아서는 안 되겠다고 다짐한다면 더 큰 기쁨이겠다.

저자는 이 책에서 재일 한국인 노동자계급의 형성요인과, 그들이 직면한 여러 노동조건과 생활조건을 결정적으로 규정한 것들이 일본 자본주의의 역사적 특수성, 특히 그 후진성 · 반봉건성 · 군사성 등에서 나올 수밖에 없는 필연성을 논증하고 있다. 따라서 이 글을 읽다보면 일본 현대사의 한 단면까지 이해할 수 있을 것이다.

자료의 제약, 자료편제의 일관성 결여, 자료에 대한 설명부족, 그리고 특히 점령자 일제가 자신의 목적을 위해서 만든 것이었기 때문에 생긴 자료의 편파성 등, 이 글을 쓰는 데 어려움이 많을 수밖에 없었다. 그래서 어떤 경우에는 상상력이 꽤 요구되기도 했으나, 중요한 논증이 필요한 대목에서는 실증적인 자료를 갖고서 이를 뒷받침하려고 애썼다. 또한 이 책은 따로 발표된 논문들을 한데 모은 것이기 때문에 비슷한 내용이 가끔 반복해서 등장할 것이다. 이처럼 중복되는 내용을 생략하지 않은 까닭은 각각의 논문이 갖는 고유한 논리를 훼손하지 않기 위해서였다.

이 책의 출판을 흔쾌히 수락해주신 지식산업사 김경희 사장님과 편집과 제작을 위해 수고해주신 지식산업사 관계자 여러분께 심심한 감사의 말씀을 드린다.

2003년 11월
경희대학교 교수회관에서
전 기 호

차 례

제 1 부

재일 한국인 노동자계급의 형성과 상태

재일 한국인 노동자계급의 형성

1. 머리말

일반적으로 노동자계급의 형성은 두 가지 과정을 거쳐서 이루어진다. 하나는 종래의 자급자족적인 생존수단에서 인간을 분리시켜 무산자화(無産者化)함으로써 대량의 무산자가 창출되는 과정이고, 다른 하나는 이렇게 분리된 무산자가 자본과 결합하여 자본－임노동 관계로 편입되는 과정이다.

노동자계급의 형성도 역사적으로 볼 때 성격을 아주 달리하는 두 가지 단계로 나눌 수 있다. 자본주의적 생산은 노자(勞資) 관계의 형성을 전제로 하고 있다. 그리고 자본주의 발전의 내용을 이루는 자본의 축적은 앞서 이루어져 있는 노자 관계의 확충·발전을 뜻한다. 그런데 자본주의가 앞서 전제하고 있는 노자 관계 그 자체의 역사적 형성을 본원적 축적 또는 원시축적이라고 한다. 노동자계급의 형성과정은 바로 노자 관계의 형성·발전을 뜻하며, 이를 바탕으로 하는 자본축적의 과정은 다시 원시축적과 원시축적 이후로 크게 두 단계로 나눌 수 있다.

자본의 원시축적, 즉 자본주의적 생산은 봉건사회의 생산적 기초인 자영

농민 및 수공업자에게서 생산수단을, 특히 자영농민에게서 토지를 분리시켜 가족 노동력과 생산수단의 자연적 결합을 파괴하고, 생산수단을 빼앗긴 노동력을 임금노동력으로 전화(轉化)하며, 생산수단을 이윤획득 수단인 자본으로 전화했을 때 성립된다. 원시축적기의 무산자 창출은 영국의 인클로저 운동(enclosure movement)에서 전형적으로 나타나는 것과 같이 주로 농민층에서 일어났다.

자본축적은 자본주의가 형성된 뒤, 즉 원시축적기가 있은 뒤에도 자영농민층이 많이 잔존하고 있는 동안에는, 일단 주로 자본관계의 확산에 따라 몰락한 농민층의 무산화를 바탕으로 진전된다. 물론 농업 부문 이외의 수공업 부문을 비롯한 전통적인 부문도 자본관계의 확대에 따라 무산자 창출의 원천이 될 수 있다. 모든 전통적인 부문이 파괴되어 한 사회 전체가 자본관계에 편입되고 나면 이제 무산자(노동력)의 창출은 자본관계 안에서 주로 기계화·합리화 등 생력화(省力化)를 거쳐서 이루어지지 않으면 안 된다. 이상의 과정들은 부분적으로는 동시에 진행될 수 있다.

재일 한국인[1] 노동자계급의 형성도 한편으로 무산자의 창출과정과, 다른 한편으로 자본－임노동 관계로 편입되는 계기를 기본적으로 갖고 있다. 그러나 여기에는 경제의 자생적 발전과정에서 형성된 노동자계급의 형성과는 근본적으로 다른 계기가 끼어드는데, 그것이 바로 한국의 일본식민지화인 것이다.

우리나라에서는 조선왕조 말기에 관영수공업이 점차 쇠퇴하고 독립자영장인(獨立自營匠人)이 출현하여 자본주의적 발전을 향한 싹이 보였으나 19세기 후반에 시작된 일본의 정치적·군사적·경제적 침투와 이에 이은 식민

1) 일본 신문들은 우리나라 사람을 일제의 한국 병합 이전에는 주로 '한국인' 또는 '한인'이라고 불렀는데 일부 드물게는 '조선인'이라고 부르기도 했다. 이것이 한국 병합과 함께 '조선인'으로 호칭이 바뀌고, 특히 차별하여 멸시하는 경우에는 '센진'이라고 불러 이 용어가 점차 정착되어 간다. 이 글에서는 인용문이나 각주에는 원문대로 사용하고 저자가 객관적인 호칭을 할 때는 '한국인'으로 표기하도록 한다.

지화는 겨우 움터 오던 이러한 혁신적인 요인을 말살해버렸다.

따라서 재일 한국인 노동자계급의 형성은 일본의 대한(對韓) 식민지정책에서 결정적인 영향을 받게 된다. 이 때문에 한국인 노동자계급의 형성에서 몇 가지 특징이 나타난다. 우선 무산자의 창출과정은 일본의 대한 식민지 경제정책을 통한 경제수탈, 특히 주로 농민수탈에 따른 전 농민의 계급적 몰락에 따라서 이루어진다. 그래서 우선 일본의 대한 식민지정책, 그 가운데서도 특히 식민지농업정책과 무산자 창출의 관련성을 밝히지 않으면 안 된다.

다음으로 재일 한국인 노동자계급의 형성을 다루는 데서는 이렇게 창출된 무산자들이 어떤 경로로 재일(在日) 일본 자본과 결합되는가를 밝히는 것이 중요하다. 한국과 일본은 지리적으로 바다를 사이에 두고 떨어져 있을 뿐만 아니라 비록 한국이 일본의 식민지로서 일본 영토의 일부로 귀속되기는 했어도, 양국 사이에는 정치·경제·문화적으로 사실상의 국경이 엄연히 존재하고 있었기 때문에, 사람의 이동이 한 국가 안에서처럼 완전히 자유로운 것은 아니었다. 그래서 한국에서 창출된 무산자와 재일 일본 자본이 결합해서야 비로소 이루어지는 재일 한국인 노동자계급의 형성은 일본의 한국인 도항정책(渡航政策)에 따라 결정적으로 영향을 받는다. 따라서 일본에 건너간 한국인 무산자가 일본에서 '어떤' 자본과 '어떻게' 결합하여 '어떤' 상태로 존재하는가도 중요한데, 여기에는 재일 한국인의 고용과 실업, 직업구성 등이 포함된다. 마지막으로 재일 한국인 노동자계급의 상태를 좀더 깊이 알기 위해서는 그들에 대한 일본 자본의 노무관리나 임금, 노동조건 및 생활상태에 대한 분석이 필요하다. 하지만 이에 대해서는 다음 기회로 미루기로 하고, 위에서 말한 고용과 실업 그리고 직업구성에 논의를 한정하기로 한다.

일본의 대한 식민지 경제정책이나 대한인(對韓人) 도항정책, 그리고 일본 안에서 한국인과 일본 자본이 결합하는 양태는 크게 일본 자본주의의 특성에 따라서, 총체적으로 보면 일본 자본의 요구에 따라서 결정적으로 규정된다.

2. 일제의 식민지정책과 무산자의 창출

일제는 한국 병합 전후에 식민지 조선을 조직적으로 수탈하기 위해서 기초적인 틀을 마련한다. 그것은 두 가지 방향으로 착수되었는데, 그 하나는 근대적인 토지제도 및 화폐금융제도의 확립 등 '제도의 근대화'였고, 다른 하나는 철도·항만·도로·통신·전기 등 수탈의 신경계통이라고 할 수 있는 교통통신 등 '사회간접자본의 건설'이었다.

특히 이러한 식민지정책 가운데서 다수 농민의 무산자화와 관련이 깊은 것은 근대적인 토지소유권의 확립과 같은 토지제도에 관련된 근대화정책이다. 조선총독부는 1910년부터 1918년 사이에 토지조사사업을 시행하여 토지에 대한 절대적·배타적 사유권을 확립하고 나아가 토지 소유권자에게 지가(地價) 기준의 지세(地稅)를 부과하는 지세제도를 만들었다. 토지조사사업으로 막대한 토지가 농민에게서 바로 국유지로 수탈되었다.

> 막대한 양의 국유지가 창출되었다. 사업 직후 국유지 면적은 12만7천331정보에 달하였고, 동양척식주식회사[東拓]에 출자한 것까지 합치면 총 13만7천225정보(2.8퍼센트)에 달하였다. 1918년 東拓의 소유면적은 7만 176정보이고, 국유지와 東拓의 소유지는 1918년 현재 전체 사정면적의 4.2퍼센트를 차지하였다. 1918년 당시 일본인의 토지소유는 과세지로 환산할 경우 전체의 7.5퍼센트에 달하였다[2)]

이러한 토지조사 과정에서 한국인이 일본인에게 속아 신고하지 않아서 빼앗긴 토지가 꽤 있는 것으로 추정된다. 1941년 日立광산에 강제 연행된 김영진씨의 진술을 들어보자.

---

2) 조석곤, 〈土地調査事業과 植民地地主制〉, 《한국사 13, 植民地時期의 社會經濟-1》, 한길사, 1994, 232~233쪽.

그 당시 논이나 산은 지주가 분명하지 않은 토지가 있었다. 그곳에 일본인이 측량하러 와서 토지를 가지고 있으면 많은 세금을 내게 된다고 말했다. 그래서 신고하지 않아 몰수된 토지를 일본인이 빼앗아 갔다.[3)]

일본인들의 토지수탈은 토지조사사업의 직접적인 실시과정에서 뿐만 아니라 고리대(高利貸)적인 수탈에서 말미암은 것도 있었다. 이러한 토지수탈에 따라서 많은 농민층이 무산자로 전환되었다.

사업이 완료될 당시 조선 인구의 80퍼센트는 농민이었다. 토지소유 상황은 전 농가호수의 3.1퍼센트(약9만 호)에 지나지 않은 지주가 전 경지면적의 50.4퍼센트를 차지하고 있었으며, 소작을 하지 않고는 살 수 없는 농가는 77.2퍼센트(약2백만 호)나 되었다. 농가는 농지를 매우 불균등하게 소유하고, 농촌에서 지주-소작관계가 지배적인 지위를 차지하였음을 알 수 있다. 식민지지주제라고도 표현되는 이러한 생산관계는 1910년에서 1920년 사이에 더욱 강화되었다. 자작농의 몰락과 소작관계 농가의 증대 경향은 정도의 차이는 있지만 일제의 통치기간 내내 유지되었다.[4)]

근대적 토지소유권의 확립과 더불어 토지의 상품화가 진행된다. 또한 이와 더불어 진행된 지세(地稅)의 가중, 일본 상품의 농촌 침투로 말미암은 농가부업의 파괴 등은 끊임없이 영세농을 몰락시키고 이들을 소작농으로 편입하면서 식민지지주제를 확대·강화하는 데 한몫한다.

농촌에서 인구의 자연 증가, 영세농의 몰락에 따른 소작농의 확대는 소작지를 둘러싼 소작농 사이의 경쟁을 격화시키며, 이로 말미암아 소작인에게는 소작율의 인상 등 소작 조건의 악화를 불러왔다. 이를 계기로 국유지와

---

3) 山田昭次, 〈日立鑛山朝鮮人强制連行の記錄〉, 在日朝鮮人運動史硏究會編, 《在日朝鮮人史硏究》 제7호, 1980.12, 28쪽.

4) 조석곤, 앞의 책, 235~236쪽.

동양척식주식회사 또는 일본인 지주를 중심으로 소작료의 인상과 통제·강화가 진행되었다.

이러한 과정을 거쳐서 몰락한 영세농이나 소작농은 대량의 잠재적 혹은 현재적 프롤레타리아트로 된 것이다.

농민의 대량 무산화를 촉진시킨 또 하나의 식민지정책은 산미(産米)증식계획의 추진이었다. 산미증식계획은 일본 제국주의의 요구에 따라 시행과 중단을 반복하면서, 대체로 3기에 걸쳐서 이루어졌다.

제1기 계획은 1920년에서 1925년 사이에 이루어졌고, 제2기 계획은 1926년에서 1934년 사이에 실시된 산미증식 갱신계획이며, 제3기 계획은 전시(戰時)에 실시된 것으로서 1940년의 조선증미계획과 1943년의 개정증미계획이 바로 그것이다. 산미증식계획은 토지개량사업(관개개선, 지목변경, 개간·간척)과 경종법(耕種法) 개선사업을 중심으로 실시하여 미곡 생산량을 획기적으로 증대한다는 것이다. 일제는 농업공황 심화로 1934년에 산미증식계획을 중단했으나, 1937년 중일전쟁의 발발과 1939년의 대흉작을 계기로 1940년 조선증미계획(6개년 계획)을 실시하였으나 1942년 태평양전쟁이 터지면서 조선증미계획이 더욱 장기적인 계획으로 확충되었다.

이러한 산미증식계획의 실시로 한국에서는 농업생산량이 크게 증가하게 되었고 더불어 미곡 상품화의 급진전과 미곡단작형(米穀單作型) 농업생산구조가 확립되었던 것이다. 뿐만 아니라 미곡 수이출량(輸移出量)은 미곡 생산량의 증가를 훨씬 앞질러 급증했는데, 수이출량의 대부분이 일본으로 이출이기 때문에 산미증식계획은 결국 일제가 우리나라 미곡을 수탈하는 데 목적이 있음을 알 수 있다.

또한 산미증식계획이 실시된 결과 수리조합비 부담이 지나치게 늘었고, 이것은 수리조합 구역 안에서 경제력이 취약한 중소 토지소유자를 몰락시키면서, 대지주계급에게 토지집중을 불러왔다.

결국 산미증식계획이 소농민 경영에 미친 영향과 관련해서 종래 소작빈

농층의 퇴적, 소작농의 경작권의 불안정화라는 사실이 거의 공통적으로 지적되어 왔다.[5)]

일제의 식민지 농업정책의 2대 지주인 토지조사사업과 산미증식계획이 극소수의 지주에게 토지를 집중시켰고, 중소 영세농의 몰락, 농민 대부분의 소작화를 가져오면서, 지주－소작농이라는 식민지지주제를 확대·강화하는 가운데 소작농에 대한 지주의 착취가 강화되었다. 이에 더하여 지세, 그 밖의 각종 공과금, 면직 등 가내부업 파괴, 공출강요 등 일제의 여러 수탈정책이 농민의 몰락을 더욱 부추겼다.

이렇게 몰락한 농민 가운데 일부는 잠재적인 프롤레타리아트로서 농촌에 소작농 등으로 잔존하고, 일부는 농촌을 떠날 수밖에 없었다. 농촌을 떠난 농민 대중은 1930년에 기형적으로나마 발달하기 시작한 공업 부문에 흡수되고 나머지는 국외로 이주한다. 재일 한국인 노동자계급의 원천은 주로 이렇게 몰락한 농민층이었다.

3. 한국인의 일본 도항 관련 정책

이제 한국에서 창출된 무산 대중을 재일 일본 자본과 연결하는 매개항(媒介項)이라고 볼 수 있는 한국인의 일본 도항(渡航)과 관련된 여러 정책을 살펴보기로 한다.

여기에는 몇 가지 논의해야 할 중요한 점이 있는데, 첫째로 도항정책과 관련하여 재일 한국인사회 형성의 핵심적인 내용을 이루고 있는 재일 한국인 노동자계급 형성이 시작되는 '기점'의 문제이고, 둘째로 도항정책의 '시기 구분' 문제, 셋째로 각 시기별 도항정책의 '내용'에 관한 것이다. 이들 문제에 관해서 차례로 검토해보기로 한다.

---

5) 장시원, 〈산미증식계획과 농업구조의 변화〉, 《한국사》 13, 280쪽.

1. 재일 한국인 노동자계급 형성의 기점

한국인 노동자의 일본 도항이 언제 시작되어 재일 한국인 노동자계급이 형성되기 시작했는가 하는 문제이다.

> 이에 관해서 지금까지의 지배적 견해는 1910년 일본이 조선을 완전히 식민지화(조선합병)한 뒤로 조선인이 서서히 일본에 노동자로서 도항해 오게 되었다고 한다. 즉 1899년(메이지 33년)의 칙령 제352호「조약 또는 관행에 비추어 거주의 자유를 가지지 않은 외국인의 거주 및 영업 등에 관한 건」에 따라서 조선인 노동자의 일본 입국이 금지되어 있었던 바, '합병'에 따라서 일본 국민이 된 조선인에게는 이 칙령이 적용되지 않게 되어 노동력으로서 유입되게 되었다는 설명이 통설로 되어 있는 것이다.[6]

그리고 김영달은 이러한 통설이 이제는 유지될 수 없는 도그마라고 비판하고 그 까닭을 다음과 같이 설명하고 있다.

> 그 첫째 까닭으로서 칙령 제352호에 관한 추밀원의 심의록이나 내무성의 운영통첩을 현재로서는 볼 수 있는데, 그것에 따르면 칙령에 대한 지금까지의 해석이 완전히 오해였음이 판명되기 때문이다. 그리고 둘째 까닭으로서 현재까지 곳곳의 재일 조선인의 지역사(地域史) 연구 가운데 '병합' 전 일본에서 조선인 노동자의 취업상황이 꽤 발굴되었고, 그것이 예외적인 사례로 볼 수 없을 정도로 다수에 이르고 있기 때문이다.[7]

그러면서 그는 다음과 같이 덧붙였다.

---

6) 金英達, 〈在日朝鮮人社會の形成と1899年勅令第352號について〉, 在日朝鮮人運動史硏究會, 《在日朝鮮人史硏究》 第21號, 1991, 94~95쪽.

7) 같은 책, 95쪽.

조선인은 당초 '조약 또는 관행에 비추어 거주의 자유가 없는 외국인'에 해당되지 않기 때문에 처음부터 칙령 제352호에 따른 입국 단속의 대상이 되지 않았던 것이다. 법안의 제정 의도에서도, 운용에서도 이 칙령의 대상은 중국인의 이주·이민이었다[8]

그리고 그는 지금까지 일본 각 지방의 재일 한국인의 역사 연구의 성과 가운데 밝혀진 병합 및 병합 이전의 한국인 노동자의 사실을 열거하면서[9], 병합 이전에도 한국인 노동자가 일본 전역에 걸쳐 꽤 있었음을 증명하고 있다. 뿐만 아니라 그는 다음과 같이 언급하면서 칙령 제352호가 한국인 노동자가 일본으로 이주하는 데 맡은 구실을 더더욱 적극적으로 평가하고 있다.

칙령 제352호에 따라 앞서 일본에 들어와 있었던 많은 중국인 노동자가 배척된 결과 그것에 대체하는 노동력으로서 조선인이 들어오게 된 것은 아닐까. 이 추측은 아직 충분한 사료의 보증이 없는 가설에 지나지 않지만, 만일 그렇다고 한다면 칙령 제352호는 조선인의 일본 이주의 방파제로 되어 있었던 것이 아니라 흡인기(吸引器)였다[10]

이러한 김영달의 견해는 山脇啓造도 지지하고 있는데, 山脇啓造는 다음과 같이 밝히고 있다.

'조선합병'으로 말미암아 조선인은 내무성령 제32호의 적용대상에서 제외되지만, 칙령 제352호는 시행할 때부터 조선인에게는 적용되지 않았기 때문에 1910년 이전에도 조선인 노동자의 이입(移入)은 합법적으로 이루어지고 있었다는 것이 이 글의 견해다[11]

---

8) 같은 책, 97쪽.
9) 같은 책, 98~100쪽.
10) 같은 책, 100쪽.
11) 山協啓造, 〈朝鮮合併 以前の日本における朝鮮人勞動者の移入問題〉, 在日朝鮮人運動史研究會,

〈표1〉 목적·지방별 조선인 일본 도항자(1907년)

지역	出稼	상업	유학	어업	기타	합계
부산	295	0	130	0	0	425
군산	0	244	9	0	47	300
목포	21	18	0	20	21	80
인천	-	-	-	-	63	63
평양	0	2	50	0	3	55
대구	10	6	9	0	16	41
기타	1	10	25	0	2	38
합계	327	280	223	20	152	1,002

주 : 《제2차 통감부통계연보》〈표50〉에서 저자 작성(인천은 직업별조사가 없기 때문에 모두 기타에 포함되어 있음)
자료 : 山脇啓造, 앞의 책, 14쪽.

칙령 제352호에 따라 중국인 노동자가 배척되고 대신에 한국인 노동자가 일본으로 이입(移入)하게 되는데, '칙령 제352호는 한국인의 일본 이주의 흡인기였다'는 김영달의 견해가 각종 신문 기사를 통해서 확인된 다음의 사실에 따라 뒷받침된다.

> 이들 기사에 따라서 '병합'하기에 앞서 조선인 노동자가 山陰東線의 공사에 종사하고 있었던 것을 알 수 있다. …… 우선 그들의 제1진이 처음 일본에 온 것은 1907년 10월 노동 브로커라고 할 수 있는 清水庄太郎이 처음에는 중국인 노동자를 이입하려고 하여 神戸까지 데려왔지만, 칙령 제352호에 걸려 神戸항에서 돌려보내지 않을 수 없게 되고, 대신에 1백 명의 조선인을 데려왔다. 境항에 상륙한 뒤 城崎까지 걸어서 山陰線 공사를 청부하고 있었던 철도공업합자회사와 계약하고 철도공사에 종사하게 되었다.[12]

여러가지 자료로 미루어 재일 한국인 노동자계급의 형성 기점은 1890년대 말경이라고 생각한다. 그러나 이것은 앞으로 더욱 많은 사료가 발굴됨에

《在日朝鮮人史研究》 第22號, 1992.9, 3쪽.

12) 堀內稔, 〈兵庫縣朝鮮人の初期勞動運動〉, 《在日朝鮮人史研究》 第23號, 1993.9, 85쪽.

따라 변경될 수도 있다. 참고로 1907년도 목적·지방별 한국인 일본 도항자의 통계는 〈표1〉과 같다.

2. 도항(渡航)정책의 시기구분

앞에서 말한 바와 같이 재일 한국인 노동자계급의 형성은 한국에 대한 일본의 영향력이 막강하게 된 1890년대 후반부터이지만, 이때부터 한국 병합 때까지는 한국인의 일본 도항에 관하여 뚜렷한 정책이나 규제는 없었던 것 같다. 일본 자본은 필요한 경우에는 자유롭게 노동 브로커를 거치거나 또는 바로 한국에서 노동자를 모집해 갈 수 있었다고 본다. 말하자면 '자유도항기'였다고 생각한다. 또한 이 시기에 일본에서 한국인 노동자가 문제시 될 만큼 그렇게 많은 수에 이르지도 않았다.

한국인의 일본 도항에 관한 정책이 뚜렷하게 형성되기 시작한 것은 한국 병합에 따라 식민지통치의 주체인 조선총독부가 들어선 뒤이며, 그것이 비교적 체계화된 것은 한국인 노동자의 도일(渡日)이 급증하기 시작한 1910년대 후반부터이다.

일본 후생성의 《협화사업》 자료[13]에 따르면, 한국인의 일본 도항에 관한 제도를 세 시기로, 즉 제1기 자유도항제도시기(병합~1923년 4월), 제2기 제한도항제도시기(1923년 5월~1939년 7월), 제3기 계획도항제도시기(1939년 8월~해방)로 구분하고 있다.

그러나 水野直樹가 적절하게 지적하고 있는 바와 같이 1919년의 여행증명서제도 확립 이전을 자유도항의 시기라고 하는 것은 실태를 정확하게 파악한 것이라고 볼 수 없다.[14] 더욱이 한국의 3·1운동을 계기로 일제는 이러한 독립운동이 일본 국내로 확산될 것을 두려워하여 1919년 4월 조선총독부

13) 厚生省 健民局 指導課(第84回 帝國會議 參考資料), 〈在日朝鮮人に對する同化政策の「協和事業」〉, 《在日朝鮮人史研究》 第17號, 1987.9, 110~141쪽

14) 水野直樹, 〈朝鮮總督府の內地渡航管理政策〉, 《在日朝鮮人史研究》 第22號, 1992.9, 36쪽.

경무총감부령 제3호 「조선인의 여행취체에 관한 건」을 공포하고, 한국인이 일본으로 건너올 때는 경찰에 대한 계출허가제(여행증명서제도)를 규정하여 한국인의 일본 출입에 엄격한 규제를 가하였다. 일본으로 도항하는 한국인 개개인에게 여행증명서를 갖도록 요구한 이 경무총감부령은 1922년 12월에 일단 폐지되지만, 이러한 엄격한 도항제한 시기까지 포함하여 '자유도항제도시대'라고 분류한 일본 후생성의 견해는 어불성설이라고 하지 않을 수 없다.

일제는 기본적으로 일본 자본의 요구에 따라, 또 부수적으로 일본 안팎의 정치·사회 정세에 따라, 그리고 부분적으로는 한국 안의 경제사정에 따라 조선총독부의 견제를 받으면서 한국인의 일본 도항을 장려하기도 하고 제한하기도 하였다. 제한의 경우에도 사정에 따라 엄격한 제한의 시기가 있었는가 하면 제한이 매우 완화되는 경우도 있었다. 도항정책의 전체적인 맥락에서 보면 도항의 장려도 일종의 도항의 관리로 볼 수 있다. 그래서 저자는 한국 병합에서 1939년 7월까지를 '도항관리기'로 일괄해서 부르기로 한다. 그리고 1939년 8월부터 해방까지를 일본의 처지에서는 '계획도항기'라고 부를 수도 있겠지만, 우리의 처지에서는 그 내용을 더욱 부각시킨다는 뜻에서 '강제연행기'라고 부르는 것이 좋다고 생각한다. 이와 같이 두 시기로 구분하는 까닭은, 1939년 7월 「국민징용령」이 공포되어 일본 안에서는 그대로 시행되었고, 한국에서는 징용령 그대로 시행되지 않고 「모집」 형식의 동원 계획이 수립되어 실시되었지만 내용상으로는 강제연행이었기 때문이다. 그래서 일본 안에서 국민징용령을 발동한 시기를 기준으로 그 이전을 도항관리기, 그뒤를 강제연행기로 구분하는 것이다.

3. 도항정책의 내용

이러한 도항정책은 말할 필요도 없이 전체적으로 일본 자본주의의 이익을 위한 것이다. 그러나 경우에 따라서는 재일 일본 자본가와 재한(在韓) 일본 자본가의 이익이 반드시 일치하는 것은 아니었다. 따라서 조선총독부는 이 둘 사이의 이해관계를 적절히 조절하면서 전체로서 일본 자본주의의 이익을 극대화하는 방향으로 도항정책을 전개하였다.

> 조선총독부의 도항관리정책은 '내지'(內地) 자본가의 이익을 도모함과 아울러 한편으로는 조선 안의 노동력 사정과 在朝 일본인 사업가의 이익도 고려한 것이었다. 그것은 1918년 10월의 통첩에 나타나 있다. 물론 전체로서 일본 자본주의의 이익이라는 관점에 바탕한 도항관리정책이 시행되었다고 해야겠지만, 조선총독부로서는 조선 안의 상황을 무시할 수 없었던 것도 사실이다. 그것은 이 시기에 한정되지 않고 이후의 도항관리정책을 고려할 때도 중요할 것이다. 1930년대 말 이후의 강제연행기에서도 '내지'의 노동자 부족의 해소라는 측면과 함께 조선에서 시행된 노동력 동원정책을 고려할 필요가 있는 것은 아닐까.[15)]

조선총독부는 한국의 노동력 사정을 고려하여 도항관리를 하였던 것이다. 이에 관해서는 뒤에 기술하기로 한다. 이제 시기별로 나누어 도항정책의 큰 줄거리를 보기로 한다.

가. 도항관리기의 정책

조선총독부 경찰 당국은 1911년 1월부터 한국인의 일본 도항의 실태를 파악하려고 했고, 1913년 4월에는 경무총감부 보안과장의 통첩에 따라 내지인의 한국인 노동자 모집을 인가제(認可制)로 하여 도항관리를 강화하였다. 1917년부터 각종 일본인 업자들이 한국인 노동자를 활발하게 모집하였고, 또 한국인 쪽에서도 적극적으로 일본으로 도항하려는 요구가 나타나게 되자 조선총독부는 1918년 1월 29일 조선총독부령 제6호 「노동자 모집 취체 규칙」을 제정하여 그때까지의 도항관리를 더욱 체계화했다. 이 '규칙'에 따

---

15) 水野直樹, 앞의 글, 앞의 책, 36쪽.

라 노동자모집은 종전의 인가제에서 허가제로 바뀌게 된다.

위에서 서술한 바와 같이 조선총독부의 도항관리정책은 내지 자본가의 이익 도모만을 목적으로 한 것은 아니고, 한국 안의 노동정책적인 측면까지 고려한 것이다.

> 1918년에 노동자모집·도항이 급증했다는 사실, 일본에서 米騷動이 일어나 米價가 폭등했기 때문에 조선 안에서도 노동쟁의가 증가한 사실, 이들 요인에서 임금이 상승되었다는 사실 등으로 말미암아 조선 안의 사업자는 노동자부족, 임금상승이라는 사태에 직면하게 되었다.16)

그래서 운수노동자나 토목노동자 등을 사용하는 업자는 총독부에 노동자 모집을 엄격하게 관리할 것을 요구했고, 조선토목건축협회와 같은 단체는 노동자 이출(移出)제한운동을 전개하면서 총독부 경무총장 앞으로 진정서를 제출하여 현재 고용되어 있는 노동자의 모집을 허가하지 말도록 요구했다.

> 조선토목협회의 진정을 받아들여 경무총감부는 '현재 다른 토목, 건축, 광산 및 공업의 고용에 계류 중인 자'의 모집을 금지함과 아울러 허가에서는 도항자의 수 및 노력 수급의 정세 등을 살펴본 뒤에 조선 안 각종 사업의 경영에 지장을 가져오지 않도록 배려할 것을 지시했던 것이다.17)

종래 총감부의 방침이 단지 서류의 형식만 완비하면 거의 무제한으로 노동자의 이출을 허가해 왔던 관례에 견주어 보면 노동자의 모집허가가 매우 엄격해졌음을 알 수 있다. 모집허가 건수, 인원수, 그리고 실제 도항자 수는 1918년에 정점에 이른 뒤 감소하는 경향을 나타내고 있다. 제1차 세계대전

16) 같은 책, 33쪽.
17) 같은 책, 35쪽.

〈표2〉 조선인 노동자 모집·도항자 수

연도	모집허가 건수	전체(명)			도항자(명)		
		전체	남자	여자	전체	남자	여자
1917	80	28,737	18,715	10,022	6,220	5,204	1,016
1918	57	21,264	14,376	6,888	7,324	6,610	714
1919	27	10,115	5,060	5,055	2,468	1,946	522
1920	23	5,392	4,178	1,214	1,573	1,247	326
1921	5	7,469	4,519	2,950	1,233	660	573
1922	21	5,126	3,511	1,615	3,023	2,286	337
1923	4	600	-	600	436	70	366

주 : 1) 1918년 이후의 도항자 수에는 전년 허가분의 도항자를 포함.
2) 1918년의 수지에는 모집허가 2건 3,401명(남자 2,400명, 여자 1001명)에 대하여 '南洋行', 도항자 84명(남자 73명, 여자 11명) 포함
3) 1919년의 수지에는 모집허가 2건 230명(남자만)에 대하여 '滿洲行' 89명, '南洋 行' 105명(남자 91명, 여자 14명)을 포함.
자료 : 前揭, 《朝鮮警察概要》, 大正14年版, 176쪽. (水野直樹, 앞의 글, 39쪽, 〈附表1〉에서 재인용)

의 종료와 함께 경기후퇴를 고려한 일본 자본가들이 한국인 노동자의 고용을 억제하기 시작했던 것이다.

앞에서 말한 바와 같이 3·1운동이 터진 직후 조선총독부는 한국인에게 개별적으로 여행증명서를 요구하는 도항관리정책으로 전환한다.

> 요컨대 1910년대 조선총독부는 집단적으로 노동자를 모집하고 도항을 관리할 목적으로 정책을 시행했던 것이다…… 확실히 몇 명 정도의 노동자의 모집이나 단신 도항은 그만큼 엄격한 관리를 받지는 않았다. 그러나 이 시기의 조선인 노동자의 내지 도항은 대부분 집단모집이었다는 점을 고려하면, 노동자모집을 관리하고자 했던 조선총독부의 정책이 중요하게 다뤄지지 않으면 안 된다.[18]

지금까지 1910년의 도항관리정책을 비교적 상세하게 다룬 까닭은 이것이 그뒤에 펼쳐질 정책의 바탕이 되기 때문이다.

1922년 12월에 3·1운동이 있은 뒤에 도항을 엄격하게 규제했던 조선총

---

18) 같은 책, 35~36쪽.

독부 경무총감부령 「조선인의 여행취체에 관한 건」이 폐지되는 바람에 도항은 더욱 자유롭게 된다.

> 이것은 만성적인 불황에 허덕이던 일본 독점자본이 값싼 조선인 노동력을 일본 노동시장에 무제한으로 도입하여 더 많은 이윤을 얻기 위하여 저임금과 가혹한 노동조건으로 일을 시켜 공황의 피해를 노동자에게 떠넘기려는 것이었다.[19]

1923년 9월에 관동대지진이 있은 뒤, 한국인과 일본인 사이에 감정이 매우 나빠져서 일시적으로 한국인이 일본으로 건너오지 못하도록 금지했지만, 그뒤 질서가 회복되고 민심이 진정되면서 금지조처를 풀었다.[20]

그리고 대지진 복구사업으로 노동력 수요가 크게 증가하면서 한국인 노동자의 일본 도항이 눈에 띄게 증가한 나머지, 1924년 말에 그 수가 약 12만 명에 이르러 공급과잉 현상이 빚어지고, 드디어 한국인 노동자의 실업이 문제시될까 걱정이 되어[21] 도항저지제도가 공포된 것이다.

> 그러나 이 법령은 일본에서 노동운동이 고양되고 조선인과 일본인의 연대가 강화되었기 때문에, 일본인 노동자의 실업의 원인을 조선인의 도항에 있다면서 민족배외주의를 조장하기 위해 만든 것이었다.[22]

도항 단속을 더욱 강화하려고 1928년 7월 24일 조선총독부는 경보국장 명의로 각 도지사 앞으로 통첩을 보내어 다음 조건을 구비한 자에게만 釜山水上署 명의로 소개장을 교부하도록 지시하였다.

---

19) 朴慶植, 《朝鮮人强制連行の記錄》, 未來社, 1965, 26쪽.
20) 厚生省 健民局 指導課, 앞의 자료, 앞의 책, 112쪽.
21) 같은 책, 112쪽.
22) 朴慶植, 앞의 책, 26쪽.

① 취직처가 확실하다고 인정되는 자
② 船車의 표 값 기타 필요한 여비를 제하고 아직 10円이상의 여유를 가진 자
③ 모르핀 주사 상습자가 아닌 자
④ 브로커의 모집에 응하여 도항하는 자가 아닌 자[23)]

위에서 말한 도항저지정책이 계속 강화되었음에도 도항자 수는 좀처럼 줄지 않았다.

1921년에서 1930년 사이의 도항, 귀환, 거주 인구는 〈표3〉과 같다. 〈표4〉는 한국인 1만 명 이상의 거주지역을 보여주고 있는데, 大阪府의 인구가 다른 지역에 견주어 압도적으로 많다는 것을 알 수 있다.

1929년에 일어난 세계 대공황은 일본 경제에도 큰 타격을 주었음은 물론이다. 일본은 이것을 연이은 전쟁으로 극복할 생각으로 1931년 만주침략(만주사변), 1932년 상해침입(상해사변), 1937년 중국본토침략(중일전쟁) 등 대륙에 대한 침략전쟁을 일으킨다. 그리고 1930년대에 들어서면서 정치적 자유와 노동운동을 완전히 억압하는 파시즘 체제로 돌입하게 된다.

한국은 이른바 대륙침략의 병참기지로서 미곡을 비롯한 식량과 지하자원과 같은 군수자원이 약탈되는 바람에 더더욱 피폐해졌고, 무산자는 더욱 대량으로 발생했다. 그 일부는 한국에서 군수공업화가 일어나면서 공업 부문에 흡수되고 나머지는 해외로 이주하게 된다.

일본에서도 경제공황으로 많은 실업자가 생겨나는데, 한국인의 일본 도항이 그칠 기미가 보이지 않자 더더욱 적극적인 대책을 강구하기에 이른다. 1934년 10월 일본은 각의(閣議) 결정으로 재일 한국인 도항에 대한 종합대책으로서 「이주대책요목」을 만들었는데 그 주요 내용은 다음과 같다.[24)]

---

23) 厚生省 健民局 指導課, 앞의 자료, 앞의 책, 112쪽.
24) 朴慶植, 앞의 책, 30쪽.

〈표3〉 도항, 귀환, 거주인구(1)

연도	도항	귀환	거주(A)	인구(B)
1921	38,118	25,536	38,641	48,774
1922	70,462	46,326	59,722	82,693
1923	97,395	89,745	80,415	112,051
1924	122,215	75,430	118,152	168,002
1925	131,273	112,471	129,870	187,102
1926	91,092	83,709	143,796	207,853
1927	183,016	93,991	177,215	346,515
1928	166,286	117,522	238,102	341,737
1929	153,570	98,275	275,206	387,901
1930	127,776	141,860	298,091	419,009

출처 : 도항, 귀환, 거주인구(A)는 內務省 조사, 거주인구(B)는 국세조사. (朴慶植, 《朝鮮人强制連行の記錄》 28쪽에서 재인용)

〈표4〉 조선인 1만 명 이상 거주지역의 인구(1930년 현재)

지 역	인 구
大阪府	96,343
東京府	38,355
愛和縣	35,301
福岡縣	34,639
京都府	27,785
兵庫縣	26,121
山口縣	15,968
北海道	15,560
神奈川縣	13,181
廣島縣	11,136

자료 : 朴慶植, 《朝鮮人强制連行の記錄》, 28쪽.

① 조선 안에서 조선인을 안주시키는 조치를 강구할 것
② 조선인을 만주 및 北鮮으로 이주시키는 조치를 강구할 것
③ 조선인의 내지 도항을 더욱 감소시킬 것
④ 내지에 있는 조선인의 지도 향상 및 그 내지 융화를 도모할 것.

〈표5〉 도항, 귀환, 거주인구(Ⅱ)

연도	도항	귀환	거주(A)	인구(B)
1931	140,179	107,420	311,247	437,519
1932	145,579	103,452	390,540	504,176
1933	189,637	113,218	456,217	573,896
1934	175,301	117,665	537,695	689,651
1935	112,141	105,946	625,678	720,818
1936	115,866	113,162	690,501	780,528
1937	118,912	115,586	735,683	822,214
1938	161,222	140,789	799,878	881,345

출처 : 渡航, 歸還, 居住人口(A)는 內務省 調査, 居住人口(B)는 國勢調査, (朴慶植, 《朝鮮人强制連行の記錄》, 31쪽에서 재인용)

이것은 한국인을 만주 및 北鮮의 군수공업을 위한 노동력으로 이용하고, 재일 한국인을 일본화(황민화)한다는 것을 뜻한다. 그래서 재일 한국인을 황민화하기 위해서 1936년에는 「협화사업」이 계획되고, 1938년부터는 각 府縣에 협화회가 잇달아 만들어지며, 1938년 11월에는 중앙협화회가 만들어져 재일 한국인의 황민화 사업과 전시동원체제를 진행해 나간다.

협화회는 태평양전쟁이 한창일 때 재일 한국인의 전시동원(군인 및 노무)을 강화하기 위해 힘썼고, 1944년 11월에는 '중앙홍생회'로 개칭하여 해방 때까지 재일 한국인의 통제기관으로 존재했다.

1931년에서 1938년 사이의 도항, 귀환, 거주 인구는 〈표5〉와 같다. 같은 기간에 거주 인구는 2.5배 이상 증가하고 있다. 〈표6〉을 보면 특히 大阪府의 인구가 급증하고 있음을 알 수 있다. 1930년대에 들어서 한국인의 도일 성격이 근본적으로 바뀌고 있는 사실에 주목할 필요가 있다.

> 영주할 각오로 도일하는 자가 늘어나고, 돌아갈 고향마저 없어진 그들은 1936년에 8할 이상이 영주의 의지를 보이고 있다. 조선인의 도일은 1930년대에 들어서 '출가적'인 것에서 '이주적'인 것으로 바뀌었다고 말할 수 있다.[25)]

〈표6〉 조선인 1만 명 이상 거주 주요 지역의 인구(1937)

지 역	인 구
大阪府	234,188
兵庫縣	66,043
愛和縣	60,227
東京府	59,512
京都府	50,619
福岡縣	50,565
山口縣	35,653
廣島縣	19,525
神奈川縣	15,077
北海道	11,249
岐阜縣	11,205

자료 : 〈표5〉와 같음.

나. 강제연행기의 정책

일제는 중일전쟁이 터진 뒤 전쟁을 위해 군수산업을 확대하면서 노동동원을 강화한다. 1938년 4월에는 「국가총동원법」을 공포하고 이어 6월에는 「노무동원계획」을 책정하며, 이 계획을 실행하기 위해 1939년 4월 「국민징용령」을 발표하기에 이른다. 그리고 이 징용령을 배경으로 1939년 7월 28일에는 후생성, 내무성, 조선총독부 등 3자의 합의에 따라 「조선인 노무자 내지 이주에 관한 건」이 발표되어 石炭광산, 金屬광산 등에 대해서 조선 곳곳에서 노동자 모집이라는 명목으로 연행이 허가되었고, 각 기업은 조선 곳곳에 모집인을 보내어 잇달아 일본으로 연행해 갔다.

이와 같이 일제가 「징용」의 형식을 취하지 않고 「모집」의 형식을 택했던 것은 무엇보다도 민족적 저항을 두려워했기 때문이라고 생각한다.[26] 그러나 이 형식적으로는 「모집」이라 하더라도 실제로는 강제연행이었다.

---

25) 後藤耕二, 〈京都における在日朝鮮人をめぐる狀況〉, 《在日朝鮮人史硏究》 第21號, 1991.9, 40쪽.
26) 朴慶植, 앞의 책, 50쪽.

이에 대하여 박경식은 다음과 같이 말하면서 그 '강제'의 성격을 분명히 하고, 그 증거로 「조선인 노동자 모집요강」의 내용을 들고 있다.

> 이 조선인 연행은 종전의 모집 허가에 따른 개별적 도항과 더불어서 새로이 계획된 것이고, 사업주 쪽에 모집적 연행을 인정하는 전시보국(戰時報國)의 강제력을 가진 것이었다.[27]

「조선인 노동자 모집요강」에는 연행하는 한국인 노동자에게 알려야 할 사항으로서 다음과 같은 규칙이 들어 있었다.[28]

> ① 시국 산업에 종사함으로써 국가에 공헌하게 됨을 자각할 것
> ② 내지 도항 뒤에는 소정의 훈련소에 입소하여 훈련을 받을 것
> ③ 직장을 변경하지 않을 것
> ④ 협화사업단체에 가입하여 그 회원증을 소지할 것
> ⑤ 주소를 변경할 때는 5일 이내에 협화사업단체에 届出할 것
> ⑥ 내지의 생활풍습에 순응하고, 내지인이 혐오하는 행위를 하지 말 것
> ⑦ 언어는 국어(일본어)를 사용할 것
> ⑧ 그 밖의 협화사업단체 간부, 경찰관 및 직업소개소원의 지시에 복종할 것

위의 규칙들이 얼마나 권위적이고 강제적인가를 알 수 있다.

이러한 한국인의 강제연행은 처음에는 일본석탄연합회가 상공대신 앞으로 진정서를 낸 데서 발단한 것이다. 따라서 탄광 자본이 중일전쟁 개시에 따른 군수공업의 호경기에서 촉발되어 일본인 노동자의 탄광노동 기피를 현재화하여 한국인 강제연행을 불가피하게 했던 것이 그 본질이다.[29]

---

27) 같은 책, 50쪽.

28) 같은 책, 50쪽.

29) 山田昭次, 〈朝鮮人强制勞動の歷史的前提〉, 《在日朝鮮人史硏究》 第17號, 1987.9, 29쪽.

1939년에 석탄산업, 금속산업, 토건업에 대하여 연행이 허가되었고 사업소 관계자가 대상지역인 남조선 7도(경기도, 충청남북도, 전라남북도, 경상남북도)에 출장하여 할당인원 사냥에 나섰다. 임금이 높고 근로조건이 좋다는 사기로 강제 연행했고, 관권으로 연행하는 경우도 있었음을 피연행자들의 진술에서 알 수 있다.

1942년 2월 일본 정부는 연행을 강화하기 위해 「조선인 내지 이입 알선요강」을 제정했다. 이것이 이른바 '관알선'(官斡旋)이라고 부르던 모집방법이며, 더 강제적인 연행정책이었다. 모집대상지역도 종래의 7도에서 강원도, 황해도가 더 추가되었다.

「관알선」의 내용을 그 실시요강에 따라 살펴보면 아래와 같다.

> 조선총독부 안에 두었던 조선노무협회(1941년 6월 설립)가 운영을 맡고, 모집허가 신청서의 제출 및 절충의 대상을 각도로 하여 연행 사무를 간소화했다. 또 노무자의 편성을 隊組織으로 하여 일본의 근로보국대의 공출에 준거하고, 노무자의 공출을 강화하기 위하여 사업소에서 보도원이 파견되어 현지에서 일정 기간 훈련을 받은 뒤 연행하고, 연행 뒤의 훈련도 6개월로 연장되었다.[30)]

이 시기에 일본에서는 초기 모집자의 '계약만기'가 계속되었으나 각 기업에서는 다양한 방법으로 '재계약'이라고 하는 귀국 만류책을 강화했다.[31)] 이 귀국 만류책은 회유와 협박 때문에 그 강제성이 짙었다.

1944년에 들어서 전쟁이 격해지면서 노동력의 충원이 더욱 절실한 문제로 떠올라 근로보국대 및 관알선의 강화는 물론이고, 전년도부터 시행한 학도(學徒), 여자노동자의 동원을 더욱 강화하여 「학도징용령」과 「여자정신근로령」이 공포되고, 그해 9월에는 드디어 한국인에게도 국민징용령이 적

---

30) 朴慶植, 앞의 책, 54쪽.

31) 白戸仁康, 〈北海道의 朝鮮人 勞動者 强制連行 槪況〉, 《朝鮮人强制連行에 관한 국제심포지엄》, 1992. 2.29, 5쪽.

용되어 무차별한 납치연행이 강화되었다.

1944년 4월부터는 만기자의 계약기간도 일방적으로 연장되고 모든 조선인 노동자는 '도망' 말고는 사업장을 벗어날 길이 없었다. 북해도의 탄광에는 1943년 3천3백여 명이었던 도주자 수가 1944년에는 4월부터 5개월 만에 무려 2천7백여 명에 달했으나, 일단 도망에 성공한다 해도 대다수의 사람은 관헌에 붙잡혀 다시 원래의 사업장으로 돌려보내지거나, 다른 사업장으로 보내져 일본이 패전할 때까지 일본 국내의 어딘가에서 강제노동에 종사해야 했다.[32]

「국민징용령」이 적용되면서 재일 한국인(이른바 旣住조선인)[33]에게도 강제연행이 시행되었음은 물론이다. 1939년에 시작된 한국인 연행의 순서는 다음과 같다.

사업장의 신청 수 결정→府縣 장관에게 모집신청→후생성 사정→총독부가 모집해야 할 道를 할당→후생성→府縣 장관→사업장 허가서 수령(이 동안에 5~7개월이 걸림)→모집원 조선 도항→총독부→지정된 道廳→지정 군청→지정 면사무소→면사무 당국, 구장, 경찰서 또는 주재소, 면 유력자의 협력[34]

위에서 서술한 바와 같이 강제연행기의 도항정책은 「모집」→「관알선」→「징용」으로 강제성이 더욱 강한 것으로 변모해 갔다. 이렇게 강제 연행된 한국인에게 석탄산업, 광산, 토목, 철강, 육상 및 해상운송 등 군수관계 산업 전반에 걸쳐 강제노동이 강요되었다.

〈표7-A〉와 〈표7-B〉는 산업분야별로 일제의 한국인 강제연행의 수와 비

---

32) 같은 자료, 5~6쪽.

33) 같은 자료, 5쪽. 당시의 여러 통계에서는 집단연행 이전에 일본에 온 사람들을 '旣住朝鮮人', 집단연행에 따라 일본에 온 사람들을 '移入朝鮮人'으로 분류했다

34) 勞動科學研究所, 〈炭鑛における半島人勞務者〉(朴慶植, 앞의 책, 68~69쪽에서 재인용)

〈표 7-A〉 조선인 강제연행 수

산업분야별	1939	1940	1941	1942	1943	1944	계	1945.3월 현재수
석탄산업	24,279	35,441	32,415	78,660	77,850	108,350	356,995	136,810
금속산업	5,042	8,069	8,942	9,240	17,075	30,900	79,268	34,060
토건	9,479	9,898	9,563	18,130	35,350	64,827	147,247	29,642
항만하역운수	-	-	-	-	-	23,820	23,820	15,333
공장·기타	-	1,546	2,672	15,290	19,455	151,850	190,813	114,044
계	38,800	54,954	53,592	121,320	149,730	379,747	798,143	329,889*

〈표 7-B〉 조선인 강제연행 수 직업별 비율 (단위 %)

산업분야별	1939	1940	1941	1942	1943	1944	계	1945.3월 현재수
석탄산업	62.6	64.5	60.5	64.8	52.0	28.5	44.7	41.5
금속산업	13.0	14.7	16.7	7.6	11.4	8.1	9.9	10.3
토건	24.4	18.0	17.8	14.9	23.6	17.1	18.4	9.0
항만하역운수	-	-	-	-	-	6.3	3.0	4.6
공장·기타	-	2.8	5.0	12.6	13.0	40.0	23.9	34.6
계	100.0	100.0	100.0	100.0	100.0	100.0	100.0	100.0

주 : 《조선경제통계요람》, 34쪽에 따름. "일본후생성자료에 따른다"고 기록되어 있다. 이 표를 비롯하여 인용한 아세아문제연구소, 《일제의 경제침탈사》(민중서관, 1971)는 상기의 《計》를 생략하고, 〈1945년 3월 현재수〉를 〈1945년 3월 현재〉라고 주기하여, 이것은 1945년 1~3월의 연행총수로 이해하고 있는 것 같지만, 이것은 1945년 3월 현재 사업소에서 노동하고 있는 피강제연행 조선인 총수를 뜻할 것임. 〈표7-B〉는 山田이 산출.

*의 수자는 원표에서는 329,890이다. 그러나 집산하면 위의 숫자로 된다. 山田昭次, 앞의 책, 46쪽.

율을 나타내고 있다. 1939년부터 1944년까지 약 6년에 걸쳐 총 약 80만 명의 한국인이 일본에 강제 연행되었다. 산업별로는 석탄산업이 44.7퍼센트로 가장 많았고, 이어서 공장·기타가 23.9퍼센트, 토건이 18.4퍼센트, 금속산업이 9.9퍼센트, 항만하역운수가 3퍼센트의 순이다. 약 56퍼센트가 광산에 연행되었음을 알 수 있다.

그리고 일본에 연행된 조선인 가운데서 약 30퍼센트가 북해도로 연행되었다. 전국적으로는 45퍼센트 이상의 사람들이 탄광으로 사역되었는데, 북해도는 탄광의 비율이 더욱 높아 1942년에서 1943년의 통계에서는 약 65퍼센트에 이르렀다.[35)]

4. 노동자계급의 형성

1. 노동자의 출신 계층

재일 한국인 노동자의 뿌리는 한국의 농촌이고, 그것도 식민지정책의 시행 과정에서 몰락한 소작인, 영세농, 반(半)프롤레타리아트 등이다. 그 하나의 예로서 在京都 한국인의 도일 전의 직업을 보면 86.1퍼센트가 농업이었다.[36] 탄광노동자의 경우에도 그 대부분은 농민 출신이었다.

> 1939년 당시 筑豊의 주요 탄광에 고용된 노동자의 전직은 그 반수 가까이가 농민이었고, 약 30퍼센트가 탄광노동자였다. 후자는 탄광노동자의 탄광 사이의 이동을 나타내는 것이므로 탄광노동자를 창출하는 사회 계층은 농민이라고 할 수 있다.[37]

여기에서 전직이 갱부인 경우에도 그 뿌리를 캐면 대부분 농민 출신일 것이다. 그러면 농민 가운데 어떤 계층에 속하는 사람들이 주로 일본으로 건너갔을까? 여기에 대해서 梶村秀樹가 울산군 사례를 분석해서 1935년 당시 도일자의 농민계층에 대하여 다음과 같은 결론을 내리고 있다.

> 첫째, 전체적으로 하층으로 갈수록 유출자를 내고 있는 戶數의 비율이 높아지고, 유출의 기본 원인이 생활 곤궁이라는 것을 읽을 수 있다. 그러나 둘째로 상세하게 유출 행선지별로 보면 하층에서 조선 안의 타지유출이 압도적으로 많은 반면, 일본 유출은 오히려 中層中을 최고율로 하여 좌우로 대략 비슷한 하강곡선을 그리고 있는 것이 주목된다.[38]

---

35) 白戶仁康, 앞의 자료, 7쪽.
36) 後藤耕二, 앞의 글, 38쪽.
37) 山田昭次, 앞의 글, 26쪽.
38) 梶村秀樹, 〈1920~30年代　朝鮮農民渡日の背景 : 蔚山郡達里の事例〉, 《在日朝鮮人史研究》第6

그리고 그 까닭을 다음과 같이 설명하고 있다.

최저층에 견주어 더욱 궁핍의 정도가 낮은 층에 도일자가 가장 많이 집중되어 있는 것은 도일을 실행하는 데는 氣力과 편의 그리고 여비를 준비할 수 있을 정도의 자력과 같이 세 조건을 필요로 하기 때문이다. 하층은 미지의 세계에 모험을 시도할 여유가 없다. 또 도항 비용을 조달하는 일이 매우 어렵다. 뿐만 아니라 그들에게는 도항 편의가 주어지는 일이 매우 드물다. 노임은 싸더라도 쉽게 또 비용을 들이지 않고 확실하게 수입을 얻을 수 있는 年雇[머슴]으로 나갈 수밖에 없는 것은 바로 이 때문이다. 실제 조선 안 유출인구의 직업분류에서 보면 年雇(達里內의 他家에 들어가 사는 자를 포함하여)가 25명을 차지하는데, 그 출신배경은 中層中 1명을 제외하면 모두 하층에 집중되어 있다.[39]

그는 또 이러한 中層中의 도일 배경을 농촌의 피폐화와 청년층의 좌절에서 찾고 있다.

이상과 같이 1930년대 조선 농촌에서는 중층 농민까지도 窮迫 도일을 하지 않을 수 없는 상황이 보편적으로 존재했고, 더욱이 세대를 나누어서 송금하는 생활을 감당할 수 없는 소득상황 때문에 가족 전체가 고향을 떠나지 않을 수 없게 되었다. 그런데 촌락의 최저변층은 도일보다도 더욱 보수가 나쁜 머슴 생활에 머물지 않을 수 없는 상황이었다. 종전에는 머슴이 소작농으로서 분가하는 전제였지만 지금은 내지 노동자로 되기 위한 하나의 단계로 되어 있다. 하층 출신자는 이 경력을 거침(그래서 저축함)으로써 비로소 도항조건을 갖출 수 있었다고 한다.[40]

조선의 농촌 및 농업이 문화적으로 경제적으로 그들을 흡수할 힘이 조금도 없

號, 1980.6, 61쪽.
39) 같은 책, 61쪽.
40) 같은 책, 64쪽.

기 때문이다. 마을에서 젊은 신인의 발언권은 노인과 관습의 세력이 봉쇄해버리고, 농촌문화건설에 열정을 쏟으려는 욕망은 관권이 금압되어 버리기 때문이다. 일제 관헌의 지배와 촌락의 지주나 유지의 보스적 지배가 앞길이 창창한 청년을 포용할 수는 없었다…… 또한 학교에서 일본어의 습득이 도일과 결부되어 있다. 의무교육제가 아니었던 당시의 조선 상황에서 경제적 사정 등으로 하층농민의 子弟나 여자는 공교육에서 배제되어 있는 경우가 많았고, 따라서 학력자의 도일이라는 사실과 앞 절에서 본 도일자의 계층성의 문제 사이에는 일정한 관련이 있게 마련이다.[41)]

이상의 논의에서 보면, 농민층 가운데서도 하층보다 바로 위에 있는 계층이 많이 도일하는 것을 알 수 있다. 그러나 여기서도 하층이 도일할 가능성을 배제하고 있는 것은 아니다. 도일하기 위한 하나의 단계로서 머슴 일에 종사한다는 것이다. 이것은 오히려 중층까지도 도일하지 않으면 안 되는 농촌의 궁핍상을 잘 보여준다고 할 수 있다. 뿐만 아니라 이상의 사례는 개별적인 도일의 경우에는 타당하지만 집단적인 도일의 경우에는 타당하지 않다고 본다.

강제연행기 이전에도 재일 자본가들은 한국에서 집단적으로 노동자를 모집하는 경우가 많았는데, 이런 경우에는 위에 서술한 도일의 조건인 기력과 편의·자력은 별로 문제가 되지 않기 때문에 하층 출신이 많이 도일했을 것으로 추정된다. 이러한 상황은 탄광 자본이라는 특수한 경우에 인정되는 것일지는 몰라도 탄광의 모집기준을 보면 알 수 있다.

앞에 서술한 바와 같이 탄광 자본은 일본의 사회 상황에 익숙해져 저항력을 가진 재일 조선인의 고용을 피하고 조선에서 바로 '소박유순(素朴柔順)' 한 노동력을 도입하려고 했는데, 이 방침은 강제연행기에도 계속되었다. 즉 이 시기에도

---

41) 같은 책, 67쪽.

> 來日한 적이 없는 '소박'한 농촌출신자를 연행 대상으로 삼는 방침을 세웠다. 이를테면 북해도 茂尻탄광의 경우 冒頭에 기술한 高島탄광과 마찬가지로 모집의 기준은 "한번 내지에 건너왔던 자는 좋다기보다 너무 많은 것을 생각하고 있기 때문"이라는 까닭으로 來日했던 적이 없고 일본어를 모르는 자로 되어 있으며, 北海道 鴻之舞金山의 경우 그 기준은 '朴訥溫順할 것', '되도록이면 농업종사자일 것', '邑출신자보다는 面출신자일 것', 응모자 전체의 약 20퍼센트를 제하고 '전체로서는 內地語를 해독할 수 없는 자를 채용하도록 한다'는 것이 제1조건으로 되어 있었다. 筑豊에서도 마찬가지였을 것이다.42)

한마디로 소박유순하며, 세상물정 모르고 무식하여 불평이나 저항하지 않고 시키는 대로 일만 하는 사람이어야 한다는 것이다. 이러한 기준은 농민의 하층계급에 가장 잘 어울리는 조건이기도 하다.

탄광 자본뿐만 아니라 다른 직종에서도 마찬가지일 것이다. 특히 한국 사람이 많이 종사하고 있었던 토목공이나 날품팔이〔日雇〕 노동자의 경우에도 역시 힘센 육체노동만 요구되기 때문에 마찬가지라고 생각한다. 공장노동자의 경우 일부는 일본어를 해독한다든가 기초적인 셈을 한다든가 하는 약간의 기초교육이 필요할지도 모른다. 그러나 한국인들은 공장노동의 경우에도 잡역부로 많이 종사하고 있었다.

노동력의 공급원인 한국에서 몰락한 계층으로 보나 또는 수요자인 일본 자본의 요구로 보나 재일 한국인 노동자의 주된 원천은 역시 한국의 하층농민이며 일부 몰락한 중농층이나 그 밖의 도시 하층민이 여기에 가세했을 것이다.

특히 강제연행기의 피강제연행자들은 역시 資力이 없고, 힘이 없는 하층 농민들이었으리라고 쉽게 짐작할 수 있다. 그 하나의 예로 住友鑛業歌志의 광업부의 〈반도 광원모집 관계서류〉(1940)를 보면 교육정도에서는 문맹자

---

42) 山田昭次, 앞의 글, 37쪽.

가 87.6퍼센트로 압도적으로 많았고, 나머지는 대부분 소학교 졸업과 소학교 중퇴 정도이다. 또한 일본어 이해 정도에서는 조금도 모르는 자가 52.14퍼센트로 절반 이상을 차지하고 있었다.[43]

또 하나의 특이한 존재로 '여자근로정신대'가 있다. 1944년 8월 23일「여자정신근로령」이 공포·시행된 데 바탕을 둔 것이다. 그러나 여자정신대의 송출은 그 이전인 1944년 4~5월부터였다고 한다.[44]

樋口雄一은 한국인 소녀의 강제연행에 관하여 다음과 같이 정리하고 있다.[45]

① 조선 각도(적어도 남반부)에서 수백, 수천의 단위로 소녀가 연행되었다는 것
② 독신여성으로 주로 12~16세의 소녀였다는 것
③ 長崎의 사례에서도 알 수 있는 바와 같이 주로 공장에 동원되어 있었던 소녀들은 미군의 공습을 받게 되어 희생자가 꽤 나왔으리라 예상된다.
④ 소녀들에게 노동이 부과되었을 뿐만 아니라 禮儀作法 등의 황민화가 강제되었다는 것
⑤ 강제연행의 과정에서 총독부 기구가 결정적 구실을 하고 있고, 연행의 당사자였다고 할 수 있는 사실
⑥ 소녀들의 부모에게 안심하고 보낼 수 있는 직장이라고 많이 선전하고 있는 것에서 알 수 있는 것처럼 부모가 소녀의 송출에 불안을 느끼고 있었다는 것 등을 지적할 수 있다.

여자근로정신대의 연행에 국민학교, 중학교의 교장, 교사들이 동원되어 총력을 기울이고 있는 것으로 보아 정신대원들은 학생이거나 또는 졸업생이었을 것이고, 또 그 가운데 비교적 가난하고 낮은 계급의 자녀들도 많았

---

43) 市原 博, 〈戰爭下 朝鮮人 炭鑛勞動의 實態〉, 《朝鮮人 强制連行에 관한 국제 심포지엄》, 1992. 2.29, 14쪽
44) 樋口雄一, 〈朝鮮人少女の日本への强制連行について〉, 《在日朝鮮人史研究》 第20號, 1990.10, 5쪽
45) 같은 책, 14쪽.

을 것이다.

2. 노동자의 직종

일본으로 건너간 한국인들은 대부분 가난한 농민출신으로 어떠한 기능도 없었다. 그들이 할 수 있는 일은 오직 힘을 쓰는 과중한 근육노동밖에 없었다. 그것도 일본인들이 기피하는 더럽고 힘들고 위험한, 요즘 식으로 말하면 이른바 3D업종밖에 일할 곳이 없었고, 그마저 없으면 실업자로 떠돌 수밖에 없었다.

재일 한국인의 직업별·직종별 구성은 〈표8〉, 〈표9〉와 같다. 우선 직업별 구성에서 보면 노동자가 71.8퍼센트, 무직이 18.4퍼센트였던 것이 1934년에는 각각 48.9퍼센트, 35.4퍼센트로 변했고, 나머지는 미미하다. 이와 같이 1934년에 무직자가 급증한 것은 물론 공황 탓도 있겠지만, 대부분은 앞에 서술한 바와 같이 1930년대에 도항이 출가적인 것에서 이주적인 것으로 바뀐 데서 말미암은 것이다. 1934년에 학생의 비중이 1.7퍼센트에서 7.1퍼센트로 대폭 증가한 것이 바로 그것을 입증한다고 볼 수 있다. 상업 종사자가 2.1퍼센트에서 5퍼센트로 증가한 것이 또 하나의 특징이다. 재일 한국인이 종사

〈표8〉 재일 조선인의 직종별 구성비 (단위 %)

직 종	1928	1934
노동자	71.8	48.2
자유업	0.3	0.2
상 업	2.1	5.0
농 업	0.4	0.5
학 생	1.7	7.1
기 타	5.0	2.9
在監者	0.1	0.4
무 직	18.4	35.2

자료 : 朴慶植, 《朝鮮人强制連行の記錄》, 33쪽.

〈표9〉 재일 조선인의 직종별 구성비 (단위 %)

직 종	1928	1934
토목노동자	57.1	33.0
직 공	26.8	32.7
일반사용인	5.8	9.6
광산노동자	7.9	3.5
교통·운수노동자	1.3	2.3
仲仕業	1.1	3.4
기 타	—	15.2

자료 : 朴慶植, 《朝鮮人强制連行の記錄》, 33쪽.

하는 상업이라고 해도 그것은 역시 행상, 고물상 등 노동자와 성질이 같다고 할 수 있다.

다음으로 〈표10〉에서 직종별 구성비를 보면 1928년에는 토목노동자의 비중이 57.1퍼센트로 가장 많고, 다음이 공장 직공으로 26.8퍼센트, 광산노동자 7.9퍼센트 순이다. 1934년에도 토목노동자의 비중이 33퍼센트로 가장 많지만 1928년에 견주어 매우 낮아졌고, 대신에 직공이 32.7퍼센트로 매우 높아졌다. 일본에서는 1931년 만주침략을 계기로 군수공업화를 비롯한 공업화가 진행되면서 이 부문에서 수요가 증가되었기 때문이라고 생각한다. 특히 1934년에는 광산노동자의 비중이 7.9퍼센트에서 3.5퍼센트로 급감하는데, 이것은 1930년대의 대공황으로 광업 불황이 심각해지자 광산자본이 그 극복책으로 기계 도입으로 노동자를 대체하는 합리화운동을 펼침으로써 많은 인원을 감축했기 때문이다.

〈표10〉의 1937년도의 노동자의 직종별 구성을 보면 토목·건축이 아직도 많은 비중을 차지하고 있지만, 일본 공업화의 진전에 따라 공업노동자가 현저하게 증가하고 있다. 仲仕(화물운반부)가 꽤 증가하여 광산노동자를 앞지르고 있는 현상도 볼 수 있다. 한국인 공장노동자 가운데는 직공이 아닌 잡역부가 많이 포함되어 있음을 지적하고자 한다.

〈표10〉 조선인 노동자의 직종별 인원수(1937)

직종별	인원수
노동자 수	304,002
토목건축	88,322
섬유공업	39,758
화학공업	37,807
금속기계공업	30,933
仲 仕	14,318
광 산	13,703
사용인	7,851
농 업	5,236
교통운수	8,480

자료 : 朴慶植, 같은 책, 36쪽.

〈표11〉 재일 조선인 실업률

지역	인원수
岡山市 및 그 부근	40.45
横浜市 및 그 부근	29.65
東京市 및 그 부근	20.20
神戶市 및 그 부근	26.97
大阪市 및 그 부근	12.93
평 균	19.36

자료 : 朴慶植, 같은 책, 34쪽.

〈표12〉 在道조선인 직업별 추이(1935~42. 각 년 모두 12월말 현재)

	有識的職業	상업	농업	어업	노동자			아동생도학생	기타	합계
					광업	토건업	工業他			
1935	15	273	1,300	6	539	930	1,794	803	3,754	9,414
1936	19	472	1,658	3	724	1,065	1,720	1,120	4,848	11,629
1937	19	586	1,714	7	787	897	1,436	998	4,805	11,249
1938	18	823	1,890	14	746	1,142	1,400	1,449	4,581	12,063
1939	45	975	1,845	6	8,384	2,193	1,233	1,717	5,318	21,716
1940	73	986	2,012	15	17,159	4,457	1,910	2,320	9,341	38,273
1941	95	761	1,624	-	22,294	5,969	2,070	2,787	9,151	44,751
1942	168	738	2,194	34	33,764	11,231	2,558	4,503	11,797	66,987

主 : 內務省 警保局, 〈社會運動の現況〉 (《在日朝鮮人關係資料集成》에 수록)에 따라서 작성.
자료 : 白戶仁康, 〈국제심포지엄 자료〉

〈표11〉은 실업률을 나타내고 있는데, 평균 20퍼센트에 가까운 높은 실업률을 보이고 있다. 실업자의 대부분은 한국인 노동자였다. 이렇게 실업률이 높은 것은 한곳에 정착하지 못하고 떠돌 수밖에 없는 토목노동자가 많았기 때문이기도 하다.

여기 보이는 토목노동자는 이른바 자유노동자라고 불린 日雇노동자이다. 이 日雇노동자는 당시 '土方 죽이는데 칼은 필요 없다. 비가 열흘만 오면 된다'고 흔히 말하는 것처럼 월평균 취로 일수가 겨우 15일 이내이고(동경, 1935) 또 언제나 실업의 불안에 빠져 있었다.[46)]

〈표12〉는 북해도의 한국인 직업별 추이를 나타내고 있는데, 1939년 뒤로는 특히 해가 지날수록 광업에 종사하는 비중이 높아져 압도적인 비율을 차지하고 있다. 또한 토건업도 급증하고 있으며 광업 다음으로 높은 비중을 차지하고 있다.

이것은 북해도로 강제 연행된 한국인의 대부분이 가장 위험한 광산 특히 석탄산업에 투입되었으며, 나머지 일부가 토건업에 투입된 것을 뜻한다. 1934에서 1938년 사이에 평균 석탄산업의 사망자 만분율은 47.25로 공장노동자의 0.025에 견주어 1천890배나 되며, 사상자 만분율은 2,588.85로 공장노동자의 3.349에 견주어 773배나 된다.[47)] 사상자 만분율이 2,588이라는 것은 1/4이상의 노동자가 죽거나 다친다는 말이니까 그야말로 목숨을 건 노동이라고 하지 않을 수 없다.

〈표13〉에는 탄광노동자의 직종별 조사가 나와 있는데, 여기서 보더라도 대부분의 한국인은 가장 위험하고 힘든 갱내부(坑內夫)를 담당하고 있다. 더욱이 같은 갱내부라도 한국인 갱부는 일본인 갱부가 싫어하는 위험하고 조건이 나쁜 切羽(광석이나 석탄을 파내는 갱도의 종점 현장)에 배치되는 것이 일반적이었다.[48)]

---

46) 朴慶植, 앞의 책, 34쪽.

47) 山田昭次, 앞의 글, 48쪽. 제3표의 A 및 B.

〈표13〉 북해도 탄광노동자 직종별 인원조사(1945년 6월말 현재)

	직 종	在籍 일본인	조선인		단기	중국인	포로	合計
			既住	이입				
	기술조수	1,063		5	56			1,124
	사무조수	6(3)						6(3)
	채탄부	4,228(1)	192	10,352	103	367		15,302(1)
갱	충전부	392(2)	10	1,640	41	24		2,107(2)
	사조부	3,290(9)	44	2,476	256	32		6,098(9)
내	굴진부	1,080	83	2,589	168	211		4,131
	운반부	2,634(3)	109	9,113	317(17)	973	245	13,392(20)
	기계부	2,489	28	760	31			3,308
	공작부	1,903	16	1,478	85	13		3,495
	잡 부	2,254	28(1)	3,217	604	746	71	6,920(306)
갱내 計		19,399(323)	510(1)	31,630	1,662(17)	2,366	316	55,884(341)
	기술조수	422(30)						422(30)
	사무조수	977(315)	1	25	35(35)			1,039(350)
갱	선탄부	2,194(1,820)	23(12)	177	203(143)			2,597(1,975)
	운반부	1,596(92)	26(3)	1,344	136(17)	17		3,119(112)
외	기계부	3,785(31)	23	187	42			2,172(31)
	공작부	3,758(128)	17	264	272		5	4,316(128)
	전기부	305	14	74	2			895(8)
	잡 부	13,769(7,078)	158(25)	3,892	1,875(286)	696	520	20,910(7,389)
갱외 計		25,439(9,502)	262(40)	5,965	2,565(481)	713	525	6,569(10,023)
합 계		44,838(9,827)	768(41)	37,595	4,227(501)	3,236	941	90,452(10,365)

주 : 《북해도탄광자료집성》(석탄통제회 북해지부 조사)에 따름. 臨時夫 및 請負夫는 제함.
( )는 여성으로 내수.
자료 : 〈표12〉와 같음.

다음으로 한국인이 가장 많이 거주하고 있는 大阪에 관해서 살펴보기로 한다. 일본 전역에서 살아가는 전체 한국인 가운데 在阪 한국인이 차지하는 비율이 1915년에는 9퍼센트에 지나지 않았으나, 1920년대에는 20퍼센트 이상, 1930년대에는 30퍼센트가 넘었다.[49]

大阪에 한국인 노동자가 많이 유입된 것은 1914년에서 1922년 1월 사이

48) 같은 글, 37쪽.

49) 宋連玉, 〈大阪における解放前の在日朝鮮人の生活(1)〉, 《在日朝鮮人史研究》 第13號, 1984. 4.25, 〈표3〉 참조

에 노동력 부족을 보충하기 위하여 大阪방적공장을 비롯한 다른 회사들이 제주도에서 노동자를 모집하고서부터였다.

한국인은 大阪市에서도 중소 공업이 밀집한 지역에 많이 거주하고 있다. 더욱이 東淀川의 방적공업, 특히 메리야스·염색공업, 그리고 기계·금속공업, 東成의 고무·硝子·鑄物·양산·재봉업은 지금도 아직 토착산업으로서 殘命을 남겨 재일 조선인이 많이 종사하는 직종이다.[50]

대체로 20년대 전반까지는 회사의 모집에 따라 집단적으로 도항하는 경우도 있고, 방적공·금속공·유리공·고무공 등 위험도가 높고, 공정이 복잡한 하청 중소 공장에서 공장노동자나 하천 개수공사와 철도 신설·연장공사에 종사하는 토공·자유노동자가 유직자 가운데서 차지하는 비율이 높았지만, 1930년대에 들어서 在留 조선인이 증가하면서 취업하는 직종의 폭도 넓어져 공장노동·토목노동·자유노동 그 밖에 고물상·하숙업·약종상·음식점 등 상업에 종사하여 부를 축적하는 사람도 소수이기는 하지만 나타났다. 1931년 만주사변 뒤에 관영·민영 군수공장이 증가하여 숙련공이 요구되면서 공장노동자 가운데서도 숙련공과 미숙련공의 차이로 말미암아 생활의 정도에 조금씩 차이가 났고, 그래서 1940년대에 걸쳐서 재일 조선인사회에도 계급분화의 징조가 나타났다.[51]

1930년대 초 京都에서는 조선인 노동자의 실업이 특히 문제로 되고 있다. 1932년 말 京都 시내의 조선인 노동자 가운데 38.1퍼센트, 日雇노동자에 한정한다면 56.5퍼센트가 실업 상태에 있었다고 추정되고 있다.…… 실업률이 일본인 노동자의 10배나 된다. 더욱이 동일한 실업자라고 하더라도 조선인의 경우에는 대부분이 일고노동자이다. 이것이 1933년, 1934년에도 계속되고 있다. 京都에서는 도일자의 대부분이 최저변층의 노동자로서 침전하고 있었던 것이다.[52]

---

50) 같은 책, 26~27쪽.

51) 같은 책, 32쪽.

52) 後藤耕二, 앞의 글, 38쪽.

탄을 캐는 한국인 탄광노동자(남현 스님 제공)

직종에서도 시간급이 높은 금속기계공업의 전 노동자 가운데 조선인은 3.6퍼센트이고, 시간급이 낮은 纖維·窯業에서는 9퍼센트, 11.2퍼센트로 되어있다. 가장 많이 취업하고 있는 섬유공업에서도 그 반수 가까이는 色染工과 그것에 부수적인 蒸業水洗로 영세성이 높은 직종에 집중되고 있다. 西陣 직물업계에서는 제1차 세계대전의 만성적 불황을 조선인을 해고함으로써 극복하고 있었지만, 불황타개책으로서 조선인 해고자를 저임금 비로드공으로 고용함으로써 西陣에서 비로드가 제조되게 되었다. 당시 西陣 직물업계 최저의 임금·대우로 많은 조선인이 취업하고 있었다. 더욱이 1935년 전후에는 대부분이 소규모 공장에 취업하고 있었던 것을 보여주고 있다…… 대공황 때는 도일 조선인이 가장 먼저 해고되고, 경기가 회복된 뒤에 운 좋게 공장노동자로서 취업할 수 있었다 하더

라도 그 대부분이 영세기업이었을 것이다.[53)]

마지막으로 토목공사에 관한 예를 하나만 들면, "水ノ口澤터널 사고에 따른 사망자가 8명인데 赤池현장감독을 제외하고 나머지 7명 전원이 조선인이었다"[54)]는 사실에서 우리는 한국 노동자가 가장 위험한 잡공사에 투입되었다는 것을 알 수 있다.

요컨대 재일 한국인 노동자는 가장 위험하고 힘든 토목노동이나 광산노동에 종사했으며, 그 내부에서도 가장 위험하고 힘든 직종에 종사했다. 일본 공업화의 진전과 더불어 공장노동자 수와 비율도 점점 증가하는데, 재일 한국인 노동자는 주로 중소 영세기업에 많이 종사하고 있었으며, 그것도 임금이나 근로조건이 가장 나쁜 직종에 종사하고 있었다.

한국인 노동자는 일본 노동자의 최저변층을 형성하여 일본 노동자의 임금이나 근로조건을 낮게 묶어두는 구실이 되기도 했고, 불황기에는 우선 해고의 대상이 되거나 우선 임금인하의 대상이 되어 공황을 극복하게 하는 경제의 조절판 구실을 하기도 했다.

5. 맺는말

재일 한국인 노동자계급의 형성을 논하기 위해서는, 일반적인 경우와는 달리 무산자의 창출, 무산자와 일본 자본 사이의 결합, 그 밖에도 양자를 연결하는 매개항(媒介項)으로서 일제의 도항정책을 고려하지 않으면 안 된다.

한국에서 무산자의 창출은 주로 일제의 식민지 경제정책, 특히 토지조사사업과 산미증식계획에 따라 대량으로 이루어진다. 토지조사사업은 결과적

---

53) 같은 글, 39쪽.

54) 金浩, 《日本輕金屬(株)による富士川水電工事と朝鮮人勞動者動員 : 1939~1941》, 《在日朝鮮人史研究》 第19號, 1989.10, 62쪽.

으로 한국농촌에서 식민지지주제를 창출·확대·강화했으며, 이것은 무산자를 대량 창출하는 구조적 요인으로 작용했다. 중소 영세농은 끊임없이 소작농으로 전락하고, 소작농은 농촌 내부의 인구증가, 소작 경쟁의 격화로 계속 지주의 수탈을 강화해 온 대상이 된다. 산미증식계획은 이러한 경향에 박차를 가한다. 그 밖에도 일제의 여러 식민지 수탈정책이 여기에 가세하게 된다. 그 결과 농촌에서는 극소수 지주를 제외한 전 농민의 계급적 몰락을 가져와서 대량의 무산자가 창출된다. 이렇게 창출된 대량의 무산자는 1930년대 뒤로 공업화로 말미암아 일부 공장으로 흡수되지만, 나머지는 해외로 이주하는데 이때 많은 사람들이 일본으로 건너가게 된다.

일본의 도항정책은 도항관리기와 강제연행기로 나눌 수 있다. 도항관리기의 도항정책은 기본적으로는 내지(內地 : 일본)의 일본 자본의 요구에 부응하고 부수적으로는 정치·사회정세에 따라 또 일부분은 한국 안의 일본 자본의 요구를 고려하면서 때로는 도항 장려로, 때로는 도항저지 강화 등으로 수위를 조절했지만, 전반적인 방향은 도항관리를 강화하는 쪽으로 기울었다. 강제연행기에는 일본의 전쟁수행을 위한 군수 부문에 많은 한국인이 강제 연행되었다. 강제연행기의 초기에는 「모집」이라는 형식을 빌리지만 내용적으로는 강제연행이었으며, 강제연행기에도 연행방식은 「모집」→「관알선」→「징용」으로 강제성이 강화되는 방향으로 바뀌어 간다.

일제의 도항정책에 매개되어 일본으로 건너간 한국인은 주로 농민의 하층출신이고, 식민지 착취가 강화되면서 중층도 몰락하여 이에 가세하게 된다. 일본 자본은 소박유순하고 무식하여 저항하지 않고 시키는 대로 일을 하고, 주는 대로 먹고 자고 돈을 받는 이런 노동자들을 주로 요구하였다.

이러한 도항 한국인들은 많은 실업을 겪으면서 토목, 광산, 공장노동자 등 가장 위험하고 더럽고 힘든 직종의 노동자로 형성되어 간다. 재일 한국인 노동자들은 일본 노동자계급의 최저변층을 이루면서 임금이 가장 낮고 노동조건이 나쁜 직종에 종사하여 일본 노동자의 임금과 노동조건을 낮은 수준에 묶어 두는 데 기여했으며, 그 결과 자본의 이윤 극대화에 봉사했다. 그들의 입장에서 보면 착취의 극대화라고 볼 수 있다. 그들은 불황기에는 가장 먼저 해고되고, 임금과 근로조건까지 매우 낮았기 때문에 경제의 안전판 구실을 하면서 일본 경제의 발전에 기여해 왔던 것이다.

한국인 노동자의 일본 강제연행과 노무관리

탄광의 노무관리를 중심으로

1. 머리말

일제의 한국인 착취는 각종 경제수탈뿐만 아니라 징병·징용·위안부로서 한국인을 동원하여 생명·노동력·정조 등 전인격적, 총체적인 것이었다. 이러한 착취는 지역적으로 한국이나 일본에서 뿐만 아니라 일본의 모든 전선에 걸쳐 광범위하게 이루어졌다.

이러한 일제의 착취 가운데서 노동력의 착취에 대한 체계적 연구는 많지 않고, 특히 일제시대 재일 한국인 노동자의 실태나 착취에 관한 연구는 국내에서는 거의 없는 것 같다.

다행스럽게도 재일 한국인 연구자를 중심으로 재일 한국인 운동사연구회가 만들어져 한국 병합 이후의 재일 한국인에 대한 연구가 많이 진척되어 발표되었고, 앞으로도 계속 발표될 것이다. 또한 이에 관한 자료집도 계속 출간되고 있다. 이러한 연구나 자료의 일부로서 일제시대 재일 한국인 노동자의 실상이 밝혀지고 있다.

이 글은 이러한 연구의 성과나 자료를 바탕으로 일제의 한국인 노동자의 강제연행과 노무관리의 실태를 살펴보고, 그 성격을 일본 자본주의의 역사적 특수성과 이에 따라 규정된 일본의 노동정책과 관련해서 살펴보는 데 그 목적이 있다. 특히 1939년 이후의 강제연행기의 탄광의 노무관리를 중심으로 살펴본다. 이와 같이 강제연행기 이후의 탄광의 노무관리를 대상으로 살펴보는 까닭은 이 부분이야 말로 일제의 재일 한국인 노동자 착취의 정점을 이루며, 일본 자본주의의 성격이나 노동정책의 성격을 가장 극명하게 드러내기 때문이다.

2. 일본 제국주의와 노동정책

밑에서 밀고 나간 시민혁명이나 산업혁명을 거치지 않고 위에서 강행된 일본의 근대화·자본주의화(이른바 메이지유신)[1]는 그뒤로 일본 자본주의가 진전되면서 하나의 구조적 특질을 이룬다. 그것은 바로 일본 자본주의의 후진성, 반(半)봉건성이라고 할 수 있고, 이것은 일본 자본주의가 그 모순을 때이른 독점화, 군수산업화로 극복하려는 필연성을 갖도록 했다.

일본은, 세계사적으로 보아 1870년대라는 제국주의의 확립기에 그나마 메이지유신이라는 칠삭둥이 부르주아혁명을 통해서, 자본주의를 강권적이고도 불완전하게 확립하여 '최후의 제국'이라는 자격증을 얻게 되었다. 이러한 일본 자본주의의 후진성과 여기에서 나오는 특수성을 꼽자면, 농민층의 분해가 늦었다는 점, 중소 영세기업이 다수 잔존하고 있다는 점, 중화학공업의 본격적인 발전이 국가독점자본주의시기까지 미루어졌다는 점, 이러한 후진성의 필연적인 결과로서 국가의 구실이 크고 중요했다는 점, 일찍이

---

1) 메이지유신의 경제사적 성격에 관해서는 講座派와 勞農派의 이론이 대립되어 있다. 강좌파 이론가들은 메이지유신을 계기로 일본이 순수 봉건제 국가에서 절대 봉건제 국가로 전환된 것으로 보고 있는 데 반하여, 노농파 이론가들은 메이지유신의 부르주아혁명적 성격을 강조하여 이를 계기로 일본은 봉건주의에서 자본주의로 전환되었다고 한다. 오늘날에는 노농파의 견해가 많은 지지를 받고 있다. 李鍾燻, 《日本經濟論》, 法文社, 1993, 18~21쪽 참조.

군사적 성격을 강하게 가지고 있었다는 점[2] 등을 들 수 있다.

일본 자본주의는 국가권력에 크게 기대어 보호 육성된 관제적 성격의 자본주의로서, 중상주의의 전개과정에서 제국주의로 변전되는 조건이 준비된 기형적인 형태를 띠고 있다. 일본 자본주의는 地租개정 뒤에도 농민에 대한 봉건적 착취는 그대로 재생되어, 지주가 소작농민에게 거둬들인 고율의 소작료와 국가가 농민에서 거둬들인 지세 및 그 결과 농촌에서 흘러나간 값싼 出稼型 노동력, 그리고 不換紙幣의 발행에 따른 인플레이션적 방법 등을 자본축적의 원천으로 삼았다.[3]

자본의 이러한 원시축적과정이 갖는 성격 등으로 말미암아 일본 자본주의는 필연적으로 식민지에 대한 강력한 요구와 아울러 군사력에 대한 무한한 갈구를 갖게 된다. 농민과 노동자들은 극도로 빈곤해서 국내 시장이 좁았기 때문에 일본 자본주의는 그 발전 초기부터 해외시장을 필요로 했고, 일본 국내에는 철·면화·석유를 비롯한 여러 공업자원이 부족했기 때문에 원료자원의 공급지가 될 식민지를 찾지 않을 수 없었다. 이러한 사정과 더불어 주변의 여러 나라가 앞서 선진열강의 제국주의적 분할의 대상이 되어 있었기 때문에 일본 자본주의는 거기에 참여하기 위해서도 강한 군사적 성격을 띠지 않을 수 없었다. 산업보호나 중화학공업의 육성도 단순한 발전의 격차를 보충하기 위한 수단만은 아니고, 강한 군사적 까닭이 그 배후에 있었다. 이러한 여러 사정은 일본 자본주의가 일찍이 국가독점자본주의로 전화하는 것을 준비하도록 했다. 금본위제하 또는 공황의 시기에도 인플레이션의 연적(連續)에 따라서 일본의 경제성장이 촉진되었다는 점이 이것의 단적인 표현이라고 볼 수 있다.[4]

일본 자본주의는 대내적으로는 제도개혁과 부국강병책으로 급격하게 국

---

2) 全基浩, 〈日本經濟膨脹力의 對內外的 構造〉, 《政經硏究》 第106號, 1973.11, 167~168쪽.
3) 같은 글, 169쪽.
4) 같은 글, 169~170쪽.

력을 키우면서 그 내부 모순의 해결책으로 대외팽창·침략전쟁을 끊임없이 추구한다.

1874년 대만정벌 결정과 식민지화, 1894년 청일전쟁, 1904년 러일전쟁, 1910년 한국 병합, 1918년 시베리아 출병, 1927년 산동침략, 1932년 상해침입, 1937년 중일전쟁, 1941년 태평양전쟁의 도발 등 잇단 침략전쟁은 그 군사적 성격을 입증하는 사례들이다. 그리고 1930년대에 들어서 일본 자본주의는 정치적 자유와 노동운동을 완전히 억압하는 파시즘 체제로 돌입하게 된다.

이제 일본 자본주의의 노동정책에 관하여 살펴보기로 한다. 1930년대 초기의 당면과제인 경기회복과 사회불안을 제거하기 위하여 일본은 관리통화제도를 채택하고 강행하는 국가독점자본주의로 변했고, 전쟁을 도발하는 군국주의 정책을 강화하였다.[5] 따라서 우선 국가독점자본주의에 대해 일반적으로 살펴볼 필요가 있다.

국가독점자본주의 아래서는 사회의 물질적인 기초라고 할 수 있는 사회적 생산력은 발전하고, 생산의 사회화도 급진전되지만, 그 성과의 취득은 소수의 독점체에 집중된다. 이러한 생산의 사회성과 소유 및 취득의 사적(私的) 성격 사이의 기본모순이 국가독점자본주의에서는 경제 내적으로는 해결할 수 없을 정도로 격화되고, 이것은 경제공황으로 폭발하기에 이른다. 이러한 위기에 대하여 독점은 그 상위구조인 국가마저 종속시켜 이것과 유착하여 국내적으로는 독점을 더욱 강화하고, 대외적으로는 세계의 재분할을 위한 제국주의 전쟁에서 이 모순을 해결하려고 한다. 따라서 국가독점자본주의의 노동정책은 이러한 군사적 대응을 위하여 처음부터 노동자계급에 대한 정치적 억압을 그 핵심으로 하며, 결국 국가독점자본주의는 모든 민중의 기본권을 말살하고 전쟁으로 내모는 파시즘 체제로 나아가지 않을 수 없게 되

5) 李鍾燻, 앞의 책, 204쪽.

었다.

이 경우 군대, 관공리, 노동관료층 등 비생산적 계급을 편입한 국가기구를 금융자본체제로 포섭하는 것과, 비생산적·사치적 영업종사자 및 설비의 증대로 말미암아 이윤율이 떨어지는 경향은 국가독점자본주의의 성립과 전개의 경제적 요인을 형성한다.[6)]

그래서 국가는 이에 대응하는 정책을 쓰지 않을 수 없게 된다. 즉 첫째, 국가권력이 노동력 가격을 가치 이하로 강권적으로 인하시킴으로써 노동자를 강력하게 수탈하기(임금통제, 노동의무제, 노사분쟁조정기관의 설정, 노동조합운동의 제한 또는 조직화 등), 둘째로는 국가권력이 사회의 잉여가치 총량을 인위적으로 재분배하기(물가통제, 發注制, 재정자금살포 등), 셋째로 인플레이션 정책을 시행함으로써 앞의 두 정책의 수탈과 그 영역을 더욱 강화하기[7)] 등이다. 이와 같이 여러 정책을 국가독점자본주의에 따른 경제정책이라고 한다면, 노동정책은 그 주요부분을 이루는 것이다. 이 경우 노동정책의 양보적 측면을 이루는 '사회정책'은 가끔 그 앞 단계에서 보이는 자신의 독자적인 존재가치를 잃게 되고, 자본축적을 위해 국가독점자본주의가 시행하는 '노동정책'에 포섭되어 그것의 종속적 형태로 나타나는 경우가 가끔 있다.[8)]

특히 전시국가독점자본주의(戰時國家獨占資本主義)는 전시 강제노동을 특질로 하며, 전시 강제노동은 노동시간의 연장, 최고임금제, 이동의 금지, 노동의무 등의 방법에 따라 절대적 잉여가치 생산을 강화하며, 앞서 이러한 정책은 제1차 세계대전 당시 미국이나 독일에서 시행되었다.

일본에서는 1938년 4월 1일에 국가총동원법이 공포(5월5일 시행)되어, 여

---

6) 井上晴丸, 宇佐美誠次郎, 《危機における日本資本主義の構造》, 1951 및 手嶋正毅 《日本國家獨占資本主義論》, 1966 참조(加藤佑治, 《日本帝國主義の勞動政策》, 御茶の水書房, 1970, 21쪽에서 재인용)
7) 井上, 宇佐美, 앞의 책, 14~16쪽(加藤佑治, 앞의 책, 22쪽에서 재인용)
8) 加藤佑治, 같은 책, 22쪽.

기에 일본 국민의 전 노동력을 백지위임하는 전반적 노동의무조항을 비롯한 일련의 노동정책이 쟁의·시위의 금지 등 강권적 노동정책의 법인과 함께 규정되어 있었다.

국가총동원법을 바탕으로 1939년 7월에는 국민징용령이 공포 시행되고, 이것은 저임금정책, 즉 최고 초급임금, 노동이동 방지정책, 근로동원정책 등의 뿌리가 되었다.

이러한 국가총동원법과 국민징용령에 바탕을 둔 일본의 노동정책을 加藤佑治는 전반적 '노동의무제'라고 부르며, 이 제도의 개념을 다음과 같이 규정하고 있다. 즉 이 제도는 국가가 권력으로 간섭함으로써 자유로운 임노동 관계를 부정하는 형태로 임금을 노동력의 가치보다 훨씬 낮게 눌러둔 채, 또는 농민·도시소부르주아 층을 임노동자로 만듦으로써 독점체에 대하여 더 큰 이윤을 확보하게 하려는 것으로 국가독점자본주의의 가장 첨예한 자본 축적기구이며, 국가독점자본주의의 저임금정책 가운데 가장 철저한 형태라고 할 수 있다.[9)]

일본 자본주의가 이와 같이 노동정책 가운데 전반적 노동의무제라는 극약처방을 쓰지 않을 수 없었던 배경에는 계속되는 해외침략, 이에 따르는 군수산업의 급속한 확장, 그 결과로 일어난 노동력의 극심한 부족과 노임의 폭등이라는 자본축적의 위기가 일본 경제 안에 존재했기 때문이다.

加藤佑治는 일본 자본주의 역사에서 전 산업에 걸친 노동력 부족의 최초의 시기를 제1차 세계대전의 시기, 제2시기는 이 글의 분석 대상인 중일전쟁과 태평양전쟁의 시기, 제3시기는 고도성장의 시기 등으로 나누고, 제2시기의 노동력 부족의 역사적 성격을 다음과 같이 지적하고 있다.[10)]

첫째의 특질은 가장 기본적인 것으로서 지주제를 바탕으로 하는 半봉건적인

9) 같은 책, 32~33쪽.
10) 같은 책, 122~123쪽.

기본구조 아래에서 군수공업을 근간으로 하는 거대한 중공업이 건설되었기 때문에 농촌이 노동력의 보급원으로 기능할 수 없었고, 이 점은 제1기와 함께 전후(戰後)단계의 노동력과 비교하여 근본적으로 다른 점이다. 그래서 이 점이 본론에서 살펴본 바와 같이 이 시기의 노동력정책의 성격을 규제한 가장 중요한 원인을 이룬다.

둘째로 이 시기에는 대량의 기간노동이 군사 동원되어 이것이 노동력 부족에 박차를 가했는데, 이것은 제1 및 제3시기의 노동력 부족 요인과 결정적으로 다른 점이다.

셋째로는 이 시기의 산업구조의 고도화가, 제1표에서 보는 것처럼, 앞서 중화학공업노동력의 집적에서 전후단계를 능가하는 규모에 이르렀음에도, 그 내실은 노동생산성의 상승을 동반하지 않은 고도화였던 것이다. 이것이 중일전쟁 발발전후에 숙련노동자의 부족이라고 부르던 것이 주로 '平準的 기계노동자', '평직공'의 부족이었던 기본적 요인을 이루었던 것이고, 당시 노동력 부족을 촉박(促迫)하는 하나의 요인을 이루었다.

이러한 노동력 부족의 역사적 성격이 식민지 노동력의 유치를 강요하는 요인이 된다. 우선 첫째, 둘째의 성격은 일본 국내의 노동력으로 노동력 부족을 보충할 수 없었던 사정을 말해준다. 반봉건적 지주제에 묶인 농촌 노동력을 동원하는 데는 분명 한계가 있고, 이러한 체제 아래서 강제로 농촌 노동력을 동원하면 필수 불가결한 군수품인 식량 생산에 막대한 지장을 가져온다. 둘째요인도 일본 안에서 노동력을 동원하는 데 일정한 한계를 제공한다. 그리고 셋째의 성격은 요구되는 노동력이 고도의 숙련공이 아니기 때문에 일본 안의 노동력을 동원하여 일정한 훈련을 시켜 이를 보충하고, 대신 식민지 노동력은 광산, 토목, 공장잡역, 하역 등 하층 부분을 메울 수 있게 한다.

뿐만 아니라 식민지 노동력은 노동공급을 증가시켜 전반적인 임금등귀[11]를 방지하고, 그들이 처한 독특한 상황 때문에 그들을 매우 낮은 임금으로 고용할 수 있어서 자본의 이윤획득을 위해서는 안성맞춤인 존재였다. 이러한 요인들 때문에 식민지 노동력의 동원은 필연적이었다. 동원된 식민지 노동력은 대부분 한국인 노동자였으며, 일부 중국인이 연행되었고, 전쟁포로가 노동력으로 동원되기도 했다.

3. 한국인 노동자의 강제연행

일본 국가독점자본주의는 식민지침략을 직접적인 계기로 확립되었고, 식민지침략과 수탈을 불가결한 조건으로 삼아 전개되어 왔다. 이 경우 수탈의 양상은 첫째로 식민지의 반봉건적 농업에서 지주·상업자본적 수탈, 둘째로 경·중공업의 자본수출에 따른 산업자본적 수탈, 셋째로 금융적 침략과 인플레이션, 넷째로 약탈적인 무역이었다.[12)]

이러한 일제의 식민지 수탈의 성격은 그 후진성·반봉건성으로 말미암아 선진자본주의 국가들의 그것과 달리, 중상주의적인 형태에서 국가독점자본주의에 이르는 모든 형태를 포함한 것이기 때문에 더더욱 직접적이고 가혹했다. 식민지 조선 경제는 일본 경제의 요구에 따라 식량 및 원료공급지, 풍부한 전력 및 값싼 노동력의 공급지, 상품시장, 잉여자본의 투하대상지(投下對象地), 그리고 대륙침공을 위한 병참기지의 구실을 수행하면서 각종 형태의 수탈이 강요되었다.

일제의 식민지 수탈의 결과, 한국에서는 전통 부문 종사자의 전 계급적 몰락을 가져와 대량의 무산 대중이 창출된다. 그 가운데서도 가장 핵심을 이루는 것은 토지조사사업에 따른 식민지지주제의 확립과, 산미증식계획이 직접적인 계기가 된 농민의 대량 무산자화이다.

---

11) 물론 1939년의 임금강제령과 임금임시조치령으로 공식적인 임금은 전반적으로 통제되고 있었지만 결국 일용 노동자의 부족으로 암시세 임금은 폭등하고 있었다.

12) 井上晴丸·宇佐美誠次郎, 앞의 책, 69~103쪽(加藤佑治, 앞의 책, 235쪽에서 재인용)

이렇게 창출된 대량의 무산자는 1930년대 이후의 왜곡된 군수공업화로 일부가 이 부문에 흡수되지만, 나머지는 농촌에서 잠재적인 프롤레타리아트로 남아있거나, 그 밖에 해외로 이주하게 되는데 많은 사람이 일본으로 건너갔던 것이다.

강제연행기 이전의 일본의 도항정책은 기본적으로는 일본 본토의 일본 자본의 요구에 부응하고, 부수적으로는 정치사회의 정세에 따라 또 일부분은 한국 안의 일본 자본의 요구를 고려하면서 결과적으로 총체적으로 일본 자본의 이익을 극대화하는 방향으로 펼쳐졌는데, 이에 따라 때로는 도항 장려, 때로는 도항저지 강화 등으로 수위를 조절하지만, 전반적인 방향은 도항 관리를 강화하는 쪽이었다. 그러나 1939년에는 앞에서 서술한 군수 부문의 팽창에 따른 심각한 노동력 부족, 여기서 일어나는 자본 축적상의 위기를 극복하기 위하여 일본은 한국인을 강제 연행하는 정책을 시행한다.

일제는 앞에서 서술한 바와 같이 1938년 4월에 「국가총동원법」, 이를 법적인 바탕으로 해서 1939년 4월에 「국민징용령」을 공포한다. 그리고 이 징용령을 배경으로 1939년 7월에는 후생성, 내무성, 조선총독부 등 3자의 합의에 따라 「조선인 노무자 내지 이주에 관한 건」이 발표되어 석탄산업, 금속산업, 토건업에 대하여 한국 곳곳에서 노동자의 「모집」이라는 명목으로 연행이 허가되었고, 각 기업은 대상지역인 남조선 7도(경기도, 충청남북도, 전라남북도, 경상남북도)에 관계자를 보내어 할당 인원의 사냥에 나섰다.

이와 같이 일제가 「징용」의 형식을 취하지 않고 「모집」의 형식을 택했던 것은 민족적 저항을 무엇보다도 두려워했기 때문이라고 생각한다.[13] 이러한 모집이라는 형식은 실제로는 강제연행이었음을 박경식은 「조선인 노동자 모집요강」의 내용을 증거로 들면서 다음과 같이 말하고 있다.

---

13) 朴慶植, 《朝鮮人强制連行の記錄》, 未來社, 1965, 50쪽.

이 한국인 연행은 종전의 모집허가에 따른 개별적 도항과 병행하여 새로이 계획된 것이고, 사업주 쪽에 대해서 집단적 연행을 인정하는 전시보국(戰時報國)의 강제력을 띤 것이었다.[14]

강제연행에는 때로는 임금이 높고 근로조건이 좋다는 '사기'에 기대는 경우도 있고, 관권에 따라 강제된 경우도 있음을 피연행자들의 진술에서 알 수 있다.

1942년 2월 일본 정부는 연행을 강화하기 위해 「조선인 노무자 활용에 관한 방책」을 각의에서 결정하고, 이에 따라 조선총독부는 「조선인 내지 이입 알선요강」을 제정했다. 이것이 이른바 「관알선」이라고 부르는 모집방법이며, 더 강제적인 연행정책이다. 모집대상 지역도 종래의 일곱 개 도에서 강원도, 황해도가 더 추가되었다.

「관알선」의 내용을 그 실시요강에 따라 살펴보면 조선총독부 안에 두었던 조선노무협회(1941년 6월 설립)가 운영을 맡고, 모집허가 신청서의 제출 및 절충의 대상을 각도로 하여 연행사무를 간소화했다. 또 노무자의 편성을 대조직(隊組織)으로 하여 일본의 근로보국대의 공출에 준거하고, 노무자의 공출을 강력하게 하기 위하여 사업소에서 보도원이 파견되어 현지에서 일정 기간 훈련을 받은 뒤 연행하고, 연행 뒤의 훈련도 6개월로 연장되었다.[15]

1944년에는 전쟁이 격화되면서 노동력의 충원이 더욱 절실한 문제가 되자, 그해 9월에는 드디어 한국인에게도 「국민징용령」이 적용되어 무차별한 납치연행이 강행된다. 얼마나 강제연행에 광분하고 있었던가는 다음 사례에서 알 수 있다.

가장 지독한 것은 노무징용이다. 전쟁이 점차 가열됨에 따라 조선에도 지원병

14) 같은 책, 50쪽.
15) 같은 책. 54쪽.

제도가 시행되는 한편, 노무징용자의 할당이 매우 엄격해졌다. 납득시켜 응모케 했던 사람들로는 그 예정수가 좀처럼 채워지지 않는다. 그래서 군이나 면의 노무계가 심야나 이른 새벽 갑자기 남자가 있는 집의 침실을 습격한다든지 또는 전답에서 한창 일하고 있을 때 트럭을 돌려 아무렇지도 않게 거기 태우고, 그래서 그들을 집단별로 편성하여 北海道나 九州의 탄광으로 보내면 그 책임을 다하는 식의 난폭한 짓을 했다.[16)]

앞에서 서술한 바와 같이 강제연행기의 연행형식은 「모집」→「관알선」→「징용」으로 강제성이 더욱 강한 것으로 바뀌어 갔는데, 어느 방식이든지 내용적으로는 사기에다가 폭력적이고 강권적인 것이었다.

1939년에서 1945년까지 6년에 걸쳐 일본 곳곳으로 집단 연행된 한국인 노동자는 적어도 72만 명이 넘을 것으로 추정된다. 그러나 실제 수에 관해서는 아직 명확하지는 않고 자료에 따라 큰 차이가 있다.[17)] 박경식에 따르면, 강제연행기에 석탄산업에 약 60만, 군수공업에 약 40만, 토건관계에 약 30만, 금속산업에 약 15만, 항만운수관계에 약 5만, 합계 약 150만 명이 일본 본토에 전시노동력으로서 연행되고, 또 조선 안에서도 같은 시기 약 450만 명이 동원되었다. 그 밖에도 군인·군속으로서 약 37만 명, 종군위안부로서 여성 수만 명이 사냥되고 있다고 한다.[18)]

이렇게 강제 연행된 한국인 노동자들은 군수관계 산업 전반에 걸쳐서 가혹한 강제노동을 강요받았다.

---

16) 鎌田澤一郎, 《朝鮮新話》, 1950. (朴慶植, 같은 책, 70쪽에서 재인용)

17) 白戶仁康, 〈北海道의 朝鮮人勞動者 强制連行槪況〉, 《朝鮮人强制連行에 관한 國際 심포지엄》, 1992.2.29, 6쪽.

18) 朴慶植 編, 《朝鮮問題資料叢書》 1卷, 國學資料院, 1993. 解說.

4. 한국인 노동자의 노무관리

여기서 말하는 '노무관리'라는 말은 연행관리, 노동·생활관리를 포괄하는 넓은 개념으로 쓰이기로 한다. 이것이 뒤에서 기술하는 바와 같이 강제연행된 한국인에 대한 일본 자본의 노무관리의 특징이기도 했다.

1. 연행관리

연행관리도 노무관리의 중요한 부분을 이룬다. 왜냐하면 본인의 의사에 반하는 강제연행이므로 도주의 우려가 크기 때문이다. 도주방지는 앞으로 보는 바와 같이 도일한 뒤 기숙사 생활이나 작업장에서나 한국인 노무관리의 최대 목표이다.

도주를 방지하기 위하여 도일하기 전에 철저한 현지 훈련을 시킨다. 현지 훈련은 대장, 반장, 조장의 부대를 만들어 시행하는 군대식 훈련이었다.

이를테면 부안군의 「현지훈련요항[19]」에 따르면, 단체훈련(부동자세, 整頓, 右向, 左向, 前進, 停止, 驅步 등)을 실시하고 入舍, 出舍, 승차, 하차, 車中에서 일체의 행동은 인솔자의 지휘명령 또는 幹部의 지도에 따르도록 訓告하여 절대로 자유행동을 금하고 있다. 또한 도중 탈주, 광산에 도착한 뒤의 조기귀국, 도망 등의 사고를 일으키지 않도록 신념적 봉사심의 단련 육성에 노력하도록 되어있다.

또한 현지 훈련에서는 모집지역 경찰서장의 훈시를 중심으로 「황국신민의 誓詞」를 철저하게 주입시키는 황민화 교육을 할 뿐만 아니라 도주 등의 사고가 일어난 경우에는 가족, 친척에게까지 영향을 미친다는 실례를 들어 협박하기도 한다. 연행 도중에 도망가지 못하도록 열차의 입구에는 감시가 따르고 심한 경우에는 화장실에 갈 때도 감시가 따랐다고 한다.[20]

---

19) 같은 책, 314~317쪽.

2. 노무관리와 생활관리

연행된 한국인 노동자들은 공동주택에서 생활하면서 생활관리와 노무관리를 한데 받는다. 여기서 '노무관리'는 노동과정에 대한 관리라는 좁은 뜻으로 쓰였다.

가. 군대식 훈련

강제 연행된 한국인에게는 「이입 조선 노무자 훈련급 취급요강」에 따라 훈련이 실시되었다. 이 요강은 중앙협화회에서 작성하여 1942년 2월 13일부 후생성 생활국장, 노동국장, 직업국장, 내무성 경보국장 명의로 경시총감과 지방장관에게 지시되었다.

훈련의 근본방침은 다음과 같다.[21)]

① '유능한 작업 노무자의 육성'과 '황국신민다운 자질의 練成'은 일원적인 것이다. 훈련은 국민도덕을 실천 단련하며, 그 지도이념은 황도정신(皇道精神), 일본적인 것으로 전면적인 동화를 하여 因循姑息한 생활태도 및 개인주의적·이기주의적 인생관을 버리고, 국가적·사회적 전쟁 생활태도를 순치한다. 황국근로관의 철저를 도모하여 작업능률의 향상, 기술의 지도, 도주방지 등의 지도를 한다.

② 사상의 선도, 환경의 정화·정비에 노력하여 전 직장협화의 實을 올리고 치안문제가 일어날 여지를 없앤다.

③ 만기귀선(滿期歸鮮)하는 자는 향토의 개발을 지도하여 그 추진력으로 될 수 있는 인물다움과 함께 재향산업전사로서 필요에 따라 언제라도 출동하도록 자각한다.

---

20) 이를테면 山田昭次, 〈日立鑛山朝鮮人强制連行の記錄〉, 《在日朝鮮人史硏究, 第7號》, 1981.12, 25～32쪽에 나오는 윤경수, 김영진씨에 따르면, 기차 입구에 감시가 있어서 도망가지 못했다고 한다.

21) 朴慶植 編, 《在日朝鮮人關係資料集成》 第5卷, 國學資料院, 1993, 730쪽.

훈련의 근본방침은 바로 황도정신을 가지고 일본인으로 전면 동화하고 산업전사로서 최대한 일하도록 하여 착취를 극대화하자는 것이다.

이러한 기본방침 아래 조선 현지 훈련, 취로지 도착훈련, 황민훈련, 국어훈련, 작업훈련, 생활훈련, 체련, 취로 후의 재훈련, 불량자 특별훈련 등 9종의 훈련이 실시되었다고 한다.[22]

그러나 1944년의 중앙협화회 관련 자료를 보면, 이것이 취로 예비훈련, 생활훈련, 작업훈련, 황민훈련, 체련 등 다섯 종으로 통폐합되었음을 알 수 있다.[23]

취로 예비훈련은 전시 아래 산업전사다운 자각을 환기하여 歡喜力行, 職役奉公에 매진하려는 마음가짐을 만드는 데 목적을 두고, 직장 이해, 기계도구 및 복장, 작업 용어 등의 훈련을 시킨다.[24] 취로에 필요한 정신자세와 예비지식을 훈련하는 것으로 1주일 동안의 훈련이 실시된다.

생활훈련은 조선 노무자의 자연적, 원시적, 개인적 생활에 대하여 그것을 국가적, 사회적, 문화적, 통제적 규율생활에 순응하도록 교육연성(教育練成)한다는 기초이념 아래 위생지도, 식사지도, 규율훈련, 위락지도의 내용을 갖고 있다.[25] 단체생활에서 상명하복의 생활태도와 일본적 생활양식을 훈련시키는 것이다.

작업훈련은 작업에 익숙하게 하고, 특히 유능한 자를 선발하여 특별기능을 훈련시키며, 취로태도를 지도하여 책임감을 강화해 소속단체의 성숙향상(成熟向上)을 기하도록 한다는 이념 아래 작업규율, 작업조직 등의 훈련을 시킨다.[26] 작업능률의 향상이 주된 목적이다.

황민훈련은 황국근로관의 확립을 도모하여 황국 산업전사의 임무를 명확

---

22) 朴慶植, 《朝鮮人强制連行の記錄》, 76쪽.
23) 朴慶植 編, 앞의 책, 730~735쪽.
24) 같은 책, 730쪽.
25) 같은 책, 731~732쪽.
26) 같은 책, 732~733쪽.

히 파악하도록 한다는 이념 아래 수신공민 지도, 국어 지도, 황민행사 지도를 그 내용으로 한다.[27] 종래의 국어교육, 입대식, 조례, 신불참배 등은 황민훈련으로 통합되었다. 황민훈련은 황대신궁, 황실, 충군애국, 시국 인식과 신도실천, 천황폐하 등의 제목으로 이른바 황국신민화의 사상을 주입시킨다. 침략전쟁의 장기화와 더불어 일본어 강제교육이 더욱 강화된다.

침략전쟁의 장기화에 따르는 석탄 증산의 요구와, 속출하는 한국인 노동자의 도주 때문에 각 탄광의 한국인 모집계는 매년 새로운 한국인 농민을 대량으로 일본에 연행해가지 않으면 안 되었다. 이들 대부분의 한국인 농민은 일본어를 조금도 알지 못하는 집단이며, 연행 시기가 일제 패전에 가까울수록 그 경향은 더욱 강화되어 갔다. 그래서 일제는 한국인 노동자에 대하여 더 적극적으로 일본어 교육을 시켜서 말을 모르는 데서 일어나는 각종분쟁을 앞서 방지하고, 장래의 정착화, 가족을 불러들이는 일[招致]의 기초를 다질 필요가 있었다.[28]

이를테면 1942년 入山채광주식회사에서는 「국어수당요강」, 「국어수당세칙」을 만들어 국어(일본어) 교육의 목적을 황국신민의 촉진 및 일상생활의 향상 등으로 규정하고, 국어의 이해 정도를 특급, 1급, 2급, 3급의 네 종류로 나누어 국어를 잘 하는 자에게 수당을 지급하는 「국어장려수당금제」를 시행했다.[29] 이는 언어장벽에서 오는 작업능률저하와 분쟁 발생을 방지하는 데 그 기본 목적이 있었다고 생각한다.

체련은 체위의 향상을 도모하여 사지(四肢) 동작을 기민하게 하고, 또 강건 과단, 堅忍持久, 규율공동의 정신을 양성하는 데 목표를 둔 것으로서, 교련, 단체운동 등이 그 골자였다.[30] 작업능률을 극대화하기 위해서 체력을 단

27) 같은 책, 733~734쪽.

28) 長澤秀, 〈日帝の朝鮮人炭鑛勞動者支配について〉, 《在日朝鮮人史硏究, 第3號》, 1978.12, 37~38쪽

29) 상세한 내용은 같은 글, 38~42쪽 참조

30) 朴慶植 編, 《在日朝鮮人關係資料集成, 第5卷》, 734쪽.

련시키는 훈련이다.

이 밖에 특별훈련이 있는데, 北海道탄광기선주식회사의 예[31]를 들면, 규칙위반 상습자, 도주벽이 있는 자, 흉폭성이 있는 자 등을 대상으로 특별훈련소에 수용하여 성벽교정훈련을 시킨다. 수용기간은 최장 2개월로 하며, 수용될 때는 외출을 일체 금지하거나 출가(出稼)는 엄중한 감독 아래 정상대로 실시한다. 그리고 그때는 금주·금연해야 하며, 하루 수회에 걸쳐 정좌하여 과원, 寮長에게서 훈화를 듣는다.

훈련기간 가운데 처음의 7개월은 종일 훈련을 하고, 제1기는 매주 18시간(1일 평균 3시간), 제2기, 제3기는 매주 12시간(1일 평균 2시간)이며 필요에 따라 연장될 수 있다. 이러한 훈련은 작업시간 외에 부과되며, 이 밖에도 생활지도, 여가지도, 내무반 등 寮생활 실천지도가 일상적으로 부과되고 있다.

훈련은 노무관리의 기본틀을 이루고 있는 것으로 전쟁에서 일본이 승리할 수 있도록 한국인 노동자가 모든 정신적 육체적 능력을 소진시켜 증산하자고 독려하는 내용이었다. 다시 말해, 자본의 이윤을 극대화하기 위하여, 그리고 총자본으로서 일본국이 승리하기 위하여 한국인의 모든 기력과 생명을 바치도록 선동하는 내용이다.

이러한 훈련의 기본틀은 지역이나 산업이나 사업소에 따라 약간 바뀌기는 하지만 전국 각 지역의 협화회 조직을 통해서 그대로 시행되었다.

나. 노무관리

고용된 한국인 노동자에 대한 노무관리의 기본방침은 권위주의에 따른 복종강요와 온정주의에 따른 회유였다고 생각한다.[32] 노무관리는 주로 폭력을 통해서 이루어졌으며, 온정주의라는 것은 순진무구한 농민출신 조선

---

31) 前田一氏(北海道炭鑛汽船株式會社 勞務部長), 《半島人勞務者訓練要綱》(1942), 朴慶植 篇, 《朝鮮問題資料叢書 第1卷》, 264~266쪽.

32) 山田昭次, 〈朝鮮人强制勞動の歷史的前提-筑豊炭田を主な事例として〉, 《在日朝鮮人史硏究》 第17號, 1987, 22쪽.

인의 '인정 많음'을 교묘하게 악용하여 작업능률을 극대화하자는 것이었다.

노무관리의 체계는 관리하는 직원과 관리되는 노무자로 크게 나뉜다. 탄광의 직접 고용자로는 고용형태의 노무관리로 보아 크게 두 종류의 계급으로, 즉 「직원」과 「광부」로 나뉘어졌다. 더 자세하게는 탄광의 경영형태와 규모에 따라 다르다. 쌍방 모두 경영자에 고용되어 있다는 점에서는 다름이 없지만, 실제로 일하는 장소에는 직원은 관리하는 쪽이고, 광부는 관리되는 쪽이다. 지금까지 언급한 '종업원'(특히 직할종업원)과 회사 쪽 자료에서 언급된 '노무자'는 '광부'를 뜻한다.[33]

특히 주목해야 할 것은 말단관리 층의 한국인 노동자가 한국인 노동자를 관리하도록 하는 교묘한 방법이다.

> 飯場에 사는 독신의 조선인을 관리하는 飯場頭 또는 賄方의 선정은 鮮人稼動者(帶妻者) 가운데 더 장기근속자라고 하더라도 稼動 성적이 우량하고 온건하여 統御의 재주와 衆望을 가지고 있으며, 회사 쪽의 신용이 두터운 자를 물색하여 결정하는 것이다. 조선인 노동자를 직접 지배하는 조선인 飯場頭나 賄方의 회사와 맺는 관계는 '노무계→世話方' 또는 '周旋人→飯場頭 또는 賄方'이라는 식으로 되어 있다. 조선인 노동자에 대한 직접관리자로 조선인을 임명한 것은 일본인이 직접관리자인 경우 언어적 장애가 있다는 까닭만은 아닐 것이다. 위의 인용에서 분명히 한 것처럼 사상이 온건하고, 회사에 신용이 있는 친일 조선인이 선임되었기 때문이다. 조선인에게 조선인을 직접 지배하도록 하여 민족저항감의 발생을 회피함과 아울러 조선인 사이에 지배-피지배 관계를 만들어 그들을 나누는 것이 목적이었을 것이다. 이 지배방식은 조선인 강제연행의 시기에 확대 재생산된다.[34]

---

33) 白戶仁康, 〈第2次 世界大戰期 美唄炭鑛 : 朝鮮人問題를 中心으로〉, 《朝鮮人强制連行에 관한 國際심포지엄》, 21쪽.

34) 山田昭次, 앞의 글, 38～39쪽.

이는 전형적인 분할지배(divide and rule)의 관리방식이며, 한 민족을 서로 갈라놓는 관리방식이다.

일제의 노무관리는 인신(人身)의 자유를 완전히 빼앗고 구속하는 것이다. 거기에는 제대군인을 포함하는 수백 명의 노무과원(勞務課員)이 그들의 생활을 24시간 감시하고, 언제나 特高係 경찰과 연락하여 한국인 노동자의 폭동이나 도주를 방지하려고 하는 폐쇄사회였다.[35] 그리고 한국인 강제연행 노동자가 격증한 常磐炭田에는 1940년 6월 平警察署 출장소가 설립되고, 平署 特高課에 2명의 한국인계 전임서원이 배치되어 磐城, 入山의 두 광산에 상주하고 있었다.[36]

노무관리의 전형적인 방식은 직접적인 폭력에 따른 것이거나 그것을 통한 위협의 방식이었다. 1941년 三菱美唄탄광에 입산한 정재원은 다음과 같이 증언한다.

> 사무소 벽에는 언제나 채찍, 죽도, 떡갈나무 몽둥이 등 린치도구가 많이 걸려 있어서 그것으로 두들겨 패는 것이었습니다. 저도 밥속의 콩이 썩었다며 불평을 했더니, 끌고 가서는 서로 번갈아가면서 4시간이나 때리더군요.[37]

1943년에 三菱美唄탄광에 입산한 김상국도 "빰따귀는 그 녀석들에게 맡겨놓지 않고서는 살아갈 수 없는 곳이었다"고 말하고 있다.[38]

전쟁이 치열해지면서 노무관리는 완전히 비인격적이고 비인간적이며 광적인 것으로 되어간다.

〈노동과학연구소 보고〉에 따르면, 1941년 말에 앞서 2교대의 현장 작업시간

35) 長澤秀, 앞의 글, 26쪽.
36) 같은 글, 27쪽.
37) 白戶仁康, 앞의 글, 36쪽.
38) 같은 글, 36쪽.

은 12시간으로 되어 있었고, 공휴일도 '旬日制'로 되어 있었다. 그리고 공휴일은 커녕 1943년에는 설날도 반납해야 했다. 1942년 10월에서 1943년 3월에 걸쳐 행해진 거국 석탄확보운동은 그뒤 1944년 3월까지 반복되어 실시되었고, 1943년 12월에는 항공기 증산 대채탄 주간이 또 전개되는 등 갖가지 명목의 대채탄이 반복 실시된다. 그때마다 集落, 隣保班, 寶, 坑, 막장마다의 出稼 경쟁이 반복되어 공휴일 반납은 마땅하다시피 되었다. 가령 앞에서 기술한 항공기 증산 대채탄 주간은 12월 16일부터 31일까지였는데, 석탄을 항공기로 보고, 그 台數를 가지고 출탄목표를 정해서 대채탄을 행했고, 목표를 달성하기 위해서는 채탄말고도 다른 직종의 隊에도 참가하도록 명령했는데, 이를 특별공격대 또는 돌격대라고 이름 짓기도 했다. 그리고 목표를 돌파한 경우에는 상금을 수여한다고 했는데, 그 상금은 국방헌금으로 돌아가도록 되어 있었다.[39)]

전시(戰時) 아래서는 한국인 노동자에게 현금을 지참하지 못하도록 하는 것이 회사 노무관리의 대원칙이었다.[40)]

임금 가운데 소액의 용돈을 빼놓고 대부분을 강제적으로 사내예금을 시켰던 목적은 분명하다. 다음에 드는 회사자료에도 명시되어 있는 것처럼 조선인 노동자의 도주방지의 유력한 대책이었다.[41)]

앞에서 기술한 김영진이나 많은 피연행자들의 진술에 따르면, 병이 나거나 다쳐도 의사가 좀처럼 증명서를 써주지 않았고, 증명서가 없으면 식권이 나오지 않기 때문에 밥을 먹기 위해서도 일하러 나가지 않으면 안 되었으며, 심지어는 다리가 부러져도 갱내에 들어가는 자가 대부분이었다고 한다.[42)] 또 도주하다가 잡히면 죽인다고 하며, 그들이 보지 않는 곳에서 구타하여 30

---

39) 같은 글, 27쪽.
40) 長澤秀, 〈日帝の朝鮮人炭鑛勞動者支配について(續)〉, 《在日朝鮮人史研究》第5卷, 1979.12, 85쪽
41) 같은 글, 87쪽.
42) 山田昭次, 앞의 글, 31쪽.

명 정도 없어졌고, 구타당해서 평생 걸어 다닐 수 없게 된 사람도 있었다고 한다. 또 사람을 구타하는 데 한국인을 이용하는 민족 이간의 악랄한 방법도 동원되었다고 한다.

그들의 노무관리의 최대의 목적이 도망을 방지하는 데 있었기 때문에, 많은 경우에는 사람들이 보는 앞에서 도망가다 붙들린 자를 죽도록 구타하여 위협하는 방법도 사용하였다. 도망쳤던 자가 붙잡히면 천정에 매달고 구타했다. 기절하면 물을 부어 정신이 들면 또 구타했다. 이런 짓을 몇 번이나 반복하여 정신을 완전히 잃을 때가지 계속했다. 때로는 그대로 죽어버리는 자도 있었다고 한다.[43] 또 高松 탄광의 '다꼬베야'에 연행되어 일했던 김씨의 증언에 따르면, 도망을 방지하기 위해서 일을 마치고 숙사에 돌아오면 종이옷을 입혔다고 한다.[44]

탄광에서는 무리한 생산독려와 보안시설의 미비로 재해가 빈발하여 많은 사상자가 속출하기도 했다.

> 1938년에서 1944년 사이에 일어난 탄광 재해에 따른 공표된 사망자 수는 총 1만 634명으로 45년을 넣어서 생각하면 1만 2천여 명 정도 된다. 이 가운데 조선인은 적어도 6천에서 8천 명이라고 생각한다(조선인은 가장 희생자가 많았던 坑內夫가 대부분이었기 때문에). 여기에 토건을 비롯한 다른 산업 부문의 희생자를 더해서 생각하면 약 4~5배로 되어 3만에서 4만이 된다. 앞에서 서술한 바와 같이 사망률 6.4퍼센트로 한다면 일본 연행수가 약 100만이기 때문에 6만 4천이 된다. 이것은 후생성에서 1만 내지 4만이라고 하기 때문에 사실과 별로 큰 차이가 없는 것이 아닌가 하고 생각한다.[45]

탄광사고에서 한국인의 사망률은 매우 높았다. 이를테면 1944년 5월 16

43) 朴慶植, 《朝鮮人强制連行の記錄》, 193~194쪽.
44) 같은 책, 195쪽.
45) 朴慶植, 《朝鮮人强制連行の記錄》, 91쪽.

탄광 부근 사찰에 모신 한국인 노동자의 위패들(남현 스님 제공)

일 三菱美唄 견갱 가스폭발에 따른 사망자는 모두 109명인데, 이 가운데 한국인 사망자는 81명으로 74퍼센트나 된다. 한국인의 사망률이 높았던 것은 박경식의 말처럼 갱내부가 많았던 것도 하나의 까닭이 되겠지만, 그 밖에도 평소에 웬만한 갱내의 징조에는 겁내지 말고 채탄을 계속하라는 노무관리, 게다가 이러한 노무관리가 한국인에게는 더욱 잔인하게 시행되어 미리 대피하지 못한 데도 큰 원인이 있다고 생각한다.

1941년 山口縣 宇部市의 長生탄광에서 일하고 있었던 이종천의 진술에 따르면, 이 해저탄광이 무너져 많은 사람이 죽었는데 이씨는 구사일생으로 살아났다고 한다. 그런 뒤에 당국은 더 이상 탄광의 가동이 불가능하기 때문에 가동을 중지하라고 했지만, 탄갱 주인은 계속 무너진 곳을 메워나가려 했다. 결국 안 되어 이 탄광은 중지하고 조금 떨어져 있는 바다 속의 폐광에서 20년 동안 일하도록 하는 바람에, 너무 무서워서 이씨는 도망쳤다고 한다.[46)]

---

46) 梶村秀樹, 〈海がほけた!〉, 《在日朝鮮人史研究》 第10號, 1982.7, 1～15쪽 참조

《탄광에 산다》는 탄광의 반복되는 재해에 대해 전쟁이라고 하는 광기어린 亂掘이 낳은 비극이며, 아울러 거기에 공통되는 것은 인간경시의 사상이었으며, 목적을 위해 수단을 가리지 않는 일본 지배계급의 잔인성을 볼 수 있다고 서술하고 있는데, 이 말은 과장이 아니었고 탄광은 실로 위기 상황에서 패전을 맞는다. 그리고 회사 직할과 하청을 불문하고 일단 연행된 조선인 등 외국인 노무자에게는 남아 있어도 지옥이고, 돌아가도 지옥인 나날들이었다.[47]

가혹한 탄광의 노무관리는 전근대적인 하청제도인 납옥제도(納屋制度)를 계승한 것이라고 한다. 여기에 덧붙여서 탄광노동자의 노동조건의 열악성을 유지한 것은 납옥제도 및 그것을 폐지한 뒤에도 그 억압기구를 계승한 노무관리체제였다. 갱부의 모집, 노동의 지휘, 납옥경영 등을 수행했던 納屋頭는 前貸金이나 일용품 판매, 그리고 음주와 도박을 장려함으로써 노동자에게 채무를 지워 노동자를 탄광에 묶어두고, 그래도 도망치려는 자에게는 폭력적 제재를 가하여 노동자의 자유로운 행동을 막았다. 메이지 30년대부터 탄광 자본은 점차 납옥제도를 폐지하고, 직할제로 이행해 갔다. 그러나 직할제 아래서 납옥제도의 체질은 그대로 유지되었다.[48]

永末十四男은 이 점을 다음과 같이 말하고 있다.

직할제라고 하더라도 납옥제도의 체질은 거의 그대로 이어지고, 다만 제재의 집행자가 納屋頭에서 회사 직속의 노무로 바뀐 것뿐이다. 납옥의 사방은 병영처럼 높은 담장이 둘러쳐져 있고, 요소에 감시를 두어 출입을 체크했다. 우편, 신문은 각호 배달을 금하고, 노무가 일괄 수취하며, 서신 검열이 공공연하게 이루어졌다. 납옥과 일반사회의 격리는 오히려 직할제 아래서 강화되어 탄광의 갱부에 대한 감시 메커니즘은 일거수일투족에 이르기까지 관철되었다.[49]

---

47) 白戸仁康, 〈第2次 世界大戰美唄炭鑛 : 朝鮮人問題를 中心으로〉, 《朝鮮人强制連行에 관한 국제심포지엄》, 52쪽.

48) 山田昭次, 〈朝鮮人强制勞動の歷史的前提〉, 《在日朝鮮人史硏究, 第17號》, 1987.9, 27쪽.

납옥제도의 체질을 계승한 이러한 노무관리체제가 탄광부의 노동자로서 갖는 자각이나 노동자들의 단결을 억누르고, 따라서 노동조건의 저위성(低位性)을 유지했다고 생각한다. 다시 말하면 중소 탄광에서는 태평양전쟁 아래서도 납옥제도의 체질은 강하게 살아 있어서 조선인 노동자 관리에 이 방식이 적용되고 있었다. 日本産業橋上탄광에 1941년 뒤로 노무계로서 근무했던 松井孝行의 증언에 따르면, 종업원 약600명의 중견탄광으로 노무관리의 방식은 뒤져서 사감을 여전히 「納屋頭」라고 부르고, 강제 연행된 조선인에 대한 처우나 제재도 納屋頭는 탄광에서 위임받고 있었다. 만일 노무계에게 맞으면 寮長에게 뭇매를 맞게 되었다. 이러한 점에서는 일본인도 조선인도 차별은 없었다. 또 조선인에게 도박을 부추긴다든지 매춘가에 데리고 가서 돈을 쓰게 하여 도망을 방지했다.[50]

앞에서 서술한 노무관리의 사례는 주로 탄광에 관련된 것이지만 다른 부문의 그것도 크게 다르다고는 보지 않는다. 하나의 예로 和歌山의 湯淺방적에서 일했던 한 여성의 진술에 따르면, 공장은 24시간 가동되고 있었기 때문에 2교대로 12시간 일했으며, 寮에서 생활해야 하기 때문에 결혼한 여성은 그것을 숨기면서까지 남편과 떨어져 寮에서 생활했다고 한다.[51]

다. 생활관리

1940년 2월에 日立광산에 연행된 윤종수에 따르면, 그는 일본어를 조금 이해할 수 있어서 10인 1조의 반장이 되었는데, 江戸一郎라는 일본 이름으로 불렸다고 한다. 한국인은 모두 일본의 강이나 산, 그 밖의 땅이름(天龍, 利根, 福岡 등)을 성(姓)으로 해서 一郎에서 十郎까지의 이름이 붙여졌다고 한다.[52] 관리의 편의를 위한 것이다.

---

49) 같은 글, 27~28쪽에서 재인용.
50) 같은 글, 28쪽.
51) 金靜美, 〈和歌山在日朝鮮人の歷史〉, 《在日朝鮮人史硏究》 第14號, 1984.11, 63쪽.
52) 朴慶植, 《朝鮮人强制連行の記錄》, 110쪽.

숙사(宿舍)는 일본인, 조선인, 중국인으로 각각 구별되고, 또 일반노무자와 강제 징용된 조선인 飯場의 왕래는 금지되어 있었다. 독신자는 寮에 들어갔는데 1인 평균 一疊 이하였다. 「관알선제」에 따른 노무자는 처가 있는 자라도 1943년까지는 가족을 불러오는 것[招致]이 금지되어 있었다. 1944년에 이르러 석탄증산의 대책에 따라 가족 초치를 허용하고 있지만 실제로는 별로 없었다.[53]

당시의 숙사를 보면 창이란 창에는 철격자(쇠로 종횡으로 井間을 맞추어 짠 것)가 끼워져 있고, 세퍼드[개]가 몇 마리 킁킁거리며 돌고 있다. 건물이라고 해도 창고보다 나쁘고, 천장에서는 진눈깨비가 언제나 떨어졌다. 土間을 조금 들어올린 것 같은 곳에 썩어서 퉁퉁 불은 다다미가 깔려 있다. 같은 건물에 200명이나 되는 사람이 살고 있었기 때문에 화장실, 목욕탕에서는 쓰레기통을 돌 때와 같은 악취가 진동했다. 더욱이 난로의 연기로 근방이 새까맣게 되어버렸다. 인간의 주택이라기보다도 돼지우리라고 하는 편이 꼭 알맞은 표현이었다.[54]

1943년 8월 常磐탄광에 연행된 이팔용에 따르면, 가장 곤란했던 것은 배고픈 것, 잠자리(빈대), 입는 것, 신발, 갱내열이라고 했다.[55] 이와 같이 생활의 기초인 의식주가 매우 열악한 상태였다. 그리고 항상 감시가 따라 다녀서 자유가 조금도 없는 감옥생활이었다.

이를테면 三菱美唄탄광에서는 전쟁말기에는 한국인 노동자가 대부분으로 이들은 突貫작업의 갱도 개삭, 암석 굴진, 물이 많이 새는 현장 등 힘든 일을 했다. 현장에는 棒頭가 붙어 있어서 도주 감시원을 갱도 곳곳에 배치해 두고 작업을 했다. 기숙방(寄宿房)에는 엄중한 울타리를 쳐서 봉건적 노예노동과 다를 바 없는 철책에 묶여 있었다. 린치는 때와 장소를 가리지 않고 자행되었다. 이를테면 탄차가 탈선했을 때 그것을 혼자서 고쳐놓지 못하면 허

53) 같은 글, 81쪽.

54) 같은 글, 81쪽

55) 長澤秀, 〈ある朝鮮人炭鑛勞務者の回想〉, 《在日朝鮮人史研究》, 1979.6, 1~29쪽 참조

1940년	아침	점심	저녁
3월 27일(수)	감자된장국 야채절임	후꾸진즈께 야채절임	무된장국, 임연수조림 야채절임
3월 28일(목)	무된장국 야채절임	후꾸진즈께 명태졸임	고구마줄기된장국 야채절임, 가자미조림
3월 30일(토)	채소된장국 야채절임	명태졸임 야채절임	위와 같음
3월 31일(일)	위와 같음 야채절임	무된장국 야채절임	두부된장국, 명태졸임
4월 1일(월)	무된장국 야채절임	명태졸임 야채절임	임연수조림 감자된장국
4월 2일(화)	감자된장국 야채절임	튀김 야채절임	튀김, 야채절임 무된장국
4월 3일(수)	무된장국 야채절임	튀김 후꾸진즈께	명태졸임 야채절임, 감자된장국
7월 31일(수)	양배추된장국 야채절임	닭조림 야채절임	가지양배추된장국 야채절임
8월 1일(목)	채소된장국 야채절임	후꾸진즈께 야채절임	오이된장국 야채절임
8월 2일(금)	위와 같음 야채절임	연어 야채절임	고등어졸임 양배추된장국
8월 3일(토)	위와 같음 오이절임	새우조림 오이절임	양배추된장국
8월 4일(일)	양배추된장국 오이절임	연어 후꾸진즈께	양배추된장국 오이절임, 가자미졸임
8월 5일(월)	위와 같음 무 절임	채소된장국 오이절임	두부된장국
8월 6일(화)	양파된장국 야채절임	새우조림	정어리졸임 야채절임, 양배추된장국

주 : 후꾸진즈께: 잘게 썬 무, 가지, 작두콩 등을 소금물에 절여 물기를 뺀 다음 간장에 졸인 식품.

리가 빠질 정도로 얻어맞는 것 등은 흔히 있는 일이었다.[56)]

많은 연행자들이 배고픔을 이야기하고 있는데, 배가 고파서 풀이나 풋매실 등 먹을 수 있는 것은 모조리 먹었다.

또 三菱美唄의 二澤에 거주하고 있던 加藤三之助 이야기에 따르면, 二澤

56) 三菱美唄炭鑛勞組編, 《炭鑛に生きる》, 1960, 108~109쪽.

에서 坂井라는 사람이 관리하던 다꼬베야에는 通洞坑의 굴진을 하고 있어서 매일 아침 조기를 엮듯이 줄줄이 묶인 다꼬(인부) 다섯 명에 棒頭가 한 사람씩 붙어서 끌고 갔는데, 야근자를 가끔 일광욕 시키는 때도 있었다. 그 장소는 항상 정해져 있었는데, 인부가 풀을 뜯어먹어서 땅바닥이 드러나 있었다. 한번은 인부가 도망치다가 붙잡혀 대기소 앞에서 린치를 당했는데 풀똥이 그대로 나왔다는 것이었다.[57)]

한국인 노동자들이 도망친 큰 까닭은 탄광의 식사에 대한 불만이었다고 한다. 新歌志內鑛의 〈반도광원취업일보〉에서 기숙사의 2주 분 식단을 발췌하면 앞의 표와 같다.[58)]

생선과 튀김이 어쩌다가 나오는 것말고는 그 식사 내용이 주로 된장국과 야채절임이었음을 알 수 있다. 탄광에서 하는 중노동을 생각하면 빈약하다 고박에 할 수 없는 이러한 식사내용은 마땅히 능률에도 나쁜 영향을 끼쳤다고 본다. 숙사에서 하는 식사가 이렇게 되어버린 까닭을 여러가지로 생각해 볼 수 있으나, 炊事人에 따른 식량의 착복이 그 하나의 원인이 되었다.[59)]

영양실조나 재해를 입어 사망한 노동자도 많이 있었다. 배고픔과 강제노동, 감옥생활 등으로 한국인은 가능한 한 도주하려고 했다.

한국인을 강권적으로 연행하면서 민족적 억압까지 수반했기 때문에, 그곳에서 도망치는 일이 속출할 수밖에 없었다. 1939년에서 1945년 3월까지 연행된 한국인 가운데 대략 22만 명이 도주했다고 일본관청 통계는 말하고 있다. 도주는 일본 제국주의에 대한 한국인의 소극적 저항이며, 그것은 또 군수 생산에 대한 비판이어서 그 심리적 영향은 컸다.[60)]

日銀조사과의 자료에 따르면, 도주의 주요 원인은 식량부족, 갱내작업의

---

57) 白戶仁康, 앞의 글, 43쪽.

58) 市原 博, 〈戰爭下 朝鮮人炭鑛勞動の實態〉, 《朝鮮人强制連行에 관한 國際심포지엄》, 76~77쪽.

59) 같은 글, 77쪽.

60) 朴慶植, 《朝鮮人强制連行の記錄》, 86쪽.

기피, 외부에서 오는 유혹 등이다. 일제는 도주를 방지하기 위하여 작업장이나 숙사에 감시인을 두는 것은 물론이고, 통행문 외부의 요소에 검문소를 두고 검색할 뿐만 아니라 열차, 선박 따위에 이동의 취체(取締)도 하였다. 도망치다가 잡히면 앞에서 서술한 바와 같이 잔인하게 구타한다든가, 식사를 제공하지 않는다든가, 또는 며칠 동안 감금하기도 했다. 가족을 초치한다든지 일시 귀선(歸鮮)을 허가한다든지 하는 회유책도 강구되었다.

또 일제는 연행자의 계약이 만기가 되어도 갖은 협박과 회유책을 동원하여 재계약이라는 귀국 만류책을 강구하였으며, "1944년 4월부터는 만기자의 계약기간도 일방적으로 연장되고 모든 조선인 노동자는 도망말고는 사업장을 벗어날 길이 없었다."[61]

라. 다꼬베야 노동자의 체험기

당시의 노무관리를 더욱 생생하게 알기 위하여 다꼬베야 노동자의 체험기[62]를 간추려 기술해 본다. 일반적으로 당시의 탄광이나 토목의 노동과 생활은 다꼬베야의 그것과 별로 차이가 없었다고 생각한다.

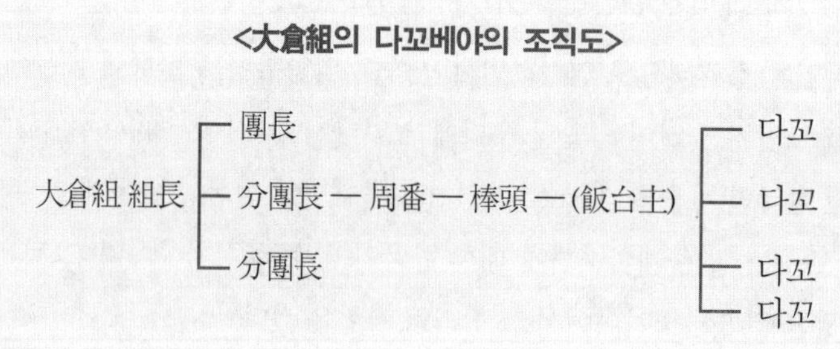

李氏는 1942년 京城에서 「산업전사모집」에 속아서 응모하여 北海道 帶廣

61) 白戸仁康, 〈北海道의 朝鮮人勞動者의 强制連行 槪況〉, 《朝鮮人强制連行에 관한 國際심포지엄》, 5쪽
62) 平林久枝, 〈いまも忘れめタコ部屋での勞動と生活〉, 《在日朝鮮人史硏究》 第5號, 1979.12, 15~27쪽에서 발췌한 것임.

비행장공사에 동원되었다. 그의 이름은 없어지고 '13번'이라고 불렸다. 그는 大倉組의 하청으로 分團長이 만든 다꼬베야에 들어갔다.

주번은 棒頭 가운데서 성적이 좋은 자가 뽑히는데 일본인 한 명이 있었다. 주번의 일은 다꼬베야의 생활을 관리·지도하며, 호령을 건다든지 점호를 하여 분단장에게 보고하는 것이다. 棒頭는 열 명이 있었는데 현장에서 지휘·감독하는 다꼬의 감시인이다. 한국인이 한 명 있어서 통역을 맡고 있었다. 그 밖에도 취사계가 한 명, 완력이 강한 자로서 夜番이 한 명 있었다.

합숙소[飯場63)]에는 출입구가 한 곳 있는데, 들어온 뒤에는 자물쇠를 채워

---

63) 飯場 : 광산, 탄광, 산림채벌, 토목사업 등에서 이용되는 일본에서 가장 특징적인 전근대적 노무관리 조직. 메이지 시대부터 벽지 등의 사업에서 방대한 이윤이 보증되는 경우 자본은 그것을 위한 다수의 노동력 조달과 관리를 자기에게 종속하는 청부업자에게 맡겼다. 그 配下에 감독이나 소두목을 두어 모집한 노동자를 飯場에 수용하여 일을 시키며 모든 생활을 감시했다. 그곳에서는 청부업자에 따른 중간착취나 폭력에 따른 강제노동이나 私刑이 가해졌기 때문에 タコ部屋나 監獄部屋라고 부르는 경우가 다수 일어나고 임노동자의 전인격은 飯場頭에게 맡겨졌다. 또 納屋制度라는 말도 대체로 같은 뜻으로 사용되고 있는 경우가 있지만 역사적으로는 納屋制度는 九州 및 山口縣의 탄광에서 발전한 것을 말하고, 關東 이북의 탄광 및 광산에서 생성한 것을 飯場制度라고 부르고 있다. 飯場制度는 關東 이북의 농민층 분해가 더욱 뒤떨어진 것을 반영하여 納屋制度에 견주면 飯場頭와 광부 사이의 지배·종속의 관계가 더더욱 강고하다. 飯場制度는 현재의 노동기준법에서는 금지되고 있지만 어업, 토목, 건축업 등에서 지금도 변형된 형태로 살아 있고, 현대 일본의 저임금 구조의 유지에 일정한 구실을 하고 있다. 금일의 飯場에서는 점차 飯場頭는 사실상 관계 회사의 인사과 등에 소속되고 임금지불도 飯場頭가 아니라 직접 회사가 하는 등 飯場으로서 갖는 실질을 잃어가는 경우도 있다. 오늘날에도 일반적으로 飯場의 건물은 粗惡하며, 노동조건이 열악한 곳이 많고 그 가운데는 폭력으로 노동자를 집에 감금하는 監獄部屋的인 이른바 폭력 飯場도 있다. (鹽田庄兵衛編, 《勞動用語辭典》, 東洋經濟新報社, 1972, 201쪽)
納屋制度 : 納屋은 원래 농가의 잡품이나 도구 등을 격납하는 부속건물을 가리킨다. 제2차 세계대전 전에 西日本의 탄광에서는 광부의 居宅을 納屋이라고 부르고, 納屋頭가 광부를 감독하는 제도가 널리 이루어졌기 때문에 탄광 특유의 광부 統轄제도를 納屋制度라고 불렀다. 金屬鑛山이나 關東의 탄광에서는 광부의 居宅을 飯場이라고 부르고, 광부통할제도를 飯場制度라고 불렀지만 그 실질은 納屋制度와 같다. 納屋制度 아래서는 納屋頭가 광부의 모집·고용을 청부받고 또 고용된 광부를 자기의 통제 아래의 納屋에 거주시키고, 出勤을 독려하고, 일상생활의 관리를 하고 또 도망을 감시하는 구실을 했다. 納屋頭의 통제 아래 광부(組夫)의 임금을 회사에서 일괄 수령하며 침구나 일용품 등을 공급하고, 그 비용을 공제하고 지급했기 때문에 점점 착취가 이루어지고, 또 納屋頭의 사람 다루기가 가혹한 곳이 있었기 때문에 이 제도는 폭동의 원인이 된 경우가 많았다. 초기에는 納屋頭가 광부의 모집이나 관리뿐만 아니라 채광이나 운반 등의 사업 그 자체를 일괄하여 청부하는 형태가 생겼지만, 회사가 사업을 직접 지배하게 되면 納屋頭는 광부의 모집이나 일상생활의 감독만을 청부하게 되어 大正末부터 昭和期에 걸쳐 納屋이 合宿 또는 社宅으로 개칭되기에 이르면 광부는 會社直轄로 되고 納屋頭는 관리인으로서 광부의 일상생활의 감독을 하게 되었다. 昭和 22년, 직업안정법의 제정에 따라 광부의 모집 청부는 금지되고 이 제도도 금지되게 되었다. 다만 영세 탄광에서는 전후까지 오랫동안 잔존했다고 알려지고 있다.(鹽田庄兵衛編, 같은 책, 183~184쪽)

자유로운 출입은 절대 불가능했다. 내부는 약 100평 정도인데 한꺼번에 구석구석까지 들을 수 있도록 칸막이도 없었다. 변소나 양측 창에는 둥근 棒이 막고 있어서 밖으로 도망가는 것은 불가능하다. 밤에도 내내 작은 전등이 켜져 있다. 帶廣의 大倉組의 합숙소의 현장은 비행장의 활주로를 새로 만들어 비행장을 확장하는 공사였다.

飯場의 하루는 모두 명령, 호령으로 진행된다. 아침 4시 '기상' 큰 호령이 떨어진다. 일어나 10분 안에 이불을 개고 세수한다. '식사'라는 호령, 土間에 있는 긴 테이블 앞에 모인다. 식사는 나무 도시락 상자에 쌀, 감자, 콩을 섞은 1홉 반의 밥, 생된장 조금, 된장국 한 사발이다. 점심은 같은 도시락 상자에 물이 1合 들어 있을 뿐 국은 없다. 석반은 조반과 같다. 이러한 식사는 1년 내내 변하지 않는다.

식사량이 적고 질이 나쁜 것은 말할 것 없고, 그 이상으로 모두가 고통스러웠던 것은 물을 마음대로 마실 수 없었던 것이다. 물은 아침, 점심, 저녁으로 찻잔 한잔(약 1合)뿐이다. 飯場에는 우물이 없어서 물은 먼 내에서 길어오는 귀중품이었기 때문이다. 조반이 끝나면 土間으로 가서 다다미 가장자리에 허리를 걸고 날이 밝기를 기다린다.

'출발'의 호령으로 전원 숙사 밖으로 나와 현장에서 사용할 도구를 가지고 정렬한다. 점호를 하고 현장으로 향한다. 飯場에서 현장까지는 약 2킬로미터, 왕복 때는 군가를 부른다. 노래를 하지 않거나 원기가 없으면 '元氣를 내라'고 때린다. 아침에 가는 길에는 노래를 할 수 있지만 돌아올 때는 지쳐서 소리도 말라버려 맞는 사람이 많았다.

대형 토목기계가 없어서 대부분 인부의 완력에 기대어 활주로를 만들었다. 도구라고는 스코프와 파낸 흙을 나르는 수레뿐이다. 현장에는 棒頭가 있어서 소나 말보다도 더 지독하게 일을 시킨다. 2인 1조가 되어 흙을 파고, 실어서 달리고, 흙을 붓고는 또 달린다. 이런 일을 적어도 하루에 60회 정도 한다. 감시의 경우 매를 들고 쫓아오는 棒頭말고도 높은 櫓를 만들어서 그 위에서 감시하는 자도 있다. 여기서는 현장 전체가 보이므로 탈주나 사고에 대비하는 것이다. 그 밖에 언제나 군대가 돌아보고 있어서 어떤 일이 일어나면 곧 진압하러 나온다.

그러나 매일 다른 사람과 조가 짜지고, 언제나 쫓겨 다니기 때문에 무엇을 의논한다든지 폭동을 일으키는 따위는 도저히 불가능했다.

일이 힘들어 손가락을 사용할 수 없으면 쉴 수 있다고 여겨 자신의 손가락을 진흙운반 수레 밑에 밀어 넣어 빠개버린 자가 있었지만 그 정도로는 쉴 수 없었다. 상처나 사고가 나면 두들겨 팼다. 또 속도를 내다가 수레바퀴가 부서져 흙을 쏟아버리면 죽도록 매를 맞았다.

'晝飯' 호령이 걸린다. 12시부터 30분 동안 아침 도시락에 1홉의 물, 땀을 흘려 숨을 쉬기 어려울 정도로 목이 마르다. 배도 물론 고프지만 그 이상으로 물이 마시고 싶어서 밥과 물을 바꾸는 자도 있었다. 점심식사말고는 3시에 선채로 담배를 한 대 피우는 휴식시간이 한 번 있다. 5분도 안 된다.

다꼬는 언제나 배가 고파 입에 들어갈 것이 있으면 무엇이든 먹는다. 현장에서 살아 있는 민들레의 흰 뿌리, 까마귀의 열매라고 부르는 풀열매, 양파껍질 등이 있으면 다투어 주워 먹는다. 봉두에게 들키면 두들겨 맞는다. 粗食과 중노동, 체벌이 반복되어 20세 안팎의 젊은이가 해골처럼 된다. 뼈 위에 가죽을 입혀 놓은 것 같다. 눈은 푹 들어가고 노인처럼 얼굴에 주름이 잡히고, 숨을 크게 쉬어도 넘어질 만큼 쇠약해졌다.

작업장에서는 왕복 때 입었던 옷은 벗어 두고 훈도시에 짚신을 신는다.

탈주자가 붙들려서 오면 그 자리에서 지독한 린치를 당한다. 또 밤에 飯場에 돌아와서는 연대책임이라며 다른 사람도 모두 두들겨 맞았지만 누구 하나 불평하지 않았다.

나를 비롯하여 38번과 6번이 도주하다 잡혀버렸다. 6번은 돌아오지 않았다. 6번은 허약해서 붙잡히지 않았을 리 없었기 때문에 붙잡힌 현장에서 살해되지 않았나 생각한다. 우리도 붙잡힌 장소에서 우선 호되게 두들겨 맞았다. 비틀비틀하는데도 그대로 일을 시켰다. 밤에 飯場에 돌아와서 土間에 끌고 가서, 대검밴드로 닥치는 대로 때렸다. 우선 대검밴드로 등가죽이 찢어져 입에서 피가 흐르고 항문에서도 피가 떨어진다. 기침을 하면 귀나 코에서도 엉킨 피가 날아 흩어진다. 의식불명이 되면 머리에 물을 끼얹는다. 처음에는 아프지만 곧 감각이 없어지고, 그 자리에서는 통증도 크게 느끼지 못한다. 그러나 잠자리에 들면 밤

새 아파서 잘 수 없다. 신음소리를 죽이고 하룻밤이 새면 다음날도 똑같이 일하러 나간다. 움직일 수 없으면 끌고서라도 현장까지 데리고 나간다. 다른 예를 들면 병자라도 결코 누워 쉬게 하지는 않는다. 병자는 현장에 앉아서 작업을 보지 않으면 안 된다. 추운 날에는 그것은 일하는 것 이상으로 고통스러운 것이었다.

작업종료 시간은 6시로 정해져 있지만 어두워질 때까지 시킨다. 모두 60~62회 정도 운반을 한다. 돌아올 때는 도구를 가지고 군가를 부르며 돌아온다. 7시경 飯場에 돌아오면 저녁식사.

'入浴준비' 목욕탕의 욕조는 4疊半 정도. 다섯 명씩 한꺼번에 '들어갓', '교대'의 호령이 걸린다. 호령에 따라 탕에 들어간다. 들어가는 순번이 늦어지면 새까만 누진누진한 탕이 되어버린다. 탕에서 얼굴을 한번 문지르면 벌써 교대다. 그 더러운 물을 마시는 자도 있다. 그러나 들키면 또 두들겨 맞는다. 목욕탕에서 나오면 순번으로 변소에 간다.

'침구준비' 8시에 잘 준비를 하라는 호령이 걸린다. 다다미 위에 이불을 깔고 자기 옷을 베개로 말아서 잘 준비를 한다. '점호(點呼)'라는 호령이 걸린다. 처음부터 번호를 붙여가지만 일본어에 익숙하지 못한 자가 번호를 부르지 못하면 또 두들겨 맞는다. 그리고 설교가 있다. 오늘은 능률이 나빴다든가 전쟁을 계속하기 위해서 하루라도 빨리 활주로의 완성을 서두르지 않으면 안 된다든가 탈주자가 있었을 때는 그에 대한 이야기를 계속 들었다. 취침구령으로 침상에 들어간다. 대부분의 사람들은 낮의 피로로 아무것도 생각지 않고 곧 잠든다. 왜 이 지경이 되었나. 일본을 미워하기보다는 조국을 원망하는 기분이 강했다.

5. 노무관리의 특징과 요인

이제 위에서 서술한 한국인 노동자에 대한 일제의 노무관리의 특징은 무엇이며, 그러한 노무관리를 창출케 한 요인은 무엇인가를 생각해보기로 한다.

1. 특징

가. 임노동재생산(賃勞動再生産)의 전 과정에 대한 삼위일체적 통합 관리

자본제 사회의 임노동의 재생산 과정은 다음의 범식으로 간단히 나타낼 수 있다.

L(A) — (G) …… A …… G — W' …… L(A)

노동시장 노동과정 소비생활과정

(L(A)=賃勞動, A=노동과정, G=화폐, W'=소비재)

L(A)—(G)는 노동력 상품의 매매를 둘러싼 판매자(노동자)와 구매자(자본)의 관계를 나타내는 노동시장이다. 노동시장에서 노동력 상품의 가격이 결정되어 노동력과 임금 사이에 교환이 이루어진다.

(G)……A—G는 판매된 노동력이 구매자인 고용주(자본)의 지휘·감독 아래 소비 또는 지출되는 생산과정, 노동자의 입장에서 보면 노동과정이다. 일반적으로 노무관리는 이 노동과정에서 시행되는 것이다.

G—W'……L(A)는 노동자가 받은 임금으로 소비재를 구입하여 노동력을 재생산하는 소비생활과정이다.

첫째 과정인 노동시장은 자유롭고 평등한 인간 사이에서 맺어지는 자유로운 계약을 기초로 하고 있다. 마르크스도 "그 내부에서 노동력의 매매가 진행되는 유통분야, 즉 상품교환분야는 사실상 천부인권의 참다운 낙원이었다. 여기에서 지배하고 있는 것은 오로지 자유와 평등과 소유와 벤덤이었다"[64]고 말하며 이 점을 갈파하고 있다. 노무관리의 측면에서 말하자면 이 유통과정은 노무관리의 외부에 위치한 것으로서, 오히려 노무관리 이전에 존재하는 과정이기 때문에 원칙적으로 그 대상이 되지 않는다.

---

64) 마르크스, 《자본론》 I (상), 김수행 역, 비봉출판사, 1989, 222~223쪽.

그리고 최후의 과정인 G—W'……L(A)는 노동력이 재생산되는 과정이고, 노동자 쪽에서 본다면 소비생활과정이다. 노동력의 재생산, 즉 노동자의 소비생활의 구조는 노동시장과 임금의 관계에서 보자면 그들을 규정하는 '공급요인'이기도 하지만, 아울러 이 소비생활의 마당이야말로 자본의 지배 밖에 있다고 한다. 이것은 노동자의 자주성을 회복하는 마당이기도 하고, 그런 뜻에서 노동자의 자주적 활동의 바탕이 되는 전략적인 지점인 것이다.65)

이 과정 역시 노동력의 유통과정인 노동시장과 마찬가지로 노무관리의 외부에 존재하기 때문에 그 대상이 되지 않는다. 노무관리의 대상이 되는 과정은 원칙적으로 임노동 재생산과정 가운데서 둘째 과정인 노동과정뿐이다.

그런데 노동과정은 자본가의 노동력 소비과정으로서는 두 가지의 독특한 현상을 보여주고 있다. 첫째, 노동자는 자본가의 감독 아래서 노동하며 그의 노동은 이 자본가에게 귀속된다. 자본가는 노동이 질서정연하게 수행되고 생산수단이 합목적적으로 사용되도록, 그리하여 원료가 낭비되지 않고 노동도구가 소중하게 다루어지도록, 다시 말하면 작업 가운데 사용으로 말미암은 불가피한 경우를 제외하고는 손상되지 않도록 감시한다. 둘째, 생산물은 자본가의 소유물이지 직접적 생산자인 노동자의 소유물은 아니다.66) 이와 같이 노동과정이 노무관리의 직접적인 대상이 되는 까닭은 이 과정이야말로 자본가의 생산 목적을, 즉 잉여가치의 창출과정을 포함하고 있기 때문이다.

노동과정과 가치형성과정의 통일이라는 점에서 보면, 생산과정은 상품의 생산과정이다. 다른 한편 노동과정과 가치증식 과정의 통일이라는 면에서 보면, 생산과정은 자본주의적 생산과정이며 상품생산의 자본주의적 형태인 것이다.67)

---

65) 隅谷三喜男, 《勞動經濟論》, 筑摩書房, 1969, 46쪽.
66) 마르크스, 앞의 책, 237쪽.

벽에 쓰인 한국인 탄광노동자의 낙서

자본주의의 기본 원칙은 이와 같이 노동과정만을 자본의 직접적인 지배, 따라서 노무관리의 대상으로 하고, 그 밖의 노동시장이나 소비생활과정은 자본의 직접 지배의 외부에, 노무관리 대상의 외부에 두도록 하고 있다. 그러나 한국인 노동자에 대한 일본 자본의 지배, 그 노무관리는 강제연행에서 보는 바와 같이 노동시장을 폭력적이고도 강권적으로 관리하고 있다. 이러한 노동시장의 지배가 특정한 시점에 국한되지 않고, 계약기간이 만료되었을 때 강제적인 재계약을 통해서 계속 이루어지고 있다. 뿐만 아니라 자본의 지배는 노동자들의 전략적인 거점이라고 할 수 있는 소비생활과정까지도 포섭해버린다. 요컨대 한국인 노동자에 대한 일본 자본의 지배, 노무관리는 노동과정뿐만 아니라 그 대상의 외부에 있어야 할 노동시장, 소비생활과정을 전체적으로 포섭함으로써 임노동 재생산의 전 과정에 대해서 삼위일체적 통합관리를 하고 있다는 데 그 가장 두드러진 특징이 있다. 이것은 노동

---

67) 앞의 책, 252쪽.

자의 전 인격과 생명 자체까지도 관리해버리는 노예적 관리의 기초가 된다.

나. 병영적 관리

강제 연행된 노동자의 노동과정과 생활과정에 대해서 병영적으로 관리한다는 특징이 있다. 군대와 같은 부대를 조직하여 모든 노동과 생활을 조직적이고도 계획적으로 지휘·명령하고 복종의 메커니즘으로 관리된다. 끊임없는 훈련이 부과되며 이 훈련의 내용은 노동과 생활에서 바로 실천된다.

다. 감옥적, 노예적 관리

모든 노동과 생활은 일정한 울타리 안에서 일정한 틀에 따라 기계적으로 관리된다. 여기서는 인간의 자유와 자율은 전혀 없다. 도망 방지와 작업 성과를 극대화하기 위해서 노동과 생활의 내부가 언제나 감시될 뿐만 아니라 외부에서도 겹겹이 도망자에 대한 감시망이 펼쳐져 있다.

한국인 노동자들의 노동과 생활은 일정한 감금 아래서 이루어지는 강제노동과 생활이며, 채찍과 폭력으로 관리되는 노예적 노동과 생활이다. 외출이나 휴가는 대부분의 경우 인정되지 않으며, 그것이 인정되는 경우에도 철저한 감시 아래 일정한 범위 안에서 시행된다. 전쟁이 격화되면서 휴일이 반납되기도 한다.

라. 인격, 생명 경시의 도구적 관리

한국인 노동자는 생산전사로서 일본이 전쟁에서 승리하기 위하여 또는 자본가의 이윤을 극대화하기 위하여 생산이나 작업 성과가 극대화되도록 인격과 생명은 완전히 무시당한 채 도구적으로 관리되었다. 인간의 존엄성이나 자율성, 자존심, 인격은 완전히 말살되고, 여기서 인간은 생산을 극대화하는 도구로서 존재할 따름이다. 이것을 추진시키는 것은 조직과 폭력이다. 폭력은 상시적으로 난무했으며, 생명까지도 빼앗아갔다. 또한 인간의 신체와 생명을 보호하는 보안시설이나 보안교육훈련은 제대로 되어 있지 않아 많은 인명이 희생되거나 많은 사람이 다치기도 했다. 인간생존의 기본조건인 의·식·주는 생존수준 이하였으며, 많은 사람이 직접 영양실조로 죽거나 또는 그로 말미암은 발병, 산업재해로 사망했다. 주거환경은 돼지우리와 같았으며, 겨울에 여름옷을 입는다든지 훈도시를 입고 작업하는 경우도 있었으며, 신발의 경우에는 짚신이나 작업화가 떨어져 새끼를 동여매고 작업하는 경우도 있었다.

마. 皇民化와 차별의 모순된 관리

언제나 황민·일본인으로 동화하도록 교육·훈련시키며, 그런 원칙을 바탕에 두고 관리했다. 그러나 실제로 한국인 노동자는, 일본인이 기피하는 힘들고 위험하고 더러운 일에 종사하도록 했으며, 임금과 관리 면에서 차별을 받았다. 한국인에게 더욱 심한 폭력이 휘둘러졌으며, 재해 사망자수는 한국인에게 훨씬 높은 비율로 나타났다. 산업재해가 일어났을 때 한국인 노동자의 사망자수가 훨씬 높은 비율로 나타났다는 것은, 한편으로 한국인 노동자가 위험한 직종에 많이 종사했음을 뜻하며, 다른 한편으로 한국인 노동자에게 더욱 지독한 노무관리가 시행되었음을 뜻한다.

명분과 형식으로는 한국인이 일본에 동화하라고 하면서 실제로는 민족차별을 일삼으며 모순적으로 관리하였다. 황민화와 동화는 결코 진정한 동화가 아니라 의사적(擬似的) 동화였으며, 한국인 노동자의 고혈을 최대한 짜내기 위한 방법일 뿐 그밖에 아무것도 아니었다.

2. 요 인

이러한 노예적 노무관리의 요인으로서 다음 4가지를 기본적으로 들 수 있을 것이다.

가. 군사문화의 전통

일본에서는 德川막부 말기까지 오랫동안 군사문화, 사무라이 문화가 지배하고 있어서 그뒤에도 군사문화의 전통이 강하게 남아 있었다.

군대에서 가장 중요한 것은 될 수 있는 대로 적을 많이 죽이는 것이기 때문에 여기에는 인명이나 인권 경시의 사상이 지배하지 않을 수 없었다. 또한 전쟁에서는 수단과 방법을 가리지 않고 승리하는 것이 목적이기 때문에 인간을 수단화하고 도구화하는 경향이 짙다. 하나의 목적을 위해서 그 과정을 중요하게 여기지 않는다.

전통적인 일본의 군사문화에는 인명 경시의 사상이 뿌리내리고 있었다. 사무라이들에게는 마음에 들지 않으면 민중의 목을 칼로 베어도 범죄가 되지 않는 절사어면(切捨御免)의 특권이 있었다. 또한 사무라이 문화 가운데 어떤 명분 아래서는 할복이라는 자결행위가 미화되고 찬양되기도 한다. 타인의 생명뿐만 아니라 자신의 생명까지 경시한 것이라고 볼 수 있다.

앞에서 서술한 바와 같이 일본 자본주의는 그 후진성으로 말미암아 군사적·호전적 성격을 가지고 있다. 일본의 군사문화적 전통과, 일본 자본주의의 후진성에서 말미암은 군사적 성격이 한데 어우러져 인간·인명 경시의 노예적 노무관리가 나타난 것이 아닌가 생각한다.

나. 시민혁명 과정의 결여

일본의 근대화는 철저한 시민혁명 과정을 거쳐서 이루어진 것이 아니다. 또한 산업혁명 과정도 아래에서 경제의 자생적인 발전으로 이루어진 것이 아니라, 선진자본주의(제국주의) 열강들의 위협을 받고 있던 당시의 일본이 메이지유신(明治維新)이라는 위에서 이끄는 개혁을 거치면서 시민혁명과 산업혁명을 한꺼번에 달성하려고 했던 것이다.

정치적인 시민혁명과 경제적인 산업혁명이 아래에서 자생적으로 나오지 못하고, 위에서 강권적으로 이루어졌기 때문에 개인주의와 개인에 대한 인권개념이 확립되어 있지 않았다. 오늘날까지도 일본 사회에 강하게 남아 있는 집단주의는 이러한 데 바탕을 둔 것이라고 본다.

이렇듯 인권개념과 개인주의가 발전하지 못한 것이 20세기에 인격과 인권을 완전히 무시하는 노예적 노무관리를 탄생시킨 바탕이 되었다. 일제시대 한국인 노동자에 대한 노예적 노무관리는 「納屋制」, 「親方制」, 「飯場制」, 「다꼬베야노동」 등 전 근대적 노무관리의 연장선 위에 놓여 있었다. 당시에도 이러한 전근대적 노무관리는 일본 사회에서 그대로 유지되고 있었다.

다. 전 쟁

한국인 강제연행은 중일전쟁이 일어난 뒤 1939년부터 태평양전쟁기까지 계속된다. 앞에서 서술한 인간 경시, 인명 경시, 인권 무시의 일본문화 전통이 전쟁을 계기로 양자가 결합함으로써 노예적·병영적 노무관리를 현실화하고 이를 강화하게 된다.

전쟁이란 그 목적을 위해서는 인간을 수단화·도구화해야 한다. 특히 제국주의 전쟁은 그러하다. 제국주의 전쟁에서 승리하기 위하여, 나중에는 전쟁을 계속할 수밖에 없는 전쟁 그 자체의 목적 때문에 다수의 한국인 노동자들은 산업전사로서 억울하게도 그 희생양이 되었던 것이다.

일본에 강제 연행된 한국인 노동자들은 일본의 전쟁수행을 위하여 급박한 군수물자의 생산과 수송에 동원되어 전쟁의 도구가 되었고, 여기서 전쟁의 승리라는 목적을 위해서 노동자의 인격, 인권, 자유, 생명은 완전히 무시되었다.

특히 전쟁기간 내내 근대적인 시민권인 노동 3권이 완전히 압살되고, 모든 면에 걸쳐 노동통제가 이뤄지는 바람에 노동자의 저항은 불가능했거나, 또는 우발적인 저항이 있다손 치더라도 곧 무력으로 진압되어 버리곤 했다. 전쟁을 계기로 펼친 노동정책, 즉 전반적 노동의무제가 개별 자본에게는 노예적 노무관리를 가능케 한 바탕이 되었으며, 경우에 따라서는 국가의 여러 정책이 그것을 장려하고 추동하기도 했다.

라. 식민지화

가혹한 노무관리는 그 기본틀에서 일본 노동자에게도 그대로 적용된다. 그러나 한국인 노동자들로서는 식민지 노동자에 대한 민족차별적 시선 아래서 이루어진 노무관리였기 때문에 더더욱 가혹하지 않을 수 없었다. 주로 일본인이 기피하는 3D업종에 종사하도록 한다든가 임금에 차별을 둔다든가 하는 차별정책이 공공연히 자행되었고, 노무관리의 폭력적 방식이 더욱 가혹하게 이들에게 적용되었다. 앞에서 서술한 황민화 교육, 일본어 교육, 생활 교육 등 각종 훈련이 이들에게 추가로 부과되었다. 일본말이나 일본사정을 잘 몰라서 받게 되는 학대도 매우 심했던 것이다.

이러한 노예노동이 싫어서 도망치다가 잡히면 죽을 정도로 두들겨 맞았다는 것은 앞에서 서술한 바이지만, 한국인 노동자들이 당장에는 도망에 성공했다손 치더라도 일본 지리를 잘 모르기 때문에 다시 붙잡혀 그 작업장으로 되돌려 보내지거나, 또는 다른 작업장에서 강제노동을 하게 되는 경우가 대부분이었다. 또 도주한 한국인 노동자들은 일본에 거주지가 없기 때문에 먹고 살아가기 위해서는 스스로 어딘가 비슷한 사업장에서 일을 하지 않으면 안 되었다.

앞에서 서술한 여러가지 요인들은 일본에 강제 연행된 한국인 노동자들이 식민지 노동자이기 때문에 일본인 노동자에 견주어 더더욱 지독한 노무관리를 받도록 강요한 요인들이다.

6. 맺는말

전쟁을 수행할 목적으로 일본에 강제 연행된 한국인 노동자에 대한 노무관리의 최대 특징은 정상적인 자본-임노동 관계의 노무관리와는 달리 노동 과정뿐만 아니라 노동시장, 소비생활과정 등 임노동 재생산의 전 과정에 걸쳐 삼위일체적 통합관리를 받는다는 것이다. 그 밖에도 일본 자본의 한국인 노동자의 노무관리에 병영적·감옥적·노예적 관리, 인격·생명 경시의 도구적 관리, 황민화와 차별의 모순적 관리라는 특징이 있다. 한마디로 말하면 이때 한국인 노동자의 노동은 '노예적 강제노동'이라고 말할 수 있다.

이러한 노무관리를 일으킨 요인으로 우선 일본 자본주의의 후진성과 전쟁, 식민지화를 들 수 있는데, 일본 자본주의가 후진적인 까닭으로 인명을 경시하는 일본 사무라이문화의 잔존, 밑에서 밀고 나간 시민혁명 과정의 결여로 말미암은 인권사상과 개인주의의 미발달 등을 꼽을 수 있다. 또한 전쟁을 위한 파시즘 체제는 일본에서 전반적 노동의무제를 낳고, 노동 3권을 완전히 압살하여 노동자의 저항을 폭압했다. 이것이 개별 자본의 노예적 노무관리의 바탕이 되었으며, 그것을 더욱 추동하기도 했던 것이다.

또한 한국인 노동자는 식민지 노동자였기 때문에 더더욱 차별을 받았으며, 일본어를 모른다는 것, 일본사정이나 지리에 어둡다는 것, 일본에 주거가 없다는 것 때문에 더욱 가혹한 노예적 노무관리를 받았던 것이다.

재일 한국인 노동자의 임금관리

1. 머리말

재일 한국인 노동자계급이 형성된 것은 여러가지 자료로 미루어 보아 한국에 대한 일본의 영향력이 막강하게 된 1890년대 말부터라고 생각한다. 이 시기에 일본 자본은 필요에 따라 자유롭게 노동 브로커를 통하거나 또는 바로 한국에서 노동자를 모집해 갈 수 있었다고 본다. 이 시기는 한국인의 일본 도항(渡航)에 대한 도항정책[1]의 측면에서 보면 '자유도항기'였다고 생각한다. 그러나 일본에서 한국인 노동자계급이 본격적으로 형성된 것은, 일본이 한국을 강점하고 식민지로 삼은 뒤로 각종 일본인 업자에 따른 한국인 노동자 모집이 활발해지고, 또 한국인 쪽에서도 적극적으로 일본으로 도항하려는 요구가 나타나기 시작한 1910년대 후반부터였다.

한국인 쪽의 요구가 적극적으로 나타난 것은 일본의 대한(對韓) 식민지 정책을 통한 경제수탈, 특히 주로 농민수탈에 따른 하층(경우에 따라서는 중층

---

1) 全基浩, 〈日帝下 在日朝鮮人勞動者階級의 形成〉, 韓國勞動經濟學會, 《勞動經濟論集》 17권 제2호, 1995.3, 6~18쪽 참조. (全基浩, 《新勞動經濟學》, 무역경영사, 1995.5, 391~423쪽에 재수록, 이 책13~51쪽 참조)

까지도 포함) 농민의 몰락, 그리고 그로 말미암은 대량 무산자의 창출 때문이었다. 무산자는 대한 식민지정책이 진행되는 과정에서 식민지지주제[2])가 확립·강화·발전되면서 더욱 구조적이고도 대량으로 창출되었다.

대량 창출된 한국의 무산자들은 최저의 생존을 위해서 다른 곳으로 이주하지 않을 수 없었는데, 그 주요대상지 가운데 하나가 일본이었다. 그러나 한국인 노동자계급이 일본에서 형성되기 위해서는 한국의 무산자가 일본 안에 있는 일본 자본과 결합하지 않으면 안 된다. 이 경우에 한국과 일본은 바다를 가운데 두고 지리적으로 떨어져 있을 뿐만 아니라, 비록 한국이 일본의 식민지로서 일본 영토의 일부로 편입되기는 했어도 양국 사이에는 엄연히 국경이 존재했다. 한국인의 일본 도항은 조선총독부의 도항정책에 따라 규정된다. 그래서 조선총독부의 도항정책이 한국의 무산자와 일본 자본을 연결하는 매개항(媒介項)으로서 재일 한국인 노동자계급의 형성에 결정적인 영향을 미쳤던 것이다.

일본의 도항정책은 '도항관리기'의 정책과 '강제연행기'의 정책으로 나눌 수 있다. 도항관리기의 도항정책은 기본적으로는 일본 본국의 자본의 요구에 부응하고, 부수적으로는 정치·사회정세에 따라, 또 일부분은 한국 안의 일본 자본의 요구를 고려하면서 시행되었는데, 때로는 도항 장려, 때로는 도항저지 강화 등으로 수위를 조절했지만 전반적인 방향은 도항관리를 강화하는 쪽이었다. 강제연행기에는 일본의 전쟁수행을 위해서 군수 부문에 많은 한국인이 강제 연행되었다.

강제연행기의 초기에는 「모집」이라는 형식을 빌리지만 내용적으로는 강제연행이었으며, 강제연행기에도 연행방식은 「모집」→「관알선」→「징용」으로 강제성이 강화되는 방향으로 바뀌어 간다.[3])

---

2) 일제의 식민지지주제(대만, 조선, 만주)에 관해서는 淺田喬二, 《日本帝國主義と舊植民地地主制》 御茶の水書房, 1968. 참조

3) 全基浩, 앞의 글, 28쪽.

도항관리기를 자본-임노동 관계가 맺어지는 출발점에서 보면 '자유모집기'라고 할 수 있다. 자유모집기의 자본-임노동 관계는 원칙적으로 서로의 자유의사에 바탕을 둔 시장원리에 따라 이루어진다. 앞에서 서술한 바와 같이 물론 이때에도 조선총독부의 정책으로 말미암아 경우에 따라서는 일본 도항이 적극적으로 저지되는 때도 있었다. 그러나 노동자 쪽에서 보면 적어도 자신의 의사에 반하여 자본-임노동 관계에 들어가는 것은 아니었다. 물론 크게 보면 일제의 식민지 수탈 때문에 먹고 살기 위해서 자본-임노동 관계에 들어가지 않을 수 없는 상황에 몰렸다고도 말할 수 있겠다. 그러나 이 경우에도 개별 자본과 개별 노동자의 처지에서 보면 원칙적으로는 서로의 자유의사를 바탕에 두고 근로 계약을 맺게 된다. 또 때로는 한국인 노동자가 주로 자본관계에 대하여 조금도 경험이 없는 순수 농민 출신이었기 때문이라든가, 또는 일본에 대한 정보가 전무하거나 완전히 잘못된 정보를 가지고 있었기 때문에 일본인 노동자 모집원이나 노동 브로커의 사기에 쉽게 넘어갈 수도 있었던 것이다. 그러나 형식적으로는 고용관계에 들어갈 것인가의 여부, 또는 어떤 자본에게 자신의 노동력을 팔 것인가의 문제는 기본적으로 그 노동자의 자유의사에 달려 있었다. 따라서 기본적·형식적으로는 고용관계가 시장원리에 따라 지배되고 있었다고 봐야 한다.

그러나 1939년 뒤로 강제연행기의 자본-임노동 관계는 몇몇 경우를 제외하고는 일본의 정책이나 제도, 명령과 같이 강제력을 바탕에 두고 이루어진 것이다. 고용관계의 형성 여부, 어떤 자본가에게 고용될 것인가는 완전히 한국인 노동자의 의사와 달리 일제의 강제에 따라 이루어진 것이다.

앞에서 말한 두 시기 사이에 전 노무관리체계의 일부인 임금관리 면에서 현격한 차이가 드러났다. 이 글에서는 이 두 기간 사이의 임금관리의 차이점, 특히 강제연행기에 두드러지게 나타나는 재일 한국인 노동자의 임금착취에 관하여 살펴보기로 한다.

2. 자유모집기의 민족차별 임금

앞에서 말한 바와 같이 자유모집기에는 고용관계 발생의 출발점이 개별 자본과 개별 노동자의 자유의사를 바탕에 둔 계약에 따라 주로 지배되고 있다는 점에서, 이 시기의 고용관계는 노동자의 자유의사와 달리 국가정책의 강제력에 따라 주로 이루어지고 있는 강제연행기의 그것과 전혀 다르다.

물론 자유모집기에도 조선총독부의 도항규제정책에 따라 한일 사이에 노동이동이 자유스럽지 못하다든가, 한국인 노동자가 일본 시장의 정보에 대해 완전히 무지하다든가, 한국에서 노동자를 모집하는 일본 회사 모집인이 사기를 친다든가, 얼마 뒤에 일본에서 노무를 제공할 때 여러가지 계약 위반 사례가 일어나더라도 한국인 노동자는 여기에 적절한 대응 수단을 갖고 있지 못한다든가 등등, 이처럼 경쟁시장의 여러 제약조건이 드러나고 있는 것은 사실이다. 그러나 자본-임노동 관계 형성의 출발점인 고용계약은 적어도 노자(勞資) 쌍방의 자유의사를 주로 바탕에 두고 있다는 점에서는 시장원리가 지배하고 있었다고 볼 수 있다.

1. 민족차별 임금

이 시기 임금의 가장 두드러진 특징은 한일 민족 사이의 임금 차별이다. 이러한 현상은〈표1〉과〈표2〉에 잘 나타나고 있다.

〈표1〉과〈표2〉에서 보면 한국인 노동자는 일본인 노동자에 견주어 보통 60~70퍼센트, 심한 경우에는 50퍼센트 정도의 임금을 받았다. 물론 이러한 임금 격차는 생산성 또는 기능의 격차를 반영하는 것일 수도 있다. 그러나 표에서도 알 수 있듯이 기능을 별로 필요로 하지 않고 힘만 있어도 되는 인부, 토목공, 화물운반부의 경우조차 한일 노동자 사이의 임금 격차는 더욱 컸다. 일본인 자신들의 평가에 따르더라도 한국인 노동자가 일본인 노동자

〈표1〉 직종별·민족별 임금 (1921년, 전국)

직종	일본인(円錢)	조선인(円錢)	조선인/일본인(%)
농작부	1.64	0.92	56.1
염물직	1.90	1.25	65.8
세탁직	1.80	1.20	66.7
연초제조직	1.61	0.93	57.8
手人足(인부)	1.70	0.90	52.9
土方(토목공)	2.30	1.30	56.5
仲仕(화물운반부)	2.50	1.60	64.0
직공	1.80	1.10	61.0
갱부	2.20	1.30	59.1
잡역	1.20	0.70	58.3

자료 : 박경식, 《朝鮮人强制連行の記錄》, 未來社, 1965, 36쪽.

〈표2〉 일본인과 조선인의 임금 비교 (1924년, 大阪)

직종	조선인			일본인		
	최고	보통	최저	최고	보통	최저
염색	1.90(円)	1.20(円)	1.00(円)	3.00(円)	2.10(円)	1.50(円)
메리야스	1.90	1.30	1.00	3.00	2.20	1.50
방적(남)	2.00	1.20	0.90	2.80	1.70	1.00
유리	2.00	1.20	0.90	3.50	1.60	1.10
화물운반부	2.50	1.70	1.70	3.00	2.50	2.00
인부	1.70	1.00	1.00	2.00	1.90	1.80
토목공	2.50	1.70	1.70	2.80	2.50	2.00
평균	1.85	1.54	1.17	2.65	2.02	1.54

출전 : 大阪市社會部調査課, 《朝鮮人勞動者問題》

에 견주어 기능면이나 꼼꼼한 면에서 좀 모자라기는 하지만, 완력 면에서는 더욱 우수했다는 것이다. 이러한 면에서 볼 때 한국인 노동자는 일본인 노동자에 견주어 임금 면에서 격심한 민족차별을 받아왔다고 할 수 있다.

이러한 동일 노동에 대한 민족별 임금 차별은 먼저 일본 독점자본이 식민지 노동자를 사용함으로써 더 큰 초과이윤을 얻으려는 것이며, 아울러 일본인 노동자의 임금을 세계적으로 낮은 수준으로 묶어두려는 것이었다. 또 이렇게 차별함으로써 일본인의 민족적 우월성을 과시하고 민족적 대립을 더욱 부추기려고 했던 것이다.[4)]

그러나 이러한 차별적인 저임금조차 한국인 노동자의 호주머니로 고스란히 들어오지는 않았다. 앞에서도 서술했듯이 재일 한국인 노동자는 그 대부분이 토공인부나 일용인부였으며, 또 그들 가운데 대부분이 전근대적인 조에 속해 있었다. 노동자와 자본가 사이에는 하수인, 元締, 親方, 人夫曳 등이 있었고 서너 단계에 이르는 임금 착취제도가 있어서 평균 30~40퍼센트의 중간착취가 있었다. 따라서 노동자의 실제 수입은 보잘 것 없었다. 1935년 동경의 토목노동자 및 인부 1세대 당 월평균수입은 각각 20円 78錢, 19円 60錢으로 겨우 최저의 생활을 유지하는 정도였기에 아무런 의욕도 희망도 가질 수 없었다.[5)]

또한 일본인은 한국인 노동자에게 집을 빌려주지 않으려 했기 때문에 대부분 비싼 하숙생활을 할 수밖에 없었다. 愛知縣에서 1925년 '선인문제(鮮人問題)'에 관하여 조사한 자료에 따르면 이러한 사정을 잘 엿볼 수 있다.

> 더욱이 내지인은 조선인 노동자에게 집을 잘 빌려 주지 않았기 때문에(조선인 노동자는 불결하여 집 청소나 손질을 하지 않아서 집을 손상시키는 경우가 많고 또 시끄러워서 이웃에 불편을 주는 경우가 많다는 구실로) 그들 대부분은 합숙소[飯場][6)] 또는 값싼 여인숙[木賃宿][7)]에 하숙생활을 하였기 때문에 1戶를 이루면서 자활하는 경우는 매우 드물다. 그들의 하숙비는 합숙소, 값싼 여인숙 등 1개월에 평균 22~23円(식비와 숙박료 포함)을 지불하고 있었다. 그들의 하숙비가 비싼

---

4) 朴慶植, 《朝鮮人强制連行の記錄》, 未來社, 1965, 36쪽.
5) 같은 책, 36~37쪽.
6) 飯場(はんば) : 광산노동자나 土工들의 합숙소
7) 木賃宿(きちんやど): 원래는 柴炭料를 내고 합숙하여 각자 자취하는 여인숙을 뜻하나 일반적으로 싼 여인숙을 뜻한다.

까닭은 부식물 때문이 아니라 쌀을 많이 먹기 때문이다(평균 1인 1일 9合~1升).[8]

더욱이 재일 한국인 노동자의 자녀가 노동에 종사하는 경우가 많았는데 이들의 임금은 공짜에 가까울 정도로 낮았다.

1925년 제주도에서 태어나 1930년에 일본으로 건너가서 大阪猪飼野에서 성장한 김태생은 그의 저서 《私の日本地圖》에서 당시 소년 노동의 모습을 다음과 같이 그리고 있다.

> 長野의 소년들은 10세를 넘길 무렵부터 界隈의 작은 공장에 고용되어 종일 일하고 있었다. 소년들의 임금은 놀라울 정도로 낮아서 아침 7시부터 저녁 6시까지 취로하여 15錢~20錢이라는 임금을 받았다. 김태생 자신도 10세가 되어 일하러 나갔다. 2년 일하고 나서 겨우 40錢의 일급을 받았다.[9]

당시 일본에서는 14세 이하 학령 아동의 취로를 금지하는 「공장법」이 시행되고 있었지만, 재일 한국인 자제에게는 그 법이 적용되지 않았던 것이다. 설령 적용되었다고 하더라도 일하지 않으면 안 되는 열악한 가정환경이 존재하고 있었던 것이다.[10]

2. 공황 때 민족차별적 임금인하

1929년 이후 경제공황이 진행되면서 한국인 노동자는 남들보다 먼저 공황의 제물이 되었는데, 해고·임금인하·시간연장·조업단축에 따른 격일출근 등의 대상이 되었던 것이다. 임금과 관련된 매우 두드러진 현상은 공황을 맞이하여 임금을 인하할 때 한국인 노동자의 임금인하율이 일본인 노동

---

8) 在日朝鮮人運動史硏究會, 《在日朝鮮人史硏究》 第11號, 1983년 3월, 資料 : 愛知縣, 〈鮮人問題〉, 80~81쪽
9) 伊藤悅子, 〈大阪における內鮮融和期の在日朝鮮人教育〉, 在日朝鮮人運動史硏究會, 《在日朝鮮人史硏究》 第12號, 1983.9, 3쪽.
10) 같은 글, 3~4쪽.

자의 그것보다 더더욱 높았다는 사실이다. 원래 한국인 노동자는 일본인 노동자에 견주어 낮은 임금인데도, 임금인하 때는 더욱 고율로 임금이 깎이는 것과 같은 민족적 차별을 받았다.

그 한 사례로서 和歌山에 있던 金文면포공장의 경우를 살펴보자.

1931년 6월 17일 金文공장의 노동자는 공장 쪽에서 조선인 일급 1円의 20퍼센트, 일본인 남공 일급1円 30錢의 10퍼센트, 일본인 여공 일급 95錢의 15퍼센트의 임금인하를 요청받았다. 金文공장의 임금 인하통고는, 起毛협회가 불황대책으로 계획한 和歌山市지역 전 起毛공장의 20퍼센트 임금인하 방침을 처음으로 실시하려던 것이기는 하지만 조선인에 대한 임금인하율이 가장 높았다.[11]

예정대로 임금인하가 이루어졌다면 조선인 남성노동자의 임금은 일본인 여성노동자의 임금보다 조금 낮았을 것이다. 조선인 노동자는 4일 동안의 파업투쟁으로 임금인하를 철회하는 데 성공했지만 30분의 휴식시간을 빼앗겨 12시간 동안 계속 일하도록 되어 노동조건은 더욱 나빠졌다.[12]

공황 때 한국인 노동자의 임금이 대폭 삭감된 또 하나의 사례로서 筑豊의 麻生탄광을 들어보자.

원래 麻生經營의 탄광은 筑豊에서 광부의 임금이 낮은 것으로 유명했고, 아울러 노동시간은 꽤 길었다. 소화공황(昭和恐慌)이 심화된 1932년 麻生탄광 쪽은 채탄 비용을 낮추기 위해 한국인을 많이 고용하여 임금에 격차를 두었다. 그해 5월 다시 임금을 30퍼센트 삭감했다. 그래서 1일 15시간 노동으로 50~60錢, 심한 경우에는 10錢 또는 20~30錢의 수입밖에 얻지 못해 생활은 극도로 궁핍했다.[13]

---

11) 金靜美, 〈和歌山·在日朝鮮人の歴史 : 解放前〉, 在日朝鮮人運動史研究會, 《在日朝鮮人史研究》 第14號, 1984.11, 81쪽.

12) 같은 글, 81쪽.

이로 말미암아 한국인 노동자는 쟁의를 일으켰으나 많은 노동자가 해고되었고 요구 조건은 거부되었다. 여기서 麻生탄광 쪽이 임금을 삭감할 때 한일 노동자 사이에 민족적 차별을 두었는지는 불분명하지만, 한국인 노동자를 상대적으로 가장 많이 고용하고 있었던 麻生탄광의 임금 삭감의 정도가 가장 컸다는 점만 봐도 탄광들 사이에는 민족차별적 임금 삭감이 있었다고 볼 수 있다.

3. 민족차별적 임금과 쟁의

임금을 포함해서 여러 방면의 민족차별이 곳곳에서 한국인 노동자가 쟁의를 일으키는 원인이 되었다. 이러한 차별에서 말미암은 쟁의 사례를 몇 가지만 살펴보기로 하자.

하나의 예로서 和歌山에서 1929년에서 1936년까지 한국인이 주축이 된 노동쟁의가 서로 다른 사업장에서 15회 일어났는데, 주로 부당해고·임금삭감·차별임금을 반대하거나 임금인상을 요구하는 쟁의였다.[14)]

다음으로는 한국인 여공(女工)이 주축이 된 쟁의 사례를 살펴보기로 한다. 1928년 10월 14일 한국인 여공 60여 명은 山梨縣中巨摩郡在家塚村組合製絲에서 쟁의를 일으켰는데 그 요구조건은 다음의 네 항목이다.

— 차별대우 철폐
— 최저임금 50錢
— 1개월 4회 어류를 부식물로 할 것
— 내지인 사무원, 조선인 여공 두 사람을 해고하든가 여공에게 여비를 지급하여 귀국시킬 것[15)]

---

13) 山田昭次, 〈朝鮮人强制勞動の歷史的前提 : 筑豊炭田を主な事例として〉, 日朝鮮人運動史研究會, 《在日朝鮮人史研究》 第17號, 1987.9, 35쪽.

14) 金靜美, 앞의 글, 106쪽. 〈표 VI〉 和歌山における朝鮮人の勞動爭議 참조

네 번째 항목이 일본인 사무원과 한국인 여공 사이에 불미스러운 일이 있었음을 말해주고 있기는 하지만, 가장 중요한 요구조건은 차별대우 철폐였던 것이다.

앞서 살펴본 사례말고도 공장 감독의 한국인 차별대우, 지나치게 비싼 식대와 물품대, 임금체불 등으로 말미암아 쟁의가 많이 일어났으나, 쟁의의 가장 중요한 요구는 역시 임금인상과 민족차별대우(임금도 포함) 철폐였다.

이와 같이 우리는 여러 자료에서 한일 노동자 사이의 현격한 민족별 임금차별과, 공황 때 한국인에게 불리한 민족차별적 임금 삭감이 존재했음을 분명히 알 수 있다.

3. 강제연행기[16]의 임금관리

일제는 1938년 4월에 「국가총동원법」, 그리고 이것을 법적인 바탕으로 해서 1939년 4월에 「국민징용령」을 공포한다. 그리고 징용령을 배경으로 하여 1939년 7월에는 후생성, 내무성, 조선총독부 등 3자의 합의에 따라 「조선인 노동자 내지 이주에 관한 건」을 발표하고, 석탄산업·금속산업·토건업 분야의 노동자 모집이라는 이름으로 일본 연행을 허가했으며, 각 기업은 대상지역인 남조선 일곱 개 도에 관계자를 보내어 할당 인원의 사냥에 나섰다. 이러한 「모집」형식은 결국 관권에 따라 강제된 「연행」이었던 것이다.

일본 정부는 1942년 2월에 연행을 강화하기 위해 「조선인 노무자 활용에 관한 방책」을 각의에서 결정하고, 조선총독부는 「조선인 내지 이입 알선요강」을 제정했다. 이것이 이른바 「관알선」이라는 모집 방법인데, 앞에서 서

15) 金浩, 〈山梨における在日朝鮮人の形成と狀況 : 1920年代〉, 在日朝鮮人運動史研究會, 《在日朝鮮人史研究》 第11號, 1983.3, 13쪽.

16) 좀더 자세한 내용은 全基浩, 〈日帝下 韓國人勞動者의 日本强制連行과 勞務管理〉, 李奎昌敎授回甲紀念論文集, 勞使關係의 課題와 人的資源開發戰略(1), 1994, 235～238쪽 참조. (全基浩, 《新勞動經濟學》, 424～457쪽에 재수록, 이 책의 52~91쪽에도 수록)

술한 모집기의 관알선을 사실상 공식적으로 제도화한 것이라고 볼 수 있다. 모집 대상 지역도 2개 도가 추가되었다.

1944년에는 전쟁이 격화되면서 9월에 한국인에게도 국민징용령이 적용되어 무차별적 납치·연행이 자행되었다. 이와 같이 강제연행기의 연행방식은 「모집」→「관알선」→「징용」으로 강제성이 더욱 강한 것으로 바뀌어 갔는데, 어느 방식이든지 폭력적이며 강권적이고 무차별적이었다.

1939년 이후 강제연행이 시작된 까닭은 전쟁을 위한 일본 군수 부문의 팽창에 따른 심각한 노동력 부족을 해결하기 위해서였다. 1939년에서 1945년까지 6년에 걸쳐 일본 곳곳으로 집단 연행된 한국인 노동자 수가 적게는 70만 안팎, 많게는 150만 안팎으로서 자료에 따라 큰 격차를 보이고 있다.[17)]

강제연행기의 자본-임노동 관계가 이루어지는 초기에는 개별적 노자 사이의 자유의사가 바탕이 된 것이 아니라, 그 관계가 일제의 국가정책에 따라 일방적이고도 강권적으로 이루어졌기 때문에, 그뒤의 개별 자본의 노무관리,[18)] 그리고 그 일부인 임금관리까지 이러한 국가정책에 종속되었으며, 개별 자본 또한 이를 최대한 활용하여 이익을 극대화하려 했던 것이다.

1. 민족차별적 임금

모든 직업에 관한 전국적인 민족차별적 임금에 관한 자료가 없기 때문에 여기서는 매우 제한적이기는 하지만 일본광업주식회사의 민족별 임금을 살펴보기로 한다.

〈표3〉은 1943년 3월 현재 한국인 광원수가 30명 이상 되는 일본의 18개 광산과 2개의 제련소의 민족별·직종별 임금을 나타내고 있다.

---

17) 白戶仁康, 〈北海道의 朝鮮人强制連行概況〉, 日帝三十六年史硏究所·曺溪宗在日總本山高麗寺, 《朝鮮人强制連行에 관한 國際심포지엄》, 1992.2.29. 라마다 르네상스호텔, 6쪽 및 부표 참조; 朴慶植 編, 《朝鮮問題資料叢書》 1卷, 國學資料院, 1993.

18) 상세한 노무관리의 내용은 이 책의 52~91쪽 참고

〈표3〉 민족별·직종별 임금 (1943년 3월)

鑛山名	1943년 3월		
	日本人	朝鮮人	%
北 隆	4.038	3.435	85
	2.771	2.912	105
豊 羽	5.586	4.207	76
	3.055	3.171	105
惠 庭	4.327	3.534	82
	3.364	2.826	84
大 金	5.091	3.806	75
	3.251	2.712	83
上 北	4.273	3.631	85
	2.868	2.695	94
赤 石	3.493	3.395	97
	2.572	-	-
花 輪	4.149	3.127	75
	2.475	2.378	96
大 谷	3.232	3.050	94
	2.079	2.551	123
高 玉	3.091	2.342	76
	1.958	1.524	78
日 立	4.226	3.112	74
	2.688	2.823	105
日 光	2.797	2.321	83
	2.169	2.293	106
三 川	3.801	3.031	80
	2.221	1.561	70
峰が澤	2.843	2.804	99
	2.250	2.283	101
尾小屋	4.110	3.394	83
	2.446	2.405	98
白 瀧	4.073	3.614	89
	2.171	2.291	106
馬 上	3.262	3.660	112
	1.900	1.322	70
王の山	2.998	3.170	106
	2.230	2.893	130
春 日	2.880	2.696	94
	2.986	2.512	108
日立(製錬夫)	3.875	2.298	59
佐賀關(製錬夫)	3.663	3.086	84

(일본광업, 국내광업 1인 1일당, 円) 상단 : 갱내부, 하단 : 갱외부

출처: 日本鑛業株式會社 〈昭和17年下半期事業槪況〉

한국인 갱내부(坑內夫) 임금은 馬上, 王の山의 두 광산을 제외하면 나머지는 모두 일본인 갱내부보다 낮고 대체로 일본인의 75~85퍼센트에 머무르는 수준이어서 민족별 임금 차별을 보여주고 있다.

한국인 갱외부(坑外夫) 임금은 9개의 광산에서 일본인 갱외부 임금을 앞지르고 있다. 이것은 應召 등으로 말미암아 일본인 남자 갱외부가 줄어들고, 아울러 일본인 여자 갱외부나 임시 갱외부가 늘어나면서 임금 수준이 떨어졌기 때문에 한국인 갱외부 임금이 상대적으로 고율로 되었다고 생각한다. 나머지 광산에는 한국인 갱외부 임금은 최저였고 일본인 갱외부 임금의 70퍼센트에 머물렀으며, 절대액이 1円 50錢 이하인 광산도 있는 등 한국인 노동자의 임금은 매우 낮은 수준이었다. 日立제련소의 경우 한국인 제련부(製錬夫) 임금이 일본인 제련부의 59퍼센트에 지나지 않아 임금의 민족차별이 뚜렷했다.[19)]

광산의 경우 한국인에게는 갱내부의 임금이 더욱 중요하다. 왜냐하면 한국인 광부는 주로 갱내부로서 일했기 때문이다.

위에서 서술한 일본광업주식회사의 국내 28개 광산에서 민족별·직종별 광원수를 보면 한국인의 경우에는 갱내부가 82퍼센트고 갱외부가 18퍼센트이다. 일본인 광원의 경우에는 갱내부가 36퍼센트에 지나지 않았고 나머지 64퍼센트가 갱외부였다.[20)] 한국인 광원은 주로 생사가 걸린 위험하고도 힘든 갱내부 일을 도맡았던 것이다

이와 같이 통계상으로 드러난 민족별 임금 차별말고도 다음과 같은 상황을 고려하지 않으면 안 될 것이다.

물론 착취의 상투적인 수단인 임금계산상의 조작, 식비의 과다 차감, 山札에 따른 임금 지불, 강제사내저금, 생산수단의 일부를 자기 부담으로 지우는

---

19) 長澤秀, 〈第2次大戰中の植民地鑛業勞動者について : 日本鑛業株式會社資料を中心に〉, 在日朝鮮人運動史研究會, 《在日朝鮮人史研究》 創刊號, 1977.12, 48~49쪽.

20) 같은 글, 47쪽, 〈표4〉참조

〈표4〉 內鮮別 임금 비교 (1일당) 단위 : 円

內鮮別	반도인	내지인
최 고	5.99	6.87
최 저	0.62	1.00
평 균	2.30	3.40

〈표5〉 內鮮別 임금 비교 (1월당)

內鮮別	반도인	내지인
최 고	130.00	202.00
최 저	15.31	16.36
평 균	52.56	75.00

출처: 市原 博, 〈戰時下 朝鮮人炭鑛勞動の 實態〉, 앞의 國際심포지엄 자료, 70쪽.

등 임금의 민족차별을 잊어서는 안 되며, 그 밖에도 회사 쪽 자료에 많은 속임수가 포함되어 있음을 잊어서는 안 된다. 또 광원의 1개월 동안의 출근 일수, 잔업 일수 등도 고려하여 동일 직종, 동일 작업 사이의 임금을 비교하지 않으면 안 된다.21)

또한 한국인 노동자에게 어떤 강압적 방법으로 중노동을 강제하였는지도 이 보고서에 수록된 김영진씨의 증언이 잘 말해주고 있다. 의사가 증명서를 발부하지 않아서 병자나 부상자에게 노동을 강요한다든지, 반민족적인 한국인을 양성하여 이들이 한국인 노동자를 잔인하게 구타하도록 하여 노동을 강제하기도 했던 것이다.22)

市原 博은 住友鑛業歌志에 있는 광업부의 1940년 자료를 분석하면서 〈표4〉, 〈표5〉의 민족별 임금에 대해서 다음과 같이 말하고 있다.23)

---

21) 같은 글, 48~49쪽.

22) 山田昭次, 〈日立鑛山朝鮮人强制連行の記錄〉, 在日朝鮮人運動史硏究會, 《在日朝鮮人史硏究》 第7號, 1980.12, 23쪽.

23) 市原 博, 〈戰時下 朝鮮人炭鑛勞動의 實態〉, 《朝鮮人强制連行에 관한 國際심포지엄》, 69~70쪽.

그들이 받은 임금은 위의 표와 같다. 고용조건에 표시된 1일 2円 이상이라는 기준은 평균 액수로는 충족되고 있다. 아마도 능률차를 반영하여 임금액에는 큰 차이가 있고, 1일 2円 이하의 임금밖에 받지 못하는 사람들이 꽤 있었으며, 일본인 광부의 임금과 견주어 보면 일당으로도, 월 수당으로도 평균 3할 정도가 적다는 것을 알 수 있다. 일본인과 조선인 사이의 임금 격차를 민족적 차별을 반영한 것이라고 간단히 여길 수는 없다. 조선인 노동자의 가동상황에서 아래와 같은 기술이 있다.

> 반도인 광원은 入坑率(평균 89퍼센트, 내지인 평균 80퍼센트)과 건강상태가 양호하여 갱내가동자로는 최적이라고 생각되나 가동률은 언어불통과 기능미숙으로 내지인과 견주어 보면 바로 그때 내지인을 1로 보았을 때 0.7 정도의 비율을 나타낸다.

물론 일리 있는 지적이다. 한국인 대부분은 광산의 경험이 없는 농민들이었고, 근속 연수도 일본인과 견주어 매우 짧았기 때문에 능률이 떨어질 수도 있었다.

우선 광산에서 하고 있던 임금계산 방식을 알아보기로 하자.

반도 노동자에 대한 임금계산 방법은 기초훈련 기간 동안 아직 취로하지 않은 기간과 갱외노동자에 대해서는 소정의 정액지급법을 사용하고 있지만 갱내에서는(갱외의 일부에도) 업적급, 즉 청부제도가 많았다.[24] 이러한 임금계산 방법은 대부분의 탄광에 일반화되어 있는 것 같았다.[25]

따라서 훈련기간이 끝난 뒤의 임금은 오직 청부형식으로 능률에 따라 결정되었기 때문에 앞서 기술한 임금 격차는 위의 능률격차를 정확히 반영한 것이라고 보는 것도 가능하기 때문이다.[26] 그런데 결정적인 문제는 한국인

---

24) 石炭統制會九州支部, 〈炭山における半島人の勤勞管理〉, 朴慶植 編, 《朝鮮問題資料叢書》 第2卷, 1945, 205쪽

25) 勞動科學研究所, 〈半島勞務者勤勞狀況に關する調査報告〉, 朴慶植 編, 《朝鮮問題資料叢書》 第1卷, 1943. 몇몇 광산에 이러한 예가 보인다.

26) 市原 博, 앞의 글, 70쪽.

〈표6〉 한일 노동자 사이 출탄능률 비교

조사기간	내지인 조			반도인 조		
	출탄총량(?)	延人員(人)	1인당 출탄량	출탄총량	延人員	1인당 출탄량
1941년 11월	2,774	550	5.04	2,960	591	5.01
1942년 12월	3,338	803	4.16	3,250	720	4.57
1943년 1월	2,928	659	4.45	3,391	762	4.45

출처: 노동과학연구소, 〈炭山における半島人勞務者〉 朴慶植 編, 《在日朝鮮人關係資料集成》제5권, 國學資料院, 1993. 769쪽.

의 능률이 일본인 능률의 70퍼센트밖에 안 된다는 잘못된 지적에 있다.

〈표6〉은 한일 노동자의 채탄 능률을 비교한 것이다. 이를테면 E광산의 N갱에 한쪽은 일본인이, 옆의 한쪽은 한국인이 들어가는 막장이 있었다. 20~30명이 각각 일본인 조(組), 한국인 조를 편성하여 작업했다. 계원은 일본인이고 한국인 선산부(先山夫)도 다수 있었다. 이 실험의 결과를 보면 한국인의 능률은 일본인과 비슷하거나 오히려 그것을 능가한다. 한국인의 능률이 일본인의 70퍼센트밖에 안 된다는 지적은 임금을 적게 주기 위한 구실에 지나지 않았다. 결국 민족별 임금 차이는 말로는 능률을 고려한다고 하지만, 차액 전부가 완전한 차별대우였음을 분명히 알 수 있다.

자료의 부족으로 확실하게 이야기 하기는 어렵지만 광산말고도 다른 부문에서 강제연행기 이전부터 존재했던 한일 노동자의 민족별 임금 차별이 넓게 퍼져 있었을 것으로 추정한다.

〈표7〉에서 볼 수 있듯이 민족별 임금 차별은 일본 밖에서 일본인이 운영하는 광업에서 훨씬 더 크게 나타나는데, 심한 경우에는 한국인, 중국인의 임금이 일본인 임금의 30퍼센트에 지나지 않기도 했다.

2. 일제의 저축증대정책과 노동정책

민족별 임금 차별은 일반적으로 외국인에 대한 임금 차별처럼 있을 수 있

〈표7〉 민족별 직종별 임금(1943)

광산명	일본인	조선인・중국인	%
發 銀	4.192	1.480	37
	4.065	1.393	35
大楡洞	6.203	2.178	35
	3.892	1.646	42
芸 山	4.086	2.060	50
	3.427	1.725	50
檢 德	4.920	1.980	40
	3.180	1.660	52
成 興	4.560	1.995	44
	3.260	1.871	57
慈母城	4.509	1.912	42
	3.346	1.527	46
瓮 津	4.293	1.702	40
	3.484	1.457	42
遂 安	4.349	1.950	45
	3.557	1.663	47
樂 山	5.006	1.657	33
	3.336	1.350	41
箕 州	4.367	1.951	45
	3.503	1.619	43
金 華	4.299	1.963	46
	3.997	1.150	29
遠 北	4.164	1.539	37
	2.903	1.185	41
金 溝	4.327	1.364	31
	2.979	1.167	39
德 蔭	4.089	1.564	38
	3.661	1.100	30
鎭南浦	3.031	2.001	66
(製錬所)	4.761	2.821	59
金瓜石	3.269	1.885	58

(일본광업 국외광산, 1인 1일당, 단위: 円) 상단 : 갱내부, 下段 : 갱외부

출처 : 〈표 3〉과 같음.

는 일이다. 비록 일제가 '조선인도 일본인과 동일한 황국신민으로서 일시동인(一視同仁)해야 한다'며 부르짖기는 했었지만, 더욱 문제가 되는 것은 한국인 임금의 일부를 강제로 예금시키고 이를 착취했다는 사실이다.

우선 일제의 저축증대정책에 관하여 살펴보기로 하자. 일제는 군수사업

에 우선적으로 자금을 지원하기 위하여 1937년 9월에 「임시자금조정법」을 공포·시행한다. 이 법은 不急産業에 대한 자금의 유출을 방지하여 생산 확충 자금을 확보하려고 했던 것이다. 그것은 우선 사업자금 조사 표준을 만들어 확충해야 할 산업 부문의 순위(갑-군수산업 및 이것과 밀접한 관계를 가진 기초산업, 을-갑과 병에 속하지 않는 산업, 병-생산력과잉산업, 사치품산업, 기타)를 정하고, 그것에 따라 금융기관의 대출 등을 통제하는 것, 다음으로 시국산업에 대한 자금공급에 관하여 특례를 만들어 군수회사의 자금조달을 용이하게 하는 것 등을 목적으로 하고 있다.[27)]

이러한 자금을 조달하기 위하여 저축장려가 국책으로 채택된다. 1939년도 물동계획은 그해 5월 平沼 내각이 채택한 '생산력확충 4개년 계획'을 뒷받침하기 위한 것이다. 그 방책으로서 소비규제의 철저한 강화, 수출의 증대, 국민 구매력의 억제, 저축장려, 자금조정의 강화, 배급기구와 그 운영의 정비 등을 들고 있다.[28)] 여기서 저축장려가 국책으로 결정되었다.

다음으로 일제의 주요 노동정책에 관하여 살펴보기로 하자.

모든 통제의 뿌리는 1938년 4월에 성립된 「국가총동원법」에 있었다. 이 법은 국가의 물적·인적 자원의 동원과 관련해서 평시, 전시에 걸쳐 폭넓은 규정을 두고 있었는데, 이것에 따라 병기·함정·탄약 따위의 군수물자를 비롯하여 피복·식량·연료 등 거의 모든 물자를 총동원하고, 광범한 인적자원을 동원함과 더불어 생산의 기본 요소에 대해 강력한 국가통제를 가할 수 있는 권한이 정부 쪽에 주어졌다. 또 자금의 운용을 통제하고, 사업과 사업 사이의 협정을 명함으로써 기업경영의 방향을 제약하고, 집중화를 촉진하는 권한도 국가에 집중되기에 이르렀다. 더욱이 이러한 강대한 권한을 의회의 심의도 거치지 않고, 다만 한 가닥의 칙령으로 정부가 행사할 수 있도록 광범한 수권을 승인했다는 점에서 이 법률의 중요한 의의가 있었던 것이다.[29)]

---

27) 楫西光速·加藤俊彦·大島 清·大內 力, 《日本資本主義の沒落》 IV, 東京大學出版會, 1970, 968쪽

28) 같은 책, 993쪽.

많은 노동통제 관련 법령도 「국가총동원법」에 뿌리를 두고 있었다. 이 법에는 일본 인민의 전 노동력을 백지위임하는 전반적 노동의무조항을 비롯하여 일련의 노동정책이 쟁의·시위금지 등 강권적 노동정책의 법인과 함께 규정되어 있었다.[30)]

「국가총동원법」을 법적인 바탕으로 하는 저임금정책은, 이것과 아울러 한꺼번에 자행된 노동자계급에 대한 직접적 공격과 맞물리면서 일본의 노동자계급을 기업 안에 못 박고, 노동자계급을 비롯한 전 노동자 대중을 문자 그대로 '군사감옥' 아래에 두었다. 그러나 이 경우 징용제야말로 이들 저임금정책, 즉 최고 초급임금·노동이동방지정책·근로동원정책 등의 바탕을 이루었다.[31)]

위에서 서술한 전반적 노동통제 아래서 노동자 임금의 많은 부분이 사실상 강제적으로 저축되었다. 또한 강제저축은 이러한 국가정책과 더불어 다음에 서술하는 바와 같이 한국인 노동자의 도주방지라는 개별 자본의 노무관리와 맞물려서 더욱 강력하게 시행되었다.

3. 예금, 송금, 헌금

한국인의 경우 임금 가운데 어느 정도가 예금·송금되었는지를 살펴보기로 하자.

〈표8〉에 나타난 바와 같이 新潟縣에 있는 전기화학공업(주) 青海공장의 경우, 평균적으로 임금의 절반 이상이 강제적으로 예금·송금되고 있었다. 三菱佐渡의 경우에도 비슷하여 예금·송금의 비율이 임금의 24~48퍼센트에 이르렀다.[32)] 또 다른 예로서 석탄통제회 九州지부의 자료에 따르면, 한국

29) 같은 책, 989쪽.
30) 加藤佑治, 《日本帝國主義の勞動政策》, 御茶の水書房, 1970. 45쪽.
31) 같은 책, 82쪽.
32) 長澤秀, 〈新潟縣と朝鮮人强制連行〉, 在日朝鮮人運動史研究會, 《在日朝鮮人史研究》 19호, 1989. 10, 3쪽

〈표 8〉 조선인의 임금, 예금, 송금

	정도	電化青海 1945년 8월분(円)
월수	최고	172.42
	최저	63.80
	평균	99.60
예금	최고	110.00
	최저	10.00
	평균	28.10
송금	최고	240.00
	최저	20.00
	평균	23.07

출처: 新潟縣警察部特高課編, 〈昭和二十年內鮮關係書類綴警察書長報告〉

〈표 9〉 조선인 노동자의 지출(수입이 150円이라고 가정)

수입액	지출항목	지출액
150円	국민저축	30
	식 비	18
	세 금	10
	공무비	2
	송 금	40
	寮저금	15
	배급물자대	8
	衣服費月割	5
	위안오락비	20
	잡 비	2
총 계		150

자료: 石炭統制會九州支部, 앞의 책, 209쪽.

인 노동자의 송금은 보통 30~50円 정도였고, 잔액은 저금 또는 소액의 용돈으로 되어 있었다.[33] 그런데 한국인 노동자의 寮 생활에서 소비경제 면은 어떠한가? 매월의 수입에서 差引되는 돈은 천인저금 1~2할로서, 이것은 국민저축조합원의 의무로 되어 있었다. 식비가 20円 전후, 공무비는 2~3円이다.

33) 石炭統制會九州支部, 앞의 책, 208쪽.

〈표10〉 조선인의 도주율

연도	山梨	静岡	전국평균(%)
1940	49.8	30.3	20.8
1941	31.9	41.2	34.1
1942	40.5	39.7	39.3

자료 : 金浩, 〈日本輕金屬(株)による富士川水電工事と朝鮮人勞動者動員〉, 《在日朝鮮人史研究》, 제19호, 1989. 10, 58쪽.

그 밖에 송금이 30~50円, 용돈이 20~30円, 그 밖에 寮저금이 10~20円으로서 수지는 서로 일치한다. 이것을 월수입 150円의 경우를 가정하여 계산하면 〈표9〉와 같다.[34)]

저축장려의 목적은 도주의 방지에 있었다. 저축장려는 전시(戰時)의 국책이지만, 그 이상으로 한국인 노동자에게 노무관리(도주방지 등)라는 뜻이 있었다고 본다.[35)]

한국인 노동자는 강제 연행되었을 뿐만 아니라, 노예와 같은 가혹한 노동이 견디기 힘들어서 도주하는 자가 많았다. 〈표10〉에서 보면 도주율은 전국평균으로 20~40퍼센트에 이르고 있으며, 시간이 지날수록 도주율이 높아지고 있는데, 그것은 노동조건이 점차 견디기 어려울 정도로 나빠지고 있음을 뜻한다. 한국인 노동자의 도주를 방지하기 위해서 매우 적은 용돈말고는 노동자에게 임금을 지불하지 않았다. 예금·송금 그 밖에도 갖가지 명목의 헌금이 강제로 부과되었다.

三菱美唄 탄광에서는 노동 의욕을 높이는 방책으로서 1942년부터 1인 3円의 가족수당(1943년부터 5円)을, 1944년부터는 증산수당의 지급을 했는데, 물건은 없고 더구나 '암거래는 국적'이라며 엄하게 단속하는 바람에 증산수당이나 초과근무, 연속근무에 따른 임금이 고스란히 가정으로 돌아가는 것은 아니었다. 어느 탄광에서나 해마다 증가하는 소득세, 강제적 공제, 저금,

34) 앞의 책, 208~209쪽.

35) 長澤秀, 앞의 글, 3쪽.

〈표11〉 三菱美唄在鄕 군인분회 연차별 국방헌금액

연 차	금 액(円)
1937	91.98
1938	263.55
1939	247.26
1940	496.78
1941	1,690.21
1942	3,446.31
1942	11,140.76

자료 : 白戶仁康, 위의 논문, 30쪽.

헌납 항공기 기금, 국방헌금 등이 있었고 나아가 인보단(隣保班), 청년단, 소학교 등을 통해서 갖은 명목의 헌금이 계속 부과되었다.36)

〈표11〉은 국방헌금의 한 사례를 나타내고 있는데, 시간이 지날수록 그 금액이 급증하고 있음을 알 수 있다. 가족수당이나 증산수당 등은 결국 한국인 노동자의 노동력을 최대한 착취하기 위한 방편이었을 뿐, 그것까지 여러 명목으로 도로 빼앗아 갔던 것이다.

또한 국공채의 구입도 강요되었는데, 그것은 다음과 같은 지적에서 잘 나타나고 있다. 협화회 舞鶴·東舞鶴지부가 조선인에게 가하는 통제는 실제로는 총후(銃後) 활동에 대한 참가나 동화 대책으로서 나타났지만, 그 구체적 활동은 국방헌금이나 국채 구입의 장려와 같은 물질적인 공출은 말할 것도 없고, 국어(일본어) 강습회의 개최나 각 가정에 신붕설치(神棚設置)의 지시, 화복(和服)의 착용 등과 같은 정신적인 면까지 폭넓게 개입하고 있었다.37)

어쨌든 전시 아래서는 한국인 노동자에게 현금을 지참시키지 않는다는 것이 탄광 회사의 노무관리의 대원칙이었으며, 그것은 앞에 서술한 바와 같이 도주를 방지하기 위한 노무관리의 수단이었다.

---

36) 白戶仁康, 〈第2次世界大戰期美唄炭鑛〉, 《朝鮮人强制連行에 관한 國際심포지엄》, 1992. 29~30쪽.
37) 友田直子, 〈戰時下における舞鶴の朝鮮人をめぐる狀況〉, 《在日朝鮮人史研究》 23, 1993.9, 62쪽

더욱 문제가 되는 것은, 자발적 의사로 위장된 강제 헌금은 말할 것도 없고, 예금을 모두 착취하는 것과 송금이 고향으로 제대로 전달되는지조차 불분명하다는 사실이다.

李씨는 1942년 17세의 나이로 北海道 帶廣공항의 활주로 공사에 강제 연행되어 일하다가 空知의 三菱美唄탄광의 다꼬베야로 옮겨서 일했다. 그뒤 도망쳐서 新十津川村에서 가까운 부락의 농가에서 1년 동안 고용살이를 하고 그 대가로 3백 円을 받았다. 고향에 송금하려고 우편국에 갔으나 우편국장이 송금할 수 없다고 하고, 애국저금으로 돌리도록 강권했다. 애국저금으로 넣었던 3백 円은 다시는 이씨의 손에 돌아오지 않았다.[38)]

김진현씨는 1942년 7월에 北海道의 三菱大夕張광업소에 강제 연행되어 일했다. 그의 진술에 따르면, 임금은 하루에 2円 30錢 정도인데, 그것조차 장부에만 기재되어 있을 뿐 현금은 받지 않았다고 한다. 임금에서 국민저축이나 신발대, 담배값 등 제경비를 빼고 나머지는 송금했다고 하는데, 그것도 실제 보냈다는 증거는 어디에도 없다.[39)]

임금 가운데 소액의 용돈을 빼고 대부분을 강제로 사내 예금시켰던 목적은 명확한데, 다음에 기술하는 회사자료에서도 분명하게 말하고 있는 것처럼, 한국인 노동자의 '도주를 방지하는 데 유력한 대책'이었다. 일제가 패전할 때까지 이자가 가산되었다고 본다면, 이 사내예금은 1인당 많은 금액에 이르렀을 텐데, 常磐탄광주식회사의 한국인 노동자가 회사를 그만두고 귀국할 때 이 예금을 전액 인출하여 현금화할 수 있었는지는 분명하지 않다. 또 송금 규칙에 대해서도 이 회사의 규정대로 운용되고, 전시에도 계속 한국인 노동자의 예금이 한국의 고향에 실제로 송금되고 있었는지도 분명하지

---

38) 平林久技, 〈いまも忘れぬタコ部屋での勞動と生活〉, 《在日朝鮮人史研究》 第5號, 1979.12, 15～17쪽 참조

39) 三田登美子, 〈江陵-興南-大夕張 : ある在日朝鮮人の記憶〉, 《在日朝鮮人史研究》 第16號, 1986.10, 78～90쪽.

않다.[40)]

4. 임금관리의 본질

자유모집기에는 자본－임노동 관계가 여러 제약조건이 있기는 했지만 노자의 자유의사를 바탕에 두고 성립했다. 이 시기의 임금관리는 주로 일본의 개별 자본과 한국인 노동자의 사적관계를 중심으로 이루어지고 있었다.

이 시기 임금관리의 핵심은 한일 노동자 사이의 민족차별 임금이다. 한국인 노동자의 임금은 동일 직종의 일본인 노동자 임금의 50～60퍼센트, 가장 높은 경우에는 70퍼센트에 육박했다.

이러한 민족차별[임금]은 값싼 한국인 노동자를 고용함으로써 일본인 노동자의 임금을 낮추고, 또 이로써 일본 자본의 초과이윤을 극대화하려는 목적을 갖고 있었다. 뿐만 아니라 일본인의 우월성을 과시하여 민족적 대립을 조장하려는 목적도 있었다. 그리고 한국인의 저임금조차 각종 봉건적 중간착취 기구로 말미암아 착취되었고, 비싼 하숙비와 같이 이래저래 빼앗기기도 했다.

강제연행기에는 자본－임노동 관계가 일본 자본과 일제의 국가정책에 따라 한국인 노동자의 의사와는 상관없이 강권적으로 이루어진다. 강제연행기에도 또한 민족별 임금 차별은 지속된다. 1938년의 「국가총동원법」을 바탕으로 하여 노동운동이 완전히 금압된 상태에서 여러가지 저임금정책이 강행되어 임금을 매우 낮은 수준에 묶어둔다.

군수산업 쪽에 자금을 지원하기 위하여 저축장려가 국책으로 정해지고 강제저축이 시행되었다. 국방헌금을 비롯한 각종 헌금, 국채매입이 강요된다. 탄광 등지에서는 증산수당이 지급되었지만, 고작 한국인 노동자에게서

---

40) 長澤秀, 〈日帝の朝鮮人炭鑛勞動者支配について(續) : 常磐炭鑛株式會社を中心に〉, 《在日朝鮮人史研究》 第5號, 1979.12, 87～88쪽.

전라북도 여자정신근로대 (남현 스님 제공)

노동력을 최대한 지출하도록 강요하는 구실일 뿐, 결국에는 각종 헌금 명목으로 도로 빼앗아갔다. 최저의 생존을 위한 조건말고는 모조리 빼앗아 가고 노동력을 최대한 끌어냈던 것이다. 더욱이 고향으로 송금이 제대로 이루어졌는지도 불분명하고, 대부분의 각종 예금이 한국인 노동자의 손으로 다시 돌아오지는 않은 것 같다.

노동자에게는 극히 소액의 용돈말고는 현금을 주지 않았다. 강제저축이나 각종 헌금, 국채매입 등은 전쟁을 위한 일본의 국책이기도 했지만, 한국인 노동자의 도주방지라는 개별 자본의 노무관리의 목적도 있었다. 일제의 국가정책과 개별 자본의 노무관리가 맞물리면서 한국인 노동자는 그야말로 최소한의 먹이만 제공받은 채, 죽음을 무릅쓰고 마지막으로 남아 있는 근력까지 다 바쳐야 했다. 이는 완전한 노예노동이라고 할 수 있다.

일제는 남성의 경우 광산이나 군수공장, 그리고 군수관계 토목공사로, 여성의 경우 「여자정신근로령」에 따라 주로 12~16세의 어린 소녀까지도 강제 연행했다. 그 한 예가 富山縣 富山市에 있는 후지꼬시(不二越)군수공장이었다.[41]

5. 맺는말

일본 자본은 일제의 식민지통치의 전 기간에 걸쳐 한일 노동자 사이에 민족차별 임금을 실시하고 있었다. 1939년 이후의 강제연행기에는 그런 차별에 더하여 임금 가운데서 많은 부분이 강제적으로 예금과 국방헌금은 물론이고, 각종 헌금과 국채매입이라는 이름으로 착취되었다. 한국인 노동자들의 송금이 정확하게 고국으로 송금되었는지는 불분명하고, 예금도 대부분 한국인 노동자의 손으로 돌아오지 않았다.

각종 헌금은 제외하더라도 일제가 송금·예금 따위로 착취했다고 추정되는 액수가 종전 직후 일화로 2억 3천 7백만 円에 달하는데, 이는 당시 GHQ(미국 극동군 최고사령부)가 일본 정부더러 한국인 노동자에게 지불하도록 명령한 금액이기도 하다. 이 돈을 현재까지 이자를 쳐서 계산하면 한화로 12조 3천억 원에 이른다고 한다.[42] 이 돈은 지금도 일본의 각 은행에 예치되어 있고, 각 지방 법무국에 공탁되어 있다고 한다.

1950년의 한국전쟁, 1952년 일본의 주권회복과 함께 GHQ의 명령이 그 효력을 상실해버리자, 이 돈은 아직까지도 지급되지 않고 있다. 지금도 일본 정부는 한일 회담이 타결될 때 이 금액이 앞서 청산되었고, 공탁시효가 끝났다는 구실로 지급을 거부하고 있다. 그러나 이는 어디까지나 일본의 개별 자

---

41) 이에 관한 상세한 내용은 樋口雄一, 〈韓國人少女の日本への强制連行について〉, 《在日朝鮮人史研究》 第20號, 1990.10, 1~16쪽.

42) 1995년 8월 13일자 오후 9시 KBS2 추적 60분에서 방영됨.

본과 한국인 노동자 사이의 사적인 채권–채무관계이므로 국가 사이의 조약만으로는 결코 소멸될 수 없으며, 국가는 그런 권한조차 가지고 있지 않다. 공탁금은 10년이 지나면 시효가 끝난다고 하지만 공탁사실을 당사자에게 알릴 의무를 이행하지 않았기 때문에 시효가 끝났다고는 볼 수 없다.

앞으로 한일 사이의 원만한 관계를 위해서라도 양국 정부가 이 금액을 당사자에게 지불하도록 최선의 노력을 기울여야 할 것이다.

재일 한국인의 借家難

1920~30년대를 중심으로

1. 머리말

1923년 관동대지진 때 일본인들은 수많은 한국인을 무차별 학살하였다. 그 바로 뒤 한국인과 일본인 사이에 감정이 극도로 나빠져서 일제는 일시적으로 한국인의 일본 도항을 완전히 금지하는 정책을 실시하게 된다. 그러나 그뒤 지진이 일어난 곳의 질서회복 및 민심의 진정, 지진 복구를 위한 노동력 수요의 급증 등으로 1924년 5월에 도항금지 조치를 풀게 된다. 그 결과 한국인 노동자의 일본 도항이 급증했고, 급기야 1924년 말에는 일본에 거주하는 한국인이 적어도 약 12만 명[1]에 달하는 바람에 오히려 공급과잉 현상을 가져오게 되었다.

이 제한을 철폐한 뒤로 다시 일본으로 건너오는 사람들이 늘어났고 그 비율도 그 전과 견주어 높아졌는데, 대체로 한국 안에서도 경제적 불황에다가 때마침 한수해(旱水害)가 잇달아 일어나면서 한국인 일반의 생활이 눈에 띄

1) 내무성 조사에서는 한국인 일본 거주자는 그해 말 118,152명으로 되어 있으나, 國勢調査에서는 이 숫자가 168,002명으로 되어 있다.

게 궁핍해졌기 때문에 의·식의 방도를 일본에서 찾으려는 사람들이 속출하게 되었다고 본다.[2)]

위에서 서술한 일본 내무성 경보국의 지적대로 일본의 대한(對韓) 식민지 정책이 진행되면서 한국의 농민들은 일제의 가혹한 수탈 때문에 한국에서는 도저히 의·식의 방도를 구할 수 없어서 1924년부터 일본으로 도항하는 자가 급증하였던 것이다. 이에 대해 일제는 한국인 노동자의 실업을 걱정한다는 구실[3)]로 한국인의 일본 도항저지제도를 공포하여 도항을 억제하려고 시도하였으나, 앞에서 말한 바와 같은 한국 농촌의 인구 '압출요인'으로 말미암아 한국인 일본 도항자 수는 그뒤로도 점점 더 빨리 증가해 갔다.

재일 한국인이 급증하면서 한국인에게 가장 시급한 문제는 우선 사는 곳을 마련하고 일자리를 찾아 최소한이나마 생계를 꾸려가는 것이었다. 한국인이 일본인에게 집을 빌리려고 해도 일본인 가주(집주인)는 여러 구실로 집을 잘 빌려주지 않으려고 했다. 그래서 한국인들의 차가난(借家難) 문제가 떠오르고, 이것은 한국인 차가인(借家人)과 일본인 가주 사이에 차가분쟁으로까지 나아간다.

재일 한국인의 차가분쟁은 1924년부터 大阪市에서 일어나서 그뒤 점차 증가하는데, 1926년 말 당시의 조사에 따르면 그 건수는 東京府의 33건, 大阪府의 42건, 兵庫縣의 4건, 山梨縣의 2건 등 81건에 이르렀다. 그 전해 같은 달의 27건에 견주어 보면 뚜렷하게 증가하여 이에 한국인 차가 문제가 하나의 사회 문제로 떠오르는 경향이 짙다고 경보국은 밝히고 있다.[4)]

따라서 이 글에서는 당시 재일 한국인의 차가난의 현황과 원인을 살펴보

---

2) 警保局 保安課, 《大正14年中ニ於ケル在留朝鮮人ノ現況》, 朴慶植 編, 《在日朝鮮人關係資料集成》 第1卷, 三一書房, 1974, 152쪽.

3) 그러나 실은 당시 노동운동이 고양되어 조선인 노동자와 일본인 노동자의 연대가 강화됨에 따라 이를 沮止하기 위하여 일본인 노동자의 실업의 원인을 조선인의 도항에 있다고 하여 民族排外主義를 조장하기 위한 것이었다.

4) 警保局 保安課, 앞의 책, 208쪽.

고, 차가난에 대한 한국인 차가인 쪽과 일본인 가주 쪽의 시각을 분석해보고 두 집단 사이에 존재했던 시각의 차이를 분명히 밝히며, 각각의 시각에 대해 평가해본다. 그리고 차가난의 원인에 관해서는 일본인 가주들이 지적한 원인이 옳지 않음을 밝히고, 그 진정한 원인이 일본인 가주의 민족차별에 있음을 밝힐 것이다. 시기적으로는 대체로 1920년대 중반부터 재일 한국인이 급증하면서 차가난의 문제가 본격적으로 대두되었기 때문에 그 시기를 연구대상으로 한다. 그러나 1939년에 시작되는 강제연행기는 제외했다. 강제연행기에는 일제가 군수노동력의 확보를 위해서 한국인을 강제 연행해 갔다. 그래서 그들은 한국인 노동자가 도망가지 못하도록 자신들의 숙소나 공장 기숙사에 강제 수용했기 때문에 차가의 문제는 일어나지 않았던 것이다. 그리고 앞서 일본에 거주하고 있던 한국인 노동자들의 차가 문제는 전면적인 파쇼적 통제체제가 들어서고부터는 아예 사회 문제로 떠오를 수가 없었다.

2. 조선인 부락의 성립과 구실

재일 한국인은 일반적으로 집단 거주하여 이른바 '조선인 부락'을 형성한다. 1920년에 한 부현(府縣)에 한국인 인구가 1천 명을 넘는 곳은 취로하기 쉬운 대도시를 가진 大阪, 兵庫, 東京, 京都 등 네 개의 현, 그리고 조선과 가깝고 석탄 산지 등을 가진 福岡, 北海島, 長崎, 山口, 廣島 등 다섯 개의 현이었다. 1930년에 한국인 인구가 1만 명을 넘는 부현은 위에서 長崎縣이 탈락되고 대도시가 있는 愛知, 神奈川縣 등 두 개의 현이 추가된다.

일자리를 찾으러 조선을 떠나게 만드는 요인[압출요인]인 '생활의 곤란'과 '강제연행' 등에 관한 해명은 뒤로 미루더라도, 한국인이 집단 거주하는 까닭은 낯선 땅에서 취로의 기회를 제공하는 혈연·지연·직장 등이 서로 연계되어 있기 때문이며, 한국인을 고용하는 기업과 농가 그리고 노동하숙 등이 한 지역에서 집중해서 증가하기 때문이다.[5)]

요컨대 생활의 기초가 되는 일자리를 찾으려면 여러 연고를 통해서 앞서 일본에 와 있는 한국인을 찾아가는 바람에 자연적으로 집단 거주할 수밖에 없고 따라서 한국인 부락이 형성되어 갔던 것이다.

樋口雄一은 전전(戰前)의 大阪, 京都, 東京, 橫濱의 '조선인 부락'의 성립조건으로서 다음 4가지를 들고 있다.

① 합숙소[飯場][6]와 사택에 거주하기 시작하여 이것을 거점으로 한 경우.
② 토지의 소유자가 명확하지 않은 저지대, 습지, 하천부지 등에 자력으로 假小屋(임시로 만든 조그만 집)을 만들어 간다.
③ 일본인이 거주하지 않게 된 가옥에서 산다.
④ 아파트, 長屋[7] 등을 빌리고 그곳을 중심으로 부락이 형성된다. (《近代民衆の記錄》 第10卷)[8]

여기서는 물론 ④번 차가의 경우가 중심이 된다. 그러나 ①②③의 경우도 결코 한국인 차가 문제와 무관하지 않다. 왜냐하면 한국인은 주로 일본인 가옥을 빌려서 살았는데, 일본인 가주들은 점차 한국인에게 가옥을 빌려주는 것을 꺼렸고, 또 한국인으로서는 집세(가임)를 부담하기도 매우 어려웠다.

---

5) 三輪嘉男, 〈在日朝鮮人集住地區の類型と立地特性〉, 在日朝鮮人運動史硏究會, 《在日朝鮮人史硏究》 11, 1983.3, 55쪽.

6) 飯場은 광산노동자나 토목공들의 합숙소로서 노동자들은 요금을 내고 여기서 먹고 자고 일을 한다. 이를 경영하는 자를 飯場의 오야가다(親方)이라고 하는데, 이들은 광산, 토목공사나 일용인부의 청부업자이다. 조선인 노동자들은 대체로 조선인이 경영하는 飯場에서 일을 했다. 1925년 愛知縣의 조사에 따르면, 그들은 하숙하는 노동자들에게서 평균 1일 70전 내지 80전을 받는다. 더욱이 하숙하는 노동자들은 반드시 親方의 지휘에 따라서 일하고 그에게서 노임을 받는다. 그때 오야가다는 일수의 약 15%~20%를 구전으로 받는다. 조선인 노동자들은 일본어와 일본 사정을 잘 알지 못하기 때문에 고용주와 교섭을 할 수 없다. 따라서 합숙소의 오야가다는 노동자들에게는 필수 불가결한 존재임과 아울러 중간 착취기관이기도 하다. 또한 반장은 공사의 진행과정에 따라서 또는 공사의 완료에 따라서 자주 이동해 간다. (愛知縣, 〈朝鮮人問題〉(1925년), 《在日朝鮮人史硏究》 第11號, 82~84쪽 참조.)

7) 長屋은 지붕마루를 길게 지어 한 지붕마루에 여러 가구가 살게 지은 집이다.

8) 崔碩義, 〈私の原體驗 大阪, 小林町朝鮮部落の思い出〉, 《在日朝鮮人史硏究》 第20號, 1990.10, 49쪽에서 재인용.

결국 한국인들이 살아가기 위해서는 반드시 주거가 필요했고, 또 차가난이 매우 극심했기 때문에 ①②③과 같은 곳에 집단적으로 거주하는 것은 불가피했다. 특히 한국인들은 가난했기 때문에 주로 취직의 기회가 많은 대도시 변두리나 공장지대 근처의 불량주택에서 과밀 거주할 수밖에 없었고, 그래서 조선정(朝鮮町)이라는 곳도 생겨났던 것이다. 일본 사람들은 이와 같이 한국인들이 살아가기 위해서 어쩔 수 없이 집단을 이루어 불량주택에서 과밀 거주하는 현상을 보고서는 혹시 범죄 소굴이나 도시의 암적인 존재가 되지나 않을까 걱정하고 있었다. 그 전형적인 사례의 하나로 大阪市의 시각을 들 수 있다.

大阪市의 견해는 다음 구절에서 분명히 알 수 있다.[9]

풍속을 달리하고 더욱이 경제생활의 신장을 주된 목표로 하는 이주민들이 끊임없이 각종 중요문제를 일으키고 있다는 것은 세계 대도시에서 공통되는 사실이다. 그 가운데 도시에서 그들이 과밀 거주하는 것은 위생적 조건의 퇴폐, 사회적 유대의 이완을 불러일으키고, 그 생활권이 마치 범죄, 빈궁, 놀랄만한 사망률의 앙등 등 사회악의 배양소로 되어버리는 경향이 있다. 런던에서 가장 비위생적인 불량주택 지구가 유태인이 조성했다는 사실과, 또 뉴욕에서 전형적인 불량주택 지구가 이태리인이 과밀 거주하는 데서 말미암았다는 사실만 보더라도 그간의 사정을 잘 이해할 수 있다.

이것을 우리나라(일본)와 관련해서 보면, 조선에서 산업의 부진, 소작인계급의 궁핍 등에서 말미암은 노동력의 과잉은 조선인 노동자의 일본 유입을 가져왔고, 재일 조선인의 급격한 증가는 근래 특히 우리나라(일본) 주요 도시에서도 보이는 현저한 경향이다.

그래서 이와 같이 문화정도가 매우 낮은 내주자의 도시 집중이 중요한 사회문제를 많이 일으키고 있는 것은 마땅하고, 本市에서도 앞서 해결해야 할 많은 어

9) 大阪市 社會部 調査課, 社會部 報告 第120號, 《本市に於ける朝鮮人住宅問題》(1930年), 朴慶植 編, 《在日朝鮮人關係資料集成》 第二券2, 1190쪽.

려운 문제에 직면하고 있지만 특히 관심이 집중되는 것은 그들 내주자의 과밀 거주에서 말미암아 점차 확대 구성되고 있는 불량주택 문제이다. 바꾸어 말하면 문화적 차이와 실업의 고뇌 그리고 불황이 심각해지면서 앞으로 더욱 그 심각성과 암담함이 더해 갈 그들 고유의 주택 문제이다.

앞에서 서술한 그들의 견해는 한국인 주택 문제 그 자체에 대한 우려라기보다도 그것이 슬럼화 되어 일으킬 여러 사회적 문제에 대한 우려인 것이다. 한국인 부락에 대한 일본인들의 부정적 견해에 맞서서 樋口雄一은 특히 한국인이 자력으로 건설한 '조선인 부락'에 대해 한국인의 입장에서 그 적극적인 몫을 강조하고 있다. 그는 우선 한국인이 자력으로 건설한 '조선인 부락'(앞에서 말한 '조선인 부락' 성립조건의 ②에 해당)이 성립된 경위를 다음과 같이 말하고 있다.[10]

일본 곳곳에 그리고 주요 도시에는 반드시 있다고 할 정도로 '조선인 부락'이 있지만, 도항해 온 조선인에 대하여 취업처인 기업 또는 정부가 주택에 관한 보장을 하지 않았던 것도 조선인 부락의 성립 조건이지만, 가장 기본적인 요건으로서 일본인 가주가 한국인에게 집을 빌려주지 않았던 사실을 꼽을 수 있을 것이다. 살 곳이 없었던 한국인은 많은 경우 일본인이 살지 않는 장소, 토지의 소유관계가 분명하게 되어 있지 않은 곳, 국유지나 하천부지 등에서 자신의 손으로 주택을 세워 간다. 자력으로 세웠다고 해도 기술도 없고 끌어 모은 재료였기 때문에 판잣집, 堀立小屋의 건물이 많았다. 몇 호의 조선인이 정주하면 타처에서 직업을 구하러 온 사람들이 거기에 추가되고 직업이 확보되면 호수가 증가하여 '조선인 부락'으로 형성되어 가는 것이 일반적인 경향이었다. 이렇게 성립한 '조선인 부락'에 일본인 주택이 들어서는 경우는 매우 드물고, 이른바 혼주하는 상황이 별로 발견되지 않는 것이 현재의 상태와 크게 다른 점일 것이다.

---

10) 樋口雄一, 〈在日朝鮮人部落の積極的役割について〉, 《在日朝鮮人史研究》 創刊號. 1977.12, 26쪽

그리고 그는 이러한 '조선인 부락'의 적극적인 몫에 관하여 다음과 같이 결론을 내리고 있다.[11)]

이상과 같은 상호부조가 이뤄지는 '조선인 부락'은 민족교육을 지키는 마당 구실말고도 조선노동조합총동맹(1925년 설립), 또는 일본노동조합전국협의회(전협)가 활동하는 거점이 되었고, 전시 아래서는 강제 연행된 노동자의 도망을 도와주는 유력한 기점이기도 했음을 지나쳐서는 안 될 것이다. 그래서 일제는 여러 명목으로 이러한 '조선인 부락'의 적극적 구실을 방지했고 황민화하기 위하여 또는 다른 목적으로 많은 '조선인 부락'을 철거했던 것이다.

'조선인 부락' 그 자체가 철거된 원인을 樋口雄一에 따라 요약하면 다음과 같다.[12)]

① **일본 정부의 정책에 따른 것** : 이를테면 미군폭격에 대비해서 중요 공장지대를 지키기 위한 방재 지대를 설치한다는 명목으로, 주변에 성립되어 있던 '조선인 부락'을 철거. 그 한 예로서 神奈川縣川崎市의 경우를 들 수 있다.

② **행정조치에 따른 것** : 대표적인 예로서는 동경에 있는 技川町과 같이 도시의 미관을 손상시킨다며 도내 각 지역에 있던 부락을 철거하여 技川町에 집중시킨 것을 들 수 있을 것이다.

③ **河川敷地나 해안 등 국유지, 사유지의 불법점거, 차지·차가의 추방에 따른 경우** : 이른바 차지·차가분쟁으로서 관청자료에 많이 보고되고 있는 것 가운데는 부락 그 자체의 철거라는 결과를 가져온 경우도 있었다.

④ **일본인 주민의 '조선인 부락' 철거 요구** : 풍속·습관의 차이, 비위생적이라는 구실로 행정 당국에 철거를 요구했다.

⑤ **한국인 자신의 전직 등에 따른 자연소멸** : 산중에서 토목공사나 특정 공사

11) 같은 글, 30쪽.

12) 같은 글, 30~31쪽.

때문에 일시적으로 생긴 부락이 공사종료와 함께 철폐되는 경우

앞에서 樋口雄一이 말한 철거원인 분류 가운데 ⑤는 철거라고 보기는 어려울 것이다. 이러한 철거에 대하여 한국인들은 탄원, 협상, 투쟁 등 여러가지 방법으로 저항했다.

3. 한국인의 차가 상황

일반적으로 한국인의 차가 상황은 불량주택지구의 상황보다 더욱 열악하여 도저히 사람이 사는 집이라고 볼 수 없는 경우도 가끔 있었다.[13)]

1. 가옥이 있는 곳과 그 구조

거주 가옥이 큰길가에 있는가, 골목에 있는가는 그 거주자의 빈부, 계급과 주택의 상황을 이해하는 데 하나의 참고자료가 된다.[14)]

京都市의 상황을 보면 한국인 거주 가옥총수 4천127호 가운데서 큰길가에 속하는 것이 879호로 21.3퍼센트, 골목 안에 존재하는 것이 2천587호로 62.7퍼센트, 기타 661호로 16퍼센트이다. 또 층수별 가옥구조를 보면 단층건물이 3천366호로 총수의 81.6퍼센트, 2층 건물 757호로 18.3퍼센트, 3층 건물이 4호 0.1퍼센트를 차지하고 있다. 다음으로 1호 건물, 長家(長屋) 등의 가옥양식과 관련해서 살펴보면, 1호 건물은 923호로, 총수의 22.3퍼센트이고, 장가는 3천204호로 77.7퍼센트다. 즉, 京都市에서 한국 출신 노동자의 주택은 골목 안에 있는 단층의 장옥인 경우가 가장 많다는 것을 알 수 있다.[15)]

---

13) 京都市社會課, 〈市內在住朝鮮出身者に關する調査〉(1937年), 朴慶植 編, 《在日朝鮮人關係資料集成》 第3券2. 1159쪽.

14) 같은 책, 1159쪽.

15) 같은 책, 1159쪽.

〈표1〉 주택소유관계별 세대수(京都市 1937년)

주택소유관계	家 數	백 분 율(%)
자 가	118	2.6
차 가	4,009	54.0
차 간	1,987	26.8
하 숙	985	13.3
반 장	308	4.1
기 타	15	0.2

자료: 朴慶植 編, 같은 책, 1160쪽.

이러한 가옥이 있던 장소와 그 구조는 다른 도시에서도 마찬가지 경향을 띠고 있다.

2. 주택소유관계

다음으로 주택의 소유관계를 자가(自家), 차가, 차간, 하숙, 반장 등으로 분류해보면 京都市에서는 〈표1〉과 같다.

총 7천422세대 가운데 차가가 54퍼센트로 가장 많고 다음으로 차간이 26.8퍼센트를 차지한다. 차가, 차간을 합치면 80.8퍼센트로 대부분의 한국인은 집 전체나 또는 집의 일부를 빌려서 살고 있다는 얘기가 된다.

분류 기준이 조금 다른 神戶市의 경우를 보면 총 3천921세대 가운데서 자가는 175세대로 4.5퍼센트에 지나지 않고, 차가 2천619세대로 66.8퍼센트, 차간 1천126세대 28.7퍼센트로 차가, 차간을 합치면 95.5퍼센트나 된다.[16)]

東京府에서는 차가와 자가 및 무가임으로 분류하고 있는데, 가족이 생겨 한 세대를 이루고 있는 경우(이것을 世帶持라고 표현하고 있으며 독신자와 구별하고 있다)에는 총 1천933세대 가운데 차가는 1천727세대로 89.34퍼센트고 자가 및 무가임은 206세대로 10.66퍼센트를 차지하여 대부분 차가에서

16) 神戶市社會課, 〈朝鮮人の生活狀態調査〉(1936년), 朴慶植 編, 같은 책, 1103쪽.

살고 있다.[17)]

한편 神戸市의 경우, 차가의 가주를 보면 일본인이 2천584호, 98.66퍼센트로 대부분을 점령하고 있지만, 차간의 경우에는 대주(貸主)가 한국인 1천50명(93.25퍼센트)으로 차가의 경우와는 정반대의 경향을 보이고 있다.[18)] 한국인은 神戸, 京都, 東京에서 대부분 차가이거나 차간이며, 차가의 경우 神戸에서는 그 소유주가 대부분 일본인이다.

3. 室數, 疊數[19)]

한국인은 차가난으로 말미암아 극도로 과밀 거주하는 경향이 있었다.

1930년 大阪市의 주거상태 조사에 따르면, 대표적인 한국인 밀주지구인 東成區 東小橋町에 있는 속칭 조선정(朝鮮町)에 관해서 살펴보면 1호당 평균 주거인원은 18.2명, 1인당 평균 첩수(疊數)는 0.55첩에 지나지 않고 그것을 西野田 방면의 일본인 밀주지구의 1인당 평균 첩수 3첩에 견주어 보면 한국인의 밀주 상태가 얼마나 상상 이상으로 격심했는지를 쉽게 알 수 있을 것이다.[20)]

앞에서 본 神戸市의 조사에 따라[21)] 주거를 실수별로 보면 1실 세대(一室世帶)가 가장 많아서 2천447세대로 62.4퍼센트를 차지하고 있다. 그리고 1세대 평균 실수(室數)는 1.46실, 1실 평균인원은 2.86명이다. 1세대 당 평균 첩수는 5.38첩이고 1인당 평균 첩수는 1.28첩이다.

또한 앞에서 본 京都市의 자료에 따르면[22)], 차가든 자가든 2실 세대가 가

---

17) 東京府社會課, 〈在京朝鮮人勞動者の現狀〉(1936년), 朴慶植 編, 같은 책, 1052~1053쪽.

18) 神戸市社會課, 앞의 책, 1108~1109쪽.

19) 다다미의 枚數

20) 大阪市社會課, 〈本市に於ける朝鮮人住宅問題〉(1930年), 朴慶植 編, 《在日朝鮮人關係資料集成》 第2卷2, 1191쪽.

21) 神戸市, 앞의 책, 1103~1104쪽.

22) 京都市, 앞의 책, 1161쪽.

장 많아서 각각 총수의 44.5퍼센트, 46.7퍼센트를 차지하고 있고 1호당 평균 실수는 자가의 경우에는 1.98실, 차가의 경우에는 2.46실, 평균 2.57실이다. 1실 당 세대 인원은 자가의 경우에는 3.36명, 차가의 경우에는 2.55명, 평균 2.57명이다.

1세대 당 첩수는 자가 4.99첩, 차가 5.64첩, 평균 5.62첩이다. 1인당 첩수는 자가 1.3첩, 차가 1.51첩, 평균 1.5첩이다. 그리고 한 호에 거주하는 거주세대를 보면 1세대 거주자가 57.8퍼센트로 가장 많고, 2세대 거주자는 27.1퍼센트이며, 한 호에 5세대 이상 거주자도 4.1퍼센트나 된다.

앞에서 본 東京府의 조사에 따르면[23], 世帶持의 경우 1실만을 가진 세대수가 전체의 52.3퍼센트고, 2실 세대가 33.47퍼센트다. 또 世帶持의 경우 1세대 당 평균인원은 4.10인, 1세대 당 평균 첩수 7.55첩, 1인당 평균 첩수 1.84첩이다.

이상의 몇 가지 사례에 비추어 보면, 1세대의 실수는 1~2실이 가장 많고, 1인당 첩수는 大阪의 경우에는 0.55첩, 그 밖의 도시에서는 1.5첩 안팎이다. 大阪의 경우에 대체로 두 명이 다다미 1매(枚)에서 생활하고 있고, 그 밖의 도시에서는 한 명이 다다미 1매 반 정도를 차지하고 있기 때문에 얼마나 좁은 공간에서 밀주하고 있는가를 알 수 있다. 또 한집에 여러 세대가 사는 경우도 많이 있다. 한국인의 주거 상황이 너무나 열악함을 알 수 있다.

4. 家賃과 敷金

1936년 神戶市 한국인 차가의 가임액(家賃額) 조사를 보면 〈표2〉와 같다. 차가에 거주하는 2천619호수 가운데 5~10円의 가임을 지불하는 호수가 1천268호로 전체의 48.4퍼센트를 차지해서 가장 많다. 10円 이하의 가임을 지불하는 호수의 누계는 1천759호로 전체의 67퍼센트를 차지하고 있다.

---

23) 東京府, 앞의 자료, 1053쪽.

〈표2〉 가임 (神戸市, 1936)

가임액	5円 이하	10円 이하	15円 이하	20円 이하	30円 이하	40円 이하	50円 이하	60円 이하	80円 이하	80円 이상	면제	計
세대수	491	1,268	573	139	64	23	4	2	4	2	49	2,619
백분율	18.75	48.42	21.88	5.31	2.44	0.88	0.15	0.07	0.15	0.08	1.87	100.00

자료 : 神戸市社會課, 《朝鮮人の生活狀態調査》(1936年)

한편 차간료(借間料)를 보면 마땅한 일이지만 차가의 가임보다 훨씬 더 싸다. 차간을 하고 있는 1천126세대에 관해서 그 차간료를 보면 면제받는 47세대를 제외하고 차간료를 지불하는 것은 최저 1円 이하부터 최고 10~15円에 이르는 경우도 있는데, 가장 많은 것은 3~5円을 지불하는 694세대로 전체의 61.6퍼센트를 차지하고 있다.[24]

한편 京都市의 가임을 보면, 5円 이상 10円 이하의 가임이 가장 많아서 약 반수 즉 45.2퍼센트를 차지하고, 3円 이상 5円 이하의 것이 22.2퍼센트, 10円 이상 15円 이하의 것이 14.6퍼센트, 3円 이하가 11.2퍼센트 등이다. 즉 가임 15円 이하의 총계는 실로 93.2퍼센트를 차지하고 있어서 얼마나 그들이 저렴한 가임의 가옥에서 살고 있는가를 알 수 있다. 그리고 평균 가임은 1호당 8.27円, 1실 당 3.35円, 1첩 당 0.87円, 1세대 당 4.81円, 1인당 1.29円이다.[25]

부금은 보통 가임 체납에 대한 보증금으로 제공하는 것인데, 조선 출신 노동자의 주택의 경우 부금을 납부하지 않은 경우가 가장 많아서 총수의 3할 이상, 즉 34.7퍼센트를 자치하고 있다. 다음으로는 가임의 2개월분 이하의 부금을 납부하는 것이 27.7퍼센트, 3개월 이하가 16.9퍼센트, 1개월 이하가 12.1퍼센트 등이다.[26]

동경의 가임조사에 따르면, 총 1천933세대 가운데 8円 이하의 가임이 61

24) 神戸市, 앞의 책, 1108쪽.
25) 東京市, 앞의 책, 1165~1166쪽.
26) 같은 자료, 1166쪽.

퍼센트, 10円 이하의 가임의 누계가 71.7퍼센트나 되어 대부분 10円 이하의 가임에서 살고 있다. 그리고 1천933세대 가운데 자가 1.2퍼센트, 무가임 9.4퍼센트도 포함되어 있다.[27] 이상 神戶, 京都, 東京의 가임조사에서 알 수 있듯이 한국인은 대부분 월가임 10円 이하의 저렴한 주택에서 살고 있다는 것을 알 수 있다.

이상 한국인의 차가 상황을 보면, 한국인은 대체로 골목 안 좁은 공간에 밀집해 있는 불량주택을 저렴하게 빌리는 등 열악한 주거환경에서 살아가고 있었다. 그리고 대체로 1인당 다다미 1.5첩 안팎의 좁은 실내 공간을 가지고 있었고, 심한 경우에는 다다미 0.55첩밖에 갖지 못하는 경우도 있었다. 이런 정도라면 잠조차 제대로 잘 수 없는 지경이다.

이상의 차가 상황을 종합적으로 판단하면 당시 한국인의 차가난(넓게는 주거난)이 얼마나 격심했는지를 짐작할 수 있다.

4. 한국인 차가난의 원인

한국인이 차가난을 겪는 원인을 보면 기본적으로는 주택 수급의 불균형에 말미암은 것이다. 그리고 그 밖에도 한국인에 대한 일본인들의 직업 차별, 임금 차별에서 비롯되는 한국인들의 경제적 궁핍 때문에 한국인은 가임 지불 능력이 없었다는 것도 차가난의 주요 원인이었다. 그리고 한국인 차가난의 가장 직접적인 원인으로서 일본인 가주들의 한국인에 대한 편견과, 그로 말미암은 가옥대여 기피를 꼽을 수 있다.

이제 이 원인들을 자세히 검토해보기로 한다.

---

27) 東京府, 앞의 책, 1054쪽, 표24 참조

1. 주택의 수급 불균형

1930년대 大阪市에서 한국인 주택 문제를 조사한 바[28]에 따르면, 한국인의 차가난은 기본적으로 주택 수급의 불균형에서 비롯되었다고 한다.

이 조사에 따르면, 1925년에서 1928년 사이 세대수의 증가는 연평균 2만500세대인데, 가령 1세대가 주택 1호를 필요로 한다고 가정하면 대체로 매년 같은 수만큼의 주택 증가가 요구된다. 그런데 1926년에서 1928년 사이에 주택의 신축 호수는 연평균 1만8천20호에 지나지 않았고, 여기에 연평균 철거 가옥 4천700호를 고려하면 가옥의 순 증가치는 연평균 1만 3천320호에 지나지 않는다. 주택의 수급을 함께 고려하면 연평균 7천여 호의 주택이 부족한 셈이다. 또 같은 기간에 사람이 살지 않는 공가수가 연평균 2천500호 정도 증가되었기 때문에 연평균 약 9천500호 정도의 주택이 부족하게 된다.[29]

한국인 차가난과 과밀 거주는 기본적으로 이러한 주택 수급의 불균형에 말미암은 주택 부족에서 비롯된다고 할 수 있다. 조선에서 식민지 수탈의 가속화와 도일자 수의 증가는 이러한 주택 수급의 불균형을 더욱 촉진하고 한국인의 차가난을 더욱 가중시켰다.

2. 한국인의 경제적 궁핍

재일 한국인 노동자는 그 대부분이 토목인부, 일용인부, 광산노동자, 공장잡역 노동자로서 일본 노동시장의 최저변층을 이루고 있었고, 이들의 임금은 일반적으로 일본인 임금의 60~70퍼센트, 심한 경우에는 50퍼센트 정도의 수준이었다.

---

28) 大阪市 社會部調査課, 〈本市に於ける朝鮮人住宅問題〉(1930年), 朴慶植 編, 《在日朝鮮人關係資料集成》 第2卷2, 1189~1200쪽.

29) 같은 책, 1193쪽.

1929년 이후 공황이 진행되면서 한국인 노동자는 일차적으로 그 제물로서 해고·임금인하·시간연장·조업단축에 따른 격일출근 등의 대상이 되었다. 임금과 관련하여 특히 두드러진 현상은 공황을 맞이하여 임금을 인하할 때, 임금인하율에서 한국인 노동자는 일본인 노동자보다 더욱 높았다는 사실이다. 원래 한국인 노동자는 일본인 노동자에 견주어 낮은 임금임에도, 임금인하 때는 더욱 고율로 임금이 낮아지는 등의 민족적 차별을 받았던 것이다.[30]

1936년 東京府의 조사에 따르면, 世帶持의 1개월 평균수입은 24円 93전인데, 노동자의 대부분을 차지하는 토목건축 노동자의 평균 월수입은 20円 78전이고, 인부는 19円 60전이다. 또 이를 수입계층별로 보면 25円 미만이 66.9퍼센트다.[31] 그리고 世帶持의 경우 지출을 보면 60.6퍼센트가 음식비이고, 13.5퍼센트가 주거비다. 다음으로 피복비가 8.4퍼센트, 薪炭燈火費가 6.2퍼센트다.[32] 1930년 大阪市의 조사에 따르면, 한국인 실업자 2천30명 가운데서 그 50.4퍼센트에 해당되는 1천24명은 수입이 조금도 없었다.[33]

한국인에 대한 일본인들의 직업 차별, 임금 차별 등 각종 차별이 한국인의 경제적 궁핍을 가져왔고, 이러한 경제적 궁핍은 가임 지불 능력을 극도로 제한하여 한국인의 차가난과 불량주택 밀주현상을 불러왔다.

또한 가임의 비탄력성도 차가난을 가중시킨다. 가주는 경제적 강자로서 차가인보다 지구력이 강하기 때문에 탄력성이 큰 것은 가임이 아니라 차가인의 거주에 대한 욕망이다. 따라서 불황이 되면 가주가 가임을 인하하기에 앞서 노동자들은 비록 열악한 곳이라 할지라도 저렴한 주거를 구하게 되고, 점점 차가난, 가임난과 과밀주거를 불러오게 된다.

---

30) 全基浩, 〈日帝下 在日朝鮮人勞動者의 賃金管理〉, 《金玉根博士古稀紀念論文集》, 세종문화사, 1995, 123쪽
31) 東京府, 앞의 책, 1055쪽.
32) 같은 책, 1058쪽.
33) 大阪市, 앞의 책(1930年), 1194쪽.

3. 일본인 가주의 한국인 대가(貸家) 기피

한국인이 차가난을 겪는 직접적인 원인은 무엇보다도 일본인 가주들이 한국인에게 대가를 기피했다는 사실에 있다. 많은 경우 한국인이 본명으로 차가나 차간을 하러 가면 거절당하는 것이 보통이었다.

大阪에서는 일부 가주 사이에는 가주동맹까지 만들어 한국인에게는 집을 빌려주지 않을 것을 결의했다고 한다.[34] 神戶市에서도 한국인에게 집을 빌려주는 것을 꺼리는 태도는 모든 가주에게 공통된 철조망이었다.[35]

이상과 같은 일본인의 한국인에 대한 대가 기피는 모든 곳에서 공통된 현상이었다. 이들 일본인 가주들이 한국인에게 집을 빌려주지 않는 까닭으로 꼽고 있는 것은, 첫째로 가임을 체납한다는 것, 둘째로 가옥의 사용이 난폭불결하다는 것, 셋째로 한 집에 여럿이 생활한다는 것 등이다.[36]

이러한 가주들의 주장은 東京, 橫濱, 京都, 大阪, 神戶, 廣島 등지에서 발간된 한국인 생활실태 조사에서 공통으로 드러나고 있다. 이것에 관하여 자세하게 설명하면 다음과 같다.[37]

> 우선 가임 체납에 관해서 보면, 在阪 조선인의 경우 실업을 비롯한 여러 요인으로 생활이 곤궁해져 가고 있는 자는 물론이고, 비교적 생활에 여유가 있는 자조차 가끔 상습적으로 가임 체납을 되풀이 하여 가주에게서 여러 번 지불독촉을 받아도 마이동풍으로 듣고 흘려버리는 경향이 있기 때문에, 온정적인 가주까지도 그들에게 하는 수 없이 합법적 또는 비합법적 明渡 수단을 강구하는 모양이다. 더욱이 악질적인 경우에는 언제나 내지인을 앞잡이로 내세워 그 명의로 계

---

34) 大阪市 社會部調査課, 〈本市に於ける朝鮮人住宅問題〉(1930年), 朴慶植 編, 《在日朝鮮人關係資料集成》 第2卷2, 1194쪽.

35) 神戶市役所社會課, 〈在神半島民族の現狀〉(1927年 9月), 朴慶植 編, 《在日朝鮮人關係資料集成》 第1卷, 664쪽.

36) 神戶市役所社會課, 〈本市における朝鮮人住宅問題〉(1930年), 朴慶植 編, 앞의 책, 1194~1195쪽.

37) 같은 책, 1195쪽.

약금을 지불하고 닥치는 대로 차가하고는 여러 구실로 가임 및 부금을 떼어먹거나, 또는 심약한 가주를 공갈하여 금일봉을 빼앗는다든지, 일부 가주가 조선인을 敬遠하는 것을 도로 이용하여 5~6개월의 연체 가임을 면제받는데다가 법외의 퇴거료를 지불하도록 강요하는 자가 꽤 많은 모양이다.

둘째로 조선인은 가옥 사용에서 선량한 관리자로서 주의를 기울이지 않는 경우가 많았고, 가임의 지불은 고사하고 덧문, 이부자리, 天井板까지 연료로 사용하는 등 난폭한 행동을 서슴지 않았다. 더욱이 일반적으로 문화적 의식이 낮은 그들은 거의 예외 없이 가옥의 청결에 대한 감수성을 갖고 있지 않기 때문에 그들의 가옥은 언제나 불결한 분위기 속에 방임되어 조선인 가(街)라면 곧 비위생지대라는 악감정을 불러일으키는 경향이 있었다. 셋째로 來住 조선인은 남자 단신 이입자 수의 절대적 우세, 저렴한 임금에 따른 경제적 압박, 경제적 불황에서 비롯된 실업의 고정화 등을 계기로 필연적으로 한 가옥 안에 군거하고, 극단적인 경우에는 한 가옥 안에 30명 내지 40명씩이나 혼연히 잡거하고 있어서 범죄의 원인이 될 수 있는 음주, 도박의 악습에 빠지고 또는 감정적 충돌에 따른 싸움 또는 한 사람의 이성(여성)을 중심으로 일어나는 남자 사이의 갈등으로 주택지구에 바람직한 조용함을 파괴하고 있다.

그래서 在阪 조선인의 가임 체납의 악습은 주변 차가인의 가임 지불에 나쁜 영향을 미쳐 가주의 입장을 곤란하게 함과 아울러 그들의 비사회적·비문화적 생활의 전개는 마치 악화가 양화를 구축하는 것과 같이 선량한 근린 차가인을 구축할 뿐만 아니라 선량한 일반 차가인의 來住를 저지함으로써 가주의 손실을 가져오는 바람에 진보적 가주라도 그들 조선인을 두루 살펴보지 않는 것은 마땅하다. 이런 뜻에서 그들 스스로 자신의 묘혈을 파는 우를 범하는 것은 아닐까. 이것이 식자들로 하여금 조선인 주택 문제가 어디로 갈지에 대해 매우 걱정하게 만드는 까닭일 것이다.

이상은 大阪에서 한국인 차가난의 직접적인 원인에 관한 일본인들의 시각이지만, 이러한 시각은 모든 지역의 일본인들에게 공통된 것이었다. 이러한 일본인들의 시각에 대해서는 차가쟁의(주택쟁의)를 살펴본 뒤에 비판하

〈표3〉 주택쟁의의 원인별 건수(1929년 1월~9월)

주택쟁의의 원인	해 결			미해결	계(%)
	퇴거료 급부	퇴거료 불급부	계속 거주		
家賃不拂	154	16	18	729	917(57)
敷金不納	56	11	15	75	157(9)
無斷轉貸	68	-	46	103	217(14)
契約違反	121	2	37	142	302(19)
其 他	6	1	3	7	17(1)
計	405	30	119	1,056	1,610(100)

자료: 大阪市社會部調査課, 前揭資料(1930年), 1196쪽.

기로 한다.

5. 차가쟁의

앞에서 서술한 바와 같이 1920년대 중반부터 주택 수급의 불균형에서 오는 주택 부족과 한국인들의 경제적 궁핍 때문에 한국인의 차가난은 격심하게 된다. 더욱이 일본인 가주가 여러 구실을 들어 한국인에게 대가를 기피하는 바람에 한국인의 차가난과 주택난은 더더욱 가중된다.

이신형에 따르면, 大阪에서는 '가주협회'라는 것이 조직되어 있어서 가주협회원이 한국인에게 집을 빌려줄 경우 벌금 100円을 내도록 했었는데, 이것은 인도적(人道的)으로 중대한 문제임에도 행정 당국은 오히려 불문에 부쳤다고 한다.[38)]

일본인 가주는 한국인에게 대가를 기피하고 한국인은 어떻게 해서든 살 집을 마련해야 했기 때문에, 집을 빌리는 과정에서 일본인 명의를 사용해서 빌리는 일이 일어난다. 또 한국인은 경제적 궁핍 때문에 가임을 지불하지 못하거나 계약이 만료하더라도 퇴거할 수 없는 일도 가끔 있었다. 그래서 일본

38) 〈京阪神朝鮮人問題座談會〉, 朝鮮日報, 1936. 4.29~5.9, 연재 중 5월 5일자.

인 가주와 한국인 차가인 사이에는 때때로 차가분쟁이 일어났던 것이다. 뒤에 서술하는 바와 같이 가임 체납은 일본인 차가인에게도 똑같이 일어났지만 일본인 가주와 한국인 차가인 사이에 일어나는 분쟁이 특히 사회문제로 부각되었고, 또 일본인들이 의도적으로 그렇게 부각시키기도 했다. 어쨌든 일본인 가주와 한국인 차가인 사이에 많은 차가분쟁(그들은 주택쟁의라고 불렀음)이 일어났던 것은 사실이다.

1929년 1월부터 9월에 이르기까지 在住 한국인의 주택쟁의를 살펴보면, 〈표3〉에서 보는 바와 같이 총 건수 1천610건 가운데 66퍼센트에 이르는 1천74건이 가임부불(家賃不拂)과 부금불납(敷金不納)을 원인으로 하고 있어서, 가임 지불 능력과 지불의사의 결핍이 주택쟁의의 주된 원인이었음을 엿볼 수 있다.[39] 가임부불이나 부금불납이 주택쟁의의 가장 중요한 원인이라고 하더라도, 뒤에 서술하는 바와 같이 한국인의 가임 체납은 일본인의 가임 체납에 견주어 오히려 적었음에도 유독 한국인의 가임 체납만을 문제 삼았던 것이다.

또 주택쟁의의 원인 가운데 1위를 차지하는 가임부불에 대해 상세히 살펴보면, 총 917건 가운데 퇴거료를 급부한 것이 154건, 미해결이 729건에 이르는데, 이것이 주택쟁의의 악화와 해결의 지난함을 여실히 보여준다고 해도 틀림없을 것이다.[40]

위에서 서술한 바와 같이 주택쟁의의 원인 가운데 차가인의 정당하지 않은 행위로 돌려야 할 것으로 무단 전대와 계약 위반이 있다. 이 양자에 관해서 보면 해결 274건, 미해결 245건, 해결의 내용 가운데 퇴거료를 납부한 것이 189건, 급부하지 않은 것이 2건, 계속 거주한 사례가 83건으로 되어 있어서 결국 금전급부에 따른 해결이 대부분을 차지하고 있었다.[41]

---

39) 大阪市 社會部調査課, 〈本市に於ける朝鮮人住宅問題〉(1930年), 朴慶植 編, 《在日朝鮮人關係資料集成》 第2卷2, 1195쪽.

40) 같은 책, 1195~1196쪽.

6. 차가난 및 차가쟁의의 원인에 대한 일본인 시각 비판

1. 가임 체납

한국인 차가난의 원인으로서 그들이 지적하고 있는 것 가운데서 주택 수급 불균형에서 오는 주택 부족, 한국인의 경제적 궁핍 등은 정당한 지적이라고 할 수 있다. 그러나 일본인 가주가 한국인에게 집을 빌려주기를 기피하는 원인이면서도 아울러 주택쟁의의 가장 중요한 원인이기도 한 가임 또는 부금의 체납에 관해서는 그 정당성을 인정할 수 없다. 가임 체납은 한국인보다 일본인이 더 많았다는 사실이 大阪市의 「불량주택지구조사」[42]에서 나타나고 있다.

조사대상 주택 총계 1만 4천48호 가운데 일본인 사용 주택은 1만 1천471호인데 가임을 납입하고 있는 자는 5천267호, 체납자는 6천204호로 체납자의 비율이 54.08퍼센트나 된다. 한편 한국인 사용 주택 2천577호 가운데 1천347호가 체납이 아니고 1천230호가 체납이었다. 따라서 총수에 대한 체납자의 비율은 47.72퍼센트가 된다. 이것은 일본인 체납자와 비교해보면 일본인 체납자가 6.3퍼센트 정도 더 많았다. 분명히 일본인 쪽의 가임 지불 정도가 더 낮았다. 이 조사 사항의 단서에도 있는 것처럼 이것은 가주를 상대로 조사한 결과이므로 정확한 것이라고 보아도 좋을 것이다.[43]

다시 체납의 내용에 대해서 검토해보면, 3개월 이하의 비교적 단기 체납자 가운데 일본인은 2천119명으로 일본인 체납자 총수에 견주어 34퍼센트였지만, 한국인의 경우에는 566명으로 한국인 체납자 총수에 견주어 46퍼센트로 되어 있어서 이 결과만 놓고 보면 단기체납자는 한국인이 더 많았다.

---

41) 같은 책, 1196쪽.

42) 大阪市社會部, 〈本市に於ける不良住宅地區調査〉(大阪市社會部報告 第241號 1939年刊)

43) 樋口雄一, 〈在日朝鮮人に對する住宅差別〉, 《在日朝鮮人史研究》 第2號. 1978.6. 76쪽.

그러나 체납이 1년을 넘는 비교적 장기 체납자는 일본인이 1천440인으로 일본인 체납자 총수에 견주어 23퍼센트를 차지하고 있었지만, 한국인의 체납은 157명으로 한국인 체납자 총수에 견주어 12퍼센트에 지나지 않는다. 관청 자료가 말하는 '악질적인 조선인 체납자'는 '일본인 악질 체납자'보다 적었던 것이다. 따라서 1호당 평균 가임 체납 월수가 일본인의 경우에는 5.43개월분인데, 한국인은 겨우 3.37개월분에 지나지 않았다.[44]

위의 자료는 민족별 가임 체납에 관해서 발견할 수 있는 유일한 자료인데, 이에 따르면 체납 호수의 비율에서나 체납 기간별로 본 체납의 내용에서나 일본인의 가임 지불 상태가 한국인의 그것보다 훨씬 나빴던 것이다.

일본인에 견주어 보면 일본인 가주들의 사실 인식이 허위의 구조 위에 세워져 있음이 분명해진다. 따라서 전혀 다른 평가를 내린다면, 한국인은 일본 사회의 직업 차별과 임금 차별이라는 일본 노동자의 갑절이 넘는 곤란한 조건 속에서도 성실하게 가임을 지불했던 것이고, 낯선 일본에서 생활을 확립하기 위해 노력하고 있었다고 평가해야 할 것이다.[45]

일본인들은 가임 체납에 관하여 아무런 증거도 없이 민족적 편견에 따라 한국인을 상습적인 가임 체납자로 몰아붙였던 것이다. 더더욱 나쁜 것은 그들이 한국의 가임 체납자를 출신도별로 조사하여 특정 지역 출신의 한국인을 더욱 매도하는 등 한국 민족 사이에 이간책을 사용하고 있다는 것이다. 아래와 같은 그들의 지적은 이것을 여실히 보여주고 있다.

> (다음 표에 따라) 在住 조선인 주거 총 호수에 대한 비율로 보면 8.2퍼센트, 즉 1할이 안 되는 수가 가임을 체납하고 있는 것으로 되어 있고, 다시 이 비율을 출신도별로 관찰하면 전라남도가 15퍼센트로 1위를 차지하고 있는데, 이 사실만으로도 南鮮지방이 역사적 전통 및 지리적 환경의 복잡한 요소를 다분히 가지고

44) 같은 책, 76~77쪽.
45) 같은 책, 77쪽.

있다는 것을 떠올리기에 족하다.[46]

2. 한 가옥 안의 군거

한국인들은 경제적으로 궁핍하고 또 일본인들이 그들에게 집을 잘 빌려주려고 하지 않았기 때문에 집을 얻을 수 있는 경우에는 한 가옥 안에 많은 사람들이 군거할 수밖에 없었다.

1932년 조사의 〈在阪 조선인의 생활 상태〉에 따르면, 한국인 노동자의 월평균 가임은 9円 30전으로 되어 있고, 이 무렵 한국인의 임금은 하루에 1円 30전이었기 때문에 큰 부담으로 다가왔을 것이다. 가임이 월수입의 10~25퍼센트를 차지하고 있었던 경우가 전체의 60퍼센트에 달했다.[47]

한 가옥 안에 군거하는 경우에도 위에서 서술한 바와 같이 가임은 큰 부담이었던 것이다. 그들이 살아남기 위해서는 경제적인 문제 때문에 군거는 불가피한 것이었다. 또한 일본인 가주들이 한국인에게 집을 잘 빌려주지 않았기 때문에 집을 빌릴 수만 있다면 그 집에 여러 세대 또는 여러 사람이 군거하는 일은 불가피했던 것이다. 그들이 한국인에게 집을 빌려주지 않으려고 했을 뿐만 아니라, 집을 빌려주더라도 매우 까다로운 조건을 제시했는데, 그 하나의 예로서 다음과 같은 특별 계약 조항을 들 수 있다.

특별 계약 사항[48]

一 가옥 임대 기간 동안에 빈대(南京虫)를 발생시킬 때는 수시로 구제해야 하며, 본 가옥 명도 뒤 1개월 이내에 당사자 입회 조사의 결과 빈대의 발생을 인정할 때는 그 손해를 부담해야 한다. 그리고 인정되지 않을 때는 가옥의 손해금을 반환한다. 그러나 아직 6개월 이내에는 임차인은 임대인의 본 가

---

46) 大阪市社會部調査課, 前揭資料(1930年), 1197쪽.
47) 樋口雄一, 〈在日朝鮮人に對する住宅差別〉, 앞의 책, 76쪽.
48) 東京府社會課, 〈在京朝鮮人勞動者の現狀〉(1936년), 앞의 책, 1052쪽.

옥을 空家로 두었을 경우에 한하여 빈대의 발생을 인정할 때는 그 손해를 부담한다.

— 부금 1백 円, 가옥의 손해금으로서 1백 円을 임대인은 수령한다.

— 본 계약은 5개년으로 하고 5년 뒤에는 가옥의 손해금은 반환한다.

— 본 계약 뒤 1개월 이내에 전거할 때는 2개월분의 임대료를 지불한다.

— 임차인이 체납한 가스료, 수도료, 전기료는 보증인이 연대하여 부담한다.

한국인 임차인이 일본인 임대인에게 빈대 발생에 대한 보증금 1백 円을 제공하고 임차인이 임대인에게 계약기간 만료 등으로 가옥을 넘겨줬다 하더라도 1개월 안에는 임차인이 빈대 발생에 대한 손해금을 물어야 하며, 특히 집을 空家로 두었을 경우에는 6개월 이내에 빈대 발생에 대한 손해금까지 임차인이 물어야 한다는 웃지 못할 계약 내용이었다.

앞에서 서술한 大阪의 「불량주택지구조사」에 따르면, 주택을 빌릴 때 보증인이 있는 비율은 한국인 쪽보다 일본인 쪽이 높았다. 이것은 한국인이 보증인이 없어도 주택을 쉽게 빌릴 수 있어서가 아니라, 앞에서 부대설비에 관해서 본 바와 같이 보증인이 없어도 빌릴 수 있는 더욱 불량한 집을 빌렸기 때문이다. 많은 한국인들에게 보증인, 더욱이 일본인 보증인을 구하는 일은 매우 어려웠다.[49]

보증인이 필요한 경우에는 1호당 평균 보증인 수가 일본인 사용 주택에서는 1.23명인 데 견주어 한국인 사용 주택의 경우에는 1.34명으로 되어 있어서 한국인이 집을 빌릴 때 더욱 많은 보증인이 필요했고, 두세 명의 보증인이 필요한 경우는 한국인이 집을 빌릴 때 더욱 높은 비율을 보였다.[50]

가임 지불의 담보로서 보증금에 해당하는 부금을 받는 주택의 비율은, 일본인 사용 주택이나 한국인 사용 주택에서 모두 40퍼센트 안팎으로 비슷했

---

49) 樋口雄一, 〈在日朝鮮人に對する住宅差別〉, 앞의 책, 74쪽.

50) 같은 책, 75쪽.

지만, 1호당 평균 부금에 관해서 살펴보면 일본인 사용 주택은 1.84개월분에 지나지 않았지만, 한국인 사용 주택은 3.4개월분으로 일본인의 경우보다 두 배 가까운 부금을 지불하고 있었다.[51]

결론적으로 말하면, 한국인들은 경제적으로 궁핍했고 일본인 가주는 한국인에게 집을 잘 빌려주지 않으려 했으며, 집을 빌릴 수 있다손 치더라도 일본인 차가의 경우보다 더욱 까다로운 조건이 붙었기 때문에, 게다가 한국인들의 극심한 차가난 때문에 한 가옥 안에 많은 세대 또는 많은 사람이 군거할 수밖에 없었던 것이다. 그리고 군거에서 일어나는 여러 불미스러운 일을 지적하고 있는 것은 매우 예외적인 경우를 과장하여 고의적·악의적으로 공격하는 것으로서 일본인들의 한국인에 대한 멸시를 잘 드러내는 대목이다.

3. 그 밖의 다른 원인

일본인이 한국인에게 가옥을 잘 빌려주지 않는 까닭 가운데 주택 관리를 제대로 하지 않아서 불결하다는 구실을 들고 있는데, 부분적으로 그런 측면이 없는 것도 아니지만 과장되어 있기도 하다. 또한 한 가옥 안에 여러 세대나 여러 사람이 거주하고 있다고 하더라도, 경제적으로 궁핍했기 때문에 그것은 불가피했다고 생각한다.

그리고 주택쟁의의 원인 가운데 무단 전대와 계약 위반이 있는데, 이것에 관해서는 일본인 차가인에 대한 통계가 나와 있지 않기 때문에 서로 견주어서 말할 근거가 없다. 그러나 한 가지 지적해 두어야 할 것은 대부분의 한국인이 농민 출신이어서 법률적인 계약에 밝지 않을 뿐더러, 일본어를 잘 알지 못하기 때문에 계약 내용이 어떠한지 모르는 경우가 많았다는 것이다. 일반적으로 이러한 계약에서는 언어를 이해하지 못하고 법률지식이 없어서 계

51) 같은 책, 75쪽.

약 내용을 잘 모르는 쪽이 손해를 볼 확률이 훨씬 크다.

이러한 한국인들의 일본어 불이해, 법률적 지식의 결여, 순박한 심성 때문에 전문적인 일본인 대가자나 그 대리인들에게 당한 손해 건수가 많았으리라는 것은 쉽게 짐작할 수 있다. 그러나 이에 관한 그들의 기록이나 통계가 없기 때문에 단정해서 말하기는 매우 어렵다.

7. 한국인 차가인과 일본인 가주의 시각 평가

이제 우리는 한국인 차가인과 일본인 가주의 희망사항을 검토함으로써 양자의 차가 또는 주택에 대한 시각을 검토해보기로 한다.

이에 관해서는 神戶市에서 가장 자세하게 조사하고 있다. 이 조사는 그 내용으로 보아 모든 지역에도 통용될 수 있다고 생각하기 때문에 그 내용 가운데 중복되는 부분을 제외하고 주요사항만을 요약해서 게재한다.

가. 한국인 차가인의 주택에 대한 희망 및 감상[52)]

(1) 가주가 가옥 수선이란 구실로 퇴거를 요구해서 곤란하다.

(2) 가임이 비싸서 곤란하다.

(3) 가주는 일본인보다 가임을 비싸게 받아서 곤란하다.

(4) 수도설비를 희망한다.

(5) 보증인이 없어서 집을 빌릴 수 없다. 내가 신용 있는 인물임을 인정해 달라.

(6) 일본인과 평등한 대우를 바란다.

(7) 현재의 가임보다 싼 곳을 주선해 달라.

(8) 변소를 단독으로 사용하고 싶다.

---

52) 神戶市役所社會課, 〈在神半島民族の現狀〉(1937年 9月), 朴慶植 編, 《在日朝鮮人關係資料集成》 第1卷, 667~668쪽.

(9) 하층노동자에 대해서는 차가의 부금 및 보증인을 특히 減免寬除하도록 조치해 달라.

(10) 市役所(시청에 해당함)에서 한국인용 가옥을 건축해주기 바란다.

나. 한국인에게 가옥을 임대할 때 가주 쪽이 희망하는 사항53)

(1) 임대차 계약을 이해하고 가임금의 不拂을 하지 말라.

(2) 가옥 안팎을 청결하게 하라.

(3) 雜居 생활을 하지 말라.

(4) 가옥을 훼손하지 않도록 주의해서 사용하라.

(5) 호적상 정당한 명의를 사용하라.

(6) 한국인은 대체로 차가신청을 하지 않고 前住者에게서 가구를 사서 그대로 차가계약도 하지 않고 거주하는 경우가 많다. 정식 신청을 해서 임대계약을 하는 일이 거의 없다.

다. 두 집단의 시각과 평가

樋口雄一은 한국인들의 주장 가운데 일본인 가주의 주장과 다른 몇몇 특징을 발견할 수 있다고 한다.

첫째, 일본인과 평등한 취급을 요구하고 있는 것으로 가주 쪽의 일방적인 편견에 찬 태도와는 크게 다르다는 것이다. 둘째로 설비에 충실해 달라면서 市役所(시청)에 한국인용 가옥의 건축이나 보증인의 면제 등을 요망하고 있는 점이다. 한국인들은 주택 문제에 공적인 즉 사회적인 성격을 가지게 하여 그 안에서 문제를 해결하려고 하는 자세를 보이고 있다. 이러한 한국인과 일본인의 다름을 비교해보면 자신의 이익에만 정신이 팔려 한국인의 주택 문제를 사회적인 과제로 생각할 수 없었던 것은 가주들이었다고 할 수 있다. 가주들의 시야에는 잘못된 사실 인식 위에 한국인에 대한 고유의 편견이 추가되어 더욱 그 인식을 그르

---

53) 같은 책, 668쪽에서 요약 발췌한 것임

치고 있다.[54)]

한국인 차가인들은 또한 가옥 수선을 구실로 퇴거를 요구하는 가주들의 부당성을 지적하고 있는데, 그것은 너무나 마땅한 지적이다. 가임이 너무 높다든가 부금과 보증인에 대한 어려움을 하소연하기도 하는데, 여기서 그들의 어려움을 충분히 알 수 있다.

다음으로 가주들의 주장을 검토해보자.

우선 가임을 잘 지급하라는 주장은 앞에 서술한 바와 같이 아무런 근거가 없이 편견에 찬 주장이며, 가임 체납자의 비율은 한국인보다 오히려 일본인 쪽에서 더 많았다. 잡거생활을 하지 말라고 주장하고 있으나 앞에 서술한 바와 같이 한국인의 경제적 궁핍이나 일본인 가주의 한국인에 대한 대가 기피 등으로 불가피한 사정이었다고 할 수 있고, 이 책임의 일부는 일본인 가주 쪽에도 있다고 볼 수 있다.

가옥 안팎을 청결하게 하고, 가옥을 훼손하지 않도록 잘 관리하라는 가주들의 주장은 일부 정당하다고 생각한다. 한국인들은 차가난으로 좁은 공간 안에 많은 세대나 사람들이 모여 살았고, 한국인이 모여 살고 있는 곳은 대체로 최하의 불량주택이었기 때문에 가옥이 불결한 것 또한 불가피하지 않았나 생각한다. 그럼에도 일본인들의 극도의 청결성에 비추어 보면 차가인들은 이 부분에 대하여 주의를 기울였어야 옳았다. 가옥을 훼손하지 않도록 잘 관리하라는 그들의 주장에도 일리가 있다고 생각한다. 역시 같은 가옥에 많은 사람이 군거하게 되면 가옥의 훼손이 일어날 수 있고, 또 가옥 관리에 대하여 서로 책임을 미루는 경향이 있다고 생각한다. (6)은 전대를 하지 말라는 가주들의 희망을 말하고 있는데, 이것은 가주들이 한국인에게 집을 빌려주지 않기 때문에 일어난 불가피한 조치였으리라고 본다.

---

54) 樋口雄一, 〈在日朝鮮人に對する住宅差別〉, 앞의 책, 70쪽.

마지막으로 호적상 정당한 명의를 사용하라는 주장을 좀더 상세히 검토해보자. 한국인들에게 가주들이 집을 빌려주지 않기 때문에 한국인들은 일본인을 앞세우거나 때로는 일본 이름을 사용하여 일본인인 양 위장하고 집을 빌리는 경우가 가끔 있었고, 이러한 사례는 많은 곳에서 보고되고 있다. 여기서는 대표적으로 大阪에서 일어난 사건을 실례로 들어보기로 한다.

> 1930년 5월 20일 오후 6시경 大阪 天滿의 약종상인 藤原義夫의 妻라고 칭하는 40세 정도의 여자가 東淀區豊崎町東通 3의 15, 煙草商 原安惠 소유의 同町南通 4의 60의 집을 빌리러 와서 부금 60円을 두고 갔다. 그러나 다음날 차가에는 앞에서 말한 藤原이 아니라 조선인 여러 명이 이전해 와서 가주는 약속이 틀린다고 퇴거를 요구하며 덧문에 못을 박았는데, 곧 수십 명의 조선인이 몰려와 겉유리를 깨고 침입했다.[55)]

한국인의 차가난이 얼마나 심각했던가를 보여주는 사건이다. 이에 대해 한국인 쪽의 이야기는 다음과 같다.

> 우리들은 이런 수단이라도 취하지 않으면 일본인 가주는 좀처럼 집을 빌려주지 않는다. 어쨌든 부금은 충분히 지불했으니까 마땅히 이 집에 살 권리가 있다.[56)]

한국인에 대한 일본인 가주들의 편견이 얼마나 심했던지 한국인은 본명으로는 도저히 집을 빌릴 수 없는 형편이었다. 살 집을 구해야 했기 때문에 이러한 행위는 불가피한 것이었다고 볼 수 있다. 이 사건에서 한국인에 대한 일본인들의 차별을 엿볼 수 있다.

---

55) 大阪市社會部, 〈本市に於ける朝鮮人住宅問題〉(1930年), 앞의 책, 1196쪽.

56) 같은 책, 1196쪽.

8. 맺는말

조선에서 일제의 식민지 수탈이 본격적으로 진행되면서 많은 한국인들이 살 길을 찾아 일본으로 건너가게 된다. 이때 한국인들이 부닥치는 가장 절실한 문제는 일자리를 구하고 주거를 마련하는 일이다. 일본으로 건너오는 한국인들이 급증하면서 1920년대 중반부터 재일 한국인에게는 차가난이라는 문제가 본격적으로 떠오르게 된다.

당시 한국인들의 차가 상황을 보면, 그들은 대체로 골목 안의 불량주택을 저렴한 집세로 빌려 좁은 공간에 조밀 거주하고 있었다.

한국인 차가난의 원인은 기본적으로는 주택 수급의 불균형에서 오는 주택 부족이었다. 그리고 한국인의 경제적 궁핍도 그 한 몫을 했다. 그러나 가장 직접적인 원인은 일본인 가주들이 한국인에게 집을 잘 빌려주지 않으려는 경향이었다. 극심한 차가난 때문에 일본인 가주와 한국인 차가인 사이에 많은 차가(주택)쟁의가 일어났다. 일본인 가주가 한국인에게 대가를 기피하고 주택쟁의를 일으킨 가장 중요한 원인은 한국인들이 가임이나 부금을 체납하는 것이라고 일본인들은 주장하고 있다. 그러나 大阪市의 〈불량주택지구조사〉에 따르면, 가임 체납은 한국인 차가인보다 일본인 차가인에게서 훨씬 더 많았음이 밝혀졌다. 가임 체납에 관한한 일본인들은 완전히 한국인에 대해서 편견을 가지고 있었고, 그것이 한국인에게 대가하는 것을 노골적으로 기피하도록 했으며, 한국인에게 집을 빌려줄 때 여러 까다로운 조건을 붙여서 사실상 대가를 기피하고 주택쟁의를 일으키도록 한 가장 중요한 원인이었다. 일본인들은 가임 지불에 관해서는 한국인에 대하여 완전히 허구의 편견을 가지고 있었고, 이것은 한국 민족에 대한 차별의식에서 비롯된 것이었다. 그 밖에도 일본인 가주들은 한국인들이 주택 관리를 제대로 하지 않고 잘 훼손하며 불결하고 한국인들이 한 가옥에 밀주하고 있다는 것을 구실로 한국인에게 집을 빌려주는 것을 기피했다. 이것은 한국인들의 경제적 어려움 때문에 일어난 불가피한 현상일 뿐만 아니라, 일본인들의 대가 기피로 말미암은 한국인들의 차가난이 이 대가 기피를 거꾸로 촉진시키기도 했던 것이다.

차가난에 대한 한국인들의 시각은 이를 사회적인 문제로 파악하고 그 안에서 문제를 해결하려고 애썼다. 즉 한국인 사용 주택을 건축하라고 시 당국 쪽에 요구하고 있다. 반면에 일본인 가주들의 시각은 자신의 이익과 한국인들에 대한 편견에 사로잡혀 이를 사회적인 문제로 인식하지 못하고 있었다. 한국인의 시야가 일본인의 그것보다 훨씬 높았다고 볼 수 있다. 또한 일본인 가주들은 한국인 차가인에게 본인 명의로 계약을 하라고 요구하고 있으나 일본인들이 한국인에게 대가를 기피하는 한 그것은 불가능했다. 일본인을 앞장세우거나 일본 이름으로 일본인인 것처럼 위장해서 차가하도록 한 원인은 바로 한국인에 대한 일본인 가주들의 대가 기피였던 것이다.

한국인의 차가난을 일으킨 기본 요인이 물론 주택 부족에 있기는 했지만 한국인에 대한 일본인의 편견과 민족차별의식이 이를 더더욱 가중시켰던 것이다.

한국인 강제연행 · 강제노동에서 '강제'의 성격

1. 머리말

일제는 1938년 4월에 「국가총동원법」, 또 이를 법적 기초로 하여 1939년 4월에 「국민징용령」을 공포하고, 이에 뿌리를 두어 1939년 7월에는 후생성, 내무성, 조선총독부 등 3자의 합의에 따라 「조선인 노무자 내지 이주에 관한 건」을 발표하고, 석탄산업, 금속산업, 토건업에 대하여 「모집」이라는 명목의 노동자의 집단연행을 허가하였다.

물론 이러한 집단연행정책은 잇따른 전쟁도발과 앞으로 있을 전쟁에 대비하기 위해 군수산업을 확충하고 부족한 노동력을 보충하는 데 그 목적이 있었다.

일제는 한국에서 집단연행을 더욱 강화하기 위하여 1942년 2월에는 「조선인 노무자 활용에 관한 방책」을 각의에서 결정하고, 이를 뒷받침하기 위하여 조선총독부는 「조선인 내지 이입 알선요강」을 제정했는데, 이것이 이른바 「관알선」이라는 연행방법이다. 1944년에 들어서 전쟁이 격화되자 노동력 보충이 전쟁의 승패를 좌우하는 절실한 문제가 되었기 때문에, 9월에는 한국인에게도 「국민징용령」이 적용되었던 것이다.

한국에서 한국인에 대한 징용제가 실시되기 이전인 1942년 9월에, 후생성에서 縣知事 앞으로 「내지 在住 조선인 징용에 따르는 협화회의 지도에 관한 건」을 발송한 것으로 봐서 재일 한국인에게도 앞서 징용령이 실시되고 있었던 것이다.[1)]

앞에서 서술한 바와 같이 한국에 있는 노동자의 연행방법은 「모집」→「관알선」→「징용」으로 강제성이 더욱 강화되는 방향으로 진행되었다.

'조선인 강제연행·강제노동'을 일반적으로는 '조선인 강제연행'이라고 부르고 있지만 '강제연행'이란 「국가총동원법」에 뿌리를 둔 노무동원 실시계획 등에 따른 연행형태이고, '강제노동'이란 그 노동실태라고 보아야 할 것이다.[2)]

일반적으로 강제연행과 강제노동이 분리되는 것은 아니다. 강제 노동을 시키기 위해서는 강제연행이 전제되기 때문에 강제 연행된 경우에는 대체로 강제노동을 시킨다고 봐야 할 것이다. 다시 말하자면 강제연행은 강제노동이라는 개념 안에 포섭되어 있는 것으로 봐야 한다. 그러나 한국인의 경우에 연행이 한국에서 일본이라는 외국으로 이동해가는 것이고, 이것은 일본의 한국인 도항정책과도 관련되어 있기 때문에 일단 양자를 분리하여 강제연행·강제노동이라고 부르기로 한다. 더욱이 위에서 지적한 바와 같이 「노무동원 실시계획」이나 「국민동원 실시계획」은 국가의 동원 계획에 따른 연행형태이고, 연행한 뒤 노동력의 사용방법이나 노무관리는 여러 방면에서 관의 간섭을 받기는 했지만 직접적으로는 사용주(사업주)가 결정했다.

1939년 이후 「모집」, 「관알선」, 「징용」이라는 한국인 집단연행 방법 가운데 「모집」은 한국인들의 민족적 저항이 두려운 나머지 형식상이나마 자

---

1) 자세한 내용은 朴慶植 編, 《在日朝鮮人關係資料集成》 제4권, 三一書房, 1976, 32~33쪽에 있는 〈內地在住朝鮮人徵用ニ件フ協和會指導ニ關スル件〉을 참조할 것.

2) 朝鮮人强制連行眞相調査團編著, 朝鮮人强制連行調査の記錄, (兵庫篇), 柏書房, 1993, 187쪽.

징용하기에 앞서 사람들을 모아놓고 동양친화와 내선일체를 강요하는 모습 (남현 스님 제공)

유모집 방식을 띠었던 것이다. 이것을 과연 강제연행·강제노동이라고 볼 수 있는가 하는 문제가 여기서 제기된다.

ILO의 강제노동에 관한 조약 제29호에 따르면, 강제노동이란 어떤 사람이 처벌의 위협 아래 강요되고 또 이 사람이 자신의 임의로 신청하지 않은 모든 노동을 말한다고 규정되어 있다(제2조). 형식상으로 임의로 신청을 받는 모집 방식은 위의 규정에 따르면, 강제연행·강제노동에 해당되지 않는 것처럼 보인다.

「관알선」이라는 것도 관에서 주선은 하지만 신청자의 동의를 기초로 한다고 해석하면 자의에 바탕을 둔 응모처럼 보인다. 물론 「징용」은 확실히 강제에 해당된다. 따라서 이 논문은 이와 같이 한국인을 집단적으로 일본으로 노무 동원한 역사적 사실이 강제연행·강제노동에 해당되는가, 또 그것이 강제연행·강제노동에 해당된다면 그 '강제'의 성격은 무엇인가를 밝히는 데 그 목적이 있다. 이것을 山田昭次의 논문을 중심으로 살펴보고 저자의 견해를 밝히고자 한다.

2. 강제성 규정에 관한 기존의 연구

1. 박경식의 강제성 규정

박경식은 「모집」에 대해 논하기를, 한국인 연행은 종전의 모집허가에 따른 개별적 도항과 병행해서 새롭게 계획된 것으로서, 사업주 쪽에서는 모집적 연행을 인정하는 전시보국(戰時報國)의 강제력을 지닌 것이었다며 그 강제의 성격을 분명히 밝히고, 그 증거로서 「조선인 노동자 모집요강」의 내용을 제시하고 있다. 「조선인 노동자 모집요강」 안에는 연행하는 한국인 노동자에게 알려야 할 사항으로서 다음과 같은 규칙이 있다.[3)]

① 시국산업에 종사함으로써 국가에 공헌하게 됨을 자각할 것
② 內地(일본 : 저자 주) 도항 뒤에는 소정의 훈련소에 입소하여 훈련을 받을 것
③ 직장을 바꾸지 말 것
④ 협화회사업단체에 가입하여 그 회원증을 소지할 것
⑤ 주소를 변경할 때는 5일 이내에 협화사업단체에 屆出할 것
⑥ 내지의 생활풍습에 순응하고, 내지인이 혐오하는 행위를 하지 말 것
⑦ 언어는 국어(일본어 : 저자 주)를 사용할 것.
⑧ 그 밖의 협화사업단체 간부, 경찰관 및 직업소개소원의 지시에 복종할 것.

위의 내용은 자유모집에서는 도저히 상상할 수 없는 권력적인 측면과 강제성을 띤 것들이다. 「모집」이 내용상으로는 강제연행·강제노동이라는 것을 충분히 증명하고도 남음이 있다. 海野福壽는, 박경식이 중국인 강제연행의 조사연구에 자극을 받아 한국인 강제연행을 연구하기 시작했으며, 중국인 강제연행의 유추로서 연구를 출발시킨 것이 분명하다고 보았다.

또 박경식은 강제연행에 관해서 특별한 규정을 하고 있지는 않지만, 다음

---

3) 朴慶植, 《朝鮮人强制連行の記錄》, 未來社, 1965, 50쪽.

과 같이 규정하지 않았을까 하고 海野福壽는 추정한다.[4)]

① 자유의지에 따른 노동력 이동·외국 이주는 아니라는 점
② 일본인의 전시동원과 달리 피지배 민족인 조선인이 일본의 침략전쟁에 동원되었다는 점
③ 중국인, 俘虜 노동자와 마찬가지로 일본 내지를 비롯하여 다른 곳으로 연행되면서 생긴 이산가족, 생사불명, 유골방치 등의 인권 무시가 공공연히 있었다는 점

海野福壽의 추론은 정확하다고 본다. 이에 따르면 박경식은 위의 ①에 따라 한국인 노동자의 일본 노무동원이 강제연행·강제노동이었음을 밝히고, ②에 따라 피지배 민족인 한국인을 일본의 침략전쟁에 동원했다는 강제의 성격을 밝히고 있다. ③은 일본 정권의 성격이 민주적인 것이 아니라 독재정권에다가 한국인이 강제연행·강제노동을 당했다는 점을 간접적으로 암시하고 있다.

그러나 한국인의 일본 노무동원이 강제였다는 점과 강제의 성격을 더욱 분명히 하기 위해서는 당시 일본 정권의 성격과 식민지 조선에서 노무동원을 하지 않을 수 없었던 필연성이나 그 목적 등을 좀더 깊이 분석해야 한다.

2. 海野福壽의 법적 강제

海野福壽는 박경식의 규정에 따르면, 일본이 아시아 점령지에서 행한 노동력 징발과, 식민지 한국인 강제연행·강제노동 사이의 공통점만 강조하는 바람에 한국인 강제연행에 대한 독자적인 규정이 불필요한 것이 되어버리

4) 海野福壽, 《朝鮮人强制連行に關する基礎的研究》, 私家版, 1995, 2쪽(山田昭次, 〈植民地支配下の朝鮮人强制連行·强制勞動とは何か: '强制'の性格を改めて問う〉 在日朝鮮人史研究會 편, 《在日朝鮮人史研究》 제28호, 1998, 60쪽에서 재인용)

는 셈이라고 비판했다. 그리고 한국인 강제연행에서 강제의 성격에 관하여 다음과 같이 문제제기를 했다.

한국인 강제연행은 일반적으로 노무자의 강제연행·강제노동의 문제로 해석되고, 강제의 의미도 또한 본인의 의지에 반하여 납치·연행된 폭력적 강제라고 생각하는 경우가 많지만 이것으로는 일반용어로서 불충분하다고 본다. 만일 물리적·폭력적 강제에만 강제의 뜻을 한정한다면, '납치·연행을 수반하지 않았던 노동력 징발은 강제연행이라 볼 수 없다'고 말하는 잘못을 저지르게 된다. 한국인 노무동원을 점령지의 노동력 징발이나 포로의 강제노동과 구별하여 강제연행의 강제성을 규정하는 까닭은 연행의 폭력적 강제력에 있는 것이 아니라 법적 강제력에 있었다.[5)]

이러한 海野福壽의 법적 강제에 대해서 山田昭次는 적절한 평가와 비판을 제기하고 있다.

박경식의 조선인 강제연행 대목에는 중국인 강제연행의 영향뿐만 아니라, 그 밖에도 식민지 지배 책임을 의식하지 않는 일본인에 대해 재일 조선인으로서 가하는 비판이 투영되어 있었다고 생각한다. 그럼에도 식민지에서 일어난 강제연행과 점령지에서 일어난 그것에는 이질적인 면이 있다는 것, 또 조선인 강제연행에는 좁은 뜻의 강제연행만 있는 것이 아니라는 海野씨의 지적은 조선인 강제연행에 대한 중요한 관점을 제시한다. 다만 조선인 강제연행의 강제성을 점령지의 그것과 구분하는 지표를 전부 법적 강제로만 정할 수는 없다고 생각한다. 앞에 서술한 바와 같이 확실히 「국민징용령」이나 「군수회사법」에 따른 법적 강제가 어느 정도 기능하고 있었다는 것은 사실로서 인정된다. 그러나 앞서 지적한 바와 같이 조선인의 경우에는 어느 정도 조선에서 앞서 행하고 있었던 황민화 교육에 따른 정신적 구속이 이루어지고 있었다는 점, 또 일본에 연행된 뒤에도 협화회의 지도에 따라 각 사업소가 기술교육과 아울러 황민화 교육을 시행함

---

5) 海野福壽, 앞의 글, 2쪽(山田昭次, 앞의 글, 60~61쪽에서 재인용)

으로써 정신적인 면에서 조선인의 행동을 구속했다는 것 등등이 중국인에 대한 강제연행정책과는 다른 독자성이 있는 것이 아닐까[6]

山田昭次는 이와 같이 한국인 강제연행·강제노동의 독자성이 법적 강제에만 있는 것이 아니라 황민화 교육에 따른 정신적 구속에도 있다는 점을 밝히고 있으며, 나아가서 점령지의 중국인에 대한 황민화 교육 사이의 차이를 다음과 같이 더욱 분명히 하고 있다.

살펴본 바와 같이 일본으로 연행된 중국인에 대해서는 노골적인 폭력에 따른 노무관리만 강조되고, 황민화 이데올로기 주입에 따른 내발적 복종을 배양하는 방침은 조금도 보이지 않는다. 황민화 이데올로기 주입은 불가능하다고 보고, 이것을 포기하고 있었던 것이라고 생각한다.[7]

일본의 국가나 기업은 노골적인 강제만으로 강제노동을 가능하게 하려고 했던 것은 아니다. 사업소 안에서도 한국인의 정신적 구속을 위해서 참으로 열심히 황민화 교육을 시행하였던 것이다.[8]

3. 山田昭次의 강제에 대한 다면적 규정

山田昭次는 김경석의 전후보상소송에 대한 東京地裁의 판결을 반박할 목적으로 앞서 소개한 바 있는 〈식민 지배하의 조선인 강제연행·강제노동이란 무엇인가〉라는 논문을 썼다.

그는 東京地裁의 판결이 개개인에게 가해진 노골적인 신체의 구속이라든가, 폭력의 행사에 따른 연행이나 노동만을 강제연행·강제노동으로 인정하고 있다면서, 이것이 한국인 강제연행·강제노동 연구에 안 좋은 영향을 미

6) 山田昭次, 같은 글, 61쪽.
7) 같은 글, 64쪽.
8) 같은 글, 64~65쪽.

쳤다고 지적하고 비판한다. 그리고 한국인 강제연행·강제노동에서 강제의 다면성을 다음과 같이 말한다.

> 확실히 강제의 중추를 이루는 것은 신체의 구속이나 노골적인 폭력의 행사에 따른 강제이지만, 식민지 조선에서 이루어진 강제연행이나 강제노동에서 '강제'의 종류는 그것에 한정되는 것은 아니다. 강제에는 그 밖에도 정치적 압력이나 법적 구속력, 또는 황민화 교육에 따른 정신적 구속도 빼놓을 수 없다. 강제를 신체의 구속이나 노골적인 폭력의 행사에 따른 강제로 그 뜻을 한정하는 것은 식민지 지배를 너무나 단순화 시킨다고 볼 수 있다.[9]

1) 신체의 구속이나 폭력과 더불어 한국인 강제연행을 가능하게 한 것

山田昭次는 신체의 구속이나 폭력말고도 한국인 강제연행을 가능하게 한 요인과 강제노동을 보장한 요인으로 나누어서 강제를 증명하고 강제의 성격을 논의하고 있다. 일단 강제연행을 가능하게 한 요인과 강제노동을 보장한 요인을 구별해서 논의한다.

그는 우선 신체의 구속이나 폭력 그 밖에도 한국인 강제연행을 가능하게 한 요인으로서, 경제적 窮迫으로 응모한 사례, 일본에 가라는 경관이나 면직원의 말의 위압(지배기구의 말단에까지 이른 식미지 지배기구의 정치적 압력)으로 응모한 사례, 진로 선택의 폭이 극도로 좁아진 결과로서 활발해진 응모, 전시 아래 식민지 조선에서 강화된 황민화정책에 따른 정신적 영향 등 네 가지를 들고 있다.[10]

가. 경제적 窮迫에 따른 응모

1939년에 한국은 대흉작에 휩싸였기 때문에 1939년 7월에 시작된「모

---

9) 같은 글, 46쪽.

10) 같은 글, 47~57쪽 참조.

집」의 초기에는 응모하는 한국 농민이 적지 않았다. 그러나 그뒤에도 경제적 궁핍으로 일본에 환상적 기대를 갖고 응모한 사례가 적지 않았다.

자연재해가 강요한 극도의 경제적 곤궁 때문에 자진해서 응모했다 하더라도, 식민지 지배 아래의 경제적 수탈이 한국 농민을 거기로 몰아넣었다는 사실을 잊어서는 안 된다.[11] 그는 경제적 곤궁 때문에 초기에 많은 자발적인 응모자가 있었던 경우에도 그것은 식민지 수탈의 결과이기 때문에 그 강제성을 인정해야 한다는 것이다.

일반적으로 말하면 경제적 곤궁 때문에 응모한 경우에는 강제연행이나 강제노동으로 규정할 수는 없다. 왜냐하면 자본주의체제 아래서 노동은 본질적으로 다른 생계의 방도가 없어서 어쩔 수 없이 노동력을 상품으로 판매하는 일종의 '경제적' 강제이므로 이것을 모두 '강제노동'이라고 말할 수는 없기 때문이다. 이런 점에서 자본주의 이전의 계급사회(노예제사회나 농노제사회)의 '경제 외적' 강제에 따른 노동과, 자본주의 사회의 '경제적' 강제에 따른 노동은 일단 구별되는 것이다.

다만 山田昭次가 말하는 것처럼 그 경제적 어려움이 일제의 식민지 수탈의 결과이며, 그 결과 농민의 전 계급적 몰락으로 생계의 방도를 찾아 응모했다는 점에서는 그 응모가 자발적이라 하더라도 그 강제성을 인정해야 할 것이다.

더욱이 초기부터 조선총독부 관권에 따라 각 도, 각 군, 각 면의 경찰에서 강제공출이 계획되어 있었다. 즉 경찰에서 할당수를 반드시 모집한다는 체제로 「모집」이 이루어졌다. 초기에도 경찰이 「모집」 할당수에 못 미치면 압력을 행사해서라도 강행하는 체제를 갖추고 있었다. 따라서 초기에도 경찰이 중심이 된 강제연행은 있었던 것이다.[12]

일본의 직장으로 옮겨오게 되면, 그곳에서는 임금의 대부분이 강제로 저

11) 같은 글, 48쪽.
12) 같은 글, 48쪽.

금되고 직장의 이동조차 금지되었다. 한국인 노동자는 이와 같이 상부에서 지정한 직장에 얽매여 강제노동이 부과되었던 것이다.13)

살펴본 바와 같이 경제적 곤궁 때문에 많은 응모자가 있었던 초기의 노무동원에도 강제연행·강제노동의 체제가 앞서 마련되어 있었다. 1941년에서 1942년 사이에 조선총독부와 철강통제회의 노동정책은, 일본으로 한국인 노동력을 도입하도록 해서 일본철강업의 노동력 부족을 보충함과 아울러, 한국의 철강 숙련노동자를 양성하는 등 일석이조의 목적을 갖고 있었다. 경제적 곤궁에 쫓긴 한국 청년들은 숙련노동자가 될 것을 기대하고 응모한 경우가 많았으나, 정작 日本鋼管 쪽은 연행된 한국인에게 기술을 가르쳐 주지 않았다.

어쨌든 식민지 지배 아래 빈곤에서 탈출하는 길을 찾던 한국인 청년들과, 이들을 단지 노동력으로 사용하려고 하는 日本鋼管 사이에는 그 기대의 차이가 컸다.14)

나. '일본에 가라'는 경관이나 면직원의 말이 가진 위압 : 지배기구의 말단까지 미치고 있었던 식민지 지배기구의 정치적 압력

신체를 속박하여 연행하지 않더라도 경관이나 면직원에게 '일본에 가라'는 말을 들으면, 특히 가난한 농민은 그것을 거절할 수 없었는데, 이처럼 식민지 지배기구의 압력이 지배기구의 말단인 '면(面)'까지 미치고 있었다.15)

머슴·소작·빈농 등 사회적 지위가 낮은 하층 농민들에게는 일본에 가라는 면직원, 면경찰관, 면유지의 말이 곧 거부할 수 없는 명령이었다면서, 다음의 사례를 들고 있다. 그리고 경찰관이 협박을 동반한 강압적 태도로 응모를 강요한 사례도 말하고 있다.

---

13) 같은 글, 48쪽.
14) 같은 글, 51쪽.
15) 같은 글, 51쪽.

이상의 사례는 모두 신체의 구속이나 폭력에 따라 이루어진 강제연행은 아니다. 이러한 것이 왜 가능했던가. 신체의 구속이나 노골적인 폭력에 따른 강제가 일반화되면 그것이 그 다음에 있을 노무동원 때 조선인에 대한 협박이 되어 신체의 구속이나 폭력을 가하지 않더라도 연행을 가능하도록 했기 때문이다. 이것을 '광의의 강제연행'이라고 부르고, 신체의 구속이나 노골적인 폭력에 따른 강제를 '협의의 강제'라고 부른다면, '협의의 강제'의 일반화가 '광의의 강제'를 가능하게 만들었다고 할 수 있다.[16)]

그리고 山田昭次는 「모집」방식이든 「관알선」방식이든 '납치'와 마찬가지였다는 점, 1942년 2월에 시작된 「관알선」이 비록 초기라 하더라도 제대로 안 될 경우 징용 형식의 강제연행이 마땅한 것처럼 여겨지고 시행되었다는 점, 늦어도 1942년 이후 좁은 뜻의 강제연행이 일반화되어 있었다는 점, 강제연행 과정에 관헌과 모집 회사의 지도원에 따른 관민일체의 도망방지 체제가 형성되어 있었다는 점 등을 여러 자료들을 제시하면서 증명하고 있다.

다. 진로의 선택 폭이 극도로 좁아지면서 나타난 「응모」

전시 아래 한국의 청년은 노무동원이나 군사동원 따위의 강제는 피할 수 없는 것으로 여겼으며, 이들 강제 가운데서 비교적 하고 싶은 것을 선택하는 일말고는 다른 길이 없음을 잘 알고 있었다. 그것이 형식적으로는 자발적인 응모로 보이지만 강요된 틀 안에서 한정된 선택이었다.[17)]

라. 전시 아래 식민지 조선에서 강화된 황민화정책에 따른 정신적 영향

山田昭次가 지적하기를 전시 아래 강화된 황민화 교육을 받은 젊은 한국인에게는 그 영향이 매우 커서 응모의 동기가 되고 있다는 것이다. 그리고

---

16) 같은 글, 53쪽.
17) 같은 글, 56쪽.

몇몇 젊은 한국인 가운데 부정할 수 없는 권위로서 천황제 이데올로기가 의식에 침투한 나머지, 천황제 아래서 모범적인 인물이 됨으로써 민족차별에서 벗어나고자 하는 굴절된 민족주의도 생겨났음을 지적하고 있다.

2) 신체의 구속이나 폭력과 더불어 한국인 강제노동을 보장한 것

山田昭次는 ㉠신체적 구속이나 폭력, 그 밖에도 ㉡한국인 강제노동을 보장한 「군수회사법」의 현원징용(現員徵用)과 다수의 담임지도원의 한국인 노동자의 감시, ㉢황민화정책에 따른 정신적 속박, ㉣한국인의 숙련노동자화 정책과 강화된 치안대책 등 네 가지를 들고 있다.

가. 군수회사법의 현원징용에 따른 강제노동의 보장

1944년 9월부터 한국인의 일본 노무동원에도 「국민징용령」이 적용되어 사실상 강제연행이었던 노무동원에 법적 강제력이 부가되었다.

그러나 앞서 1943년 10월 31일 공포되고 12월 17일 시행된 「군수사회법」에 따르면, 「국민징용령」을 적용받는 자와 동일한 법적 강제력이, 사업소에 연행되어 강제노동을 당하던 한국인에게도 적용되어 있었던 것이다. 군수회사로 지정되면 그 회사의 종업원은 현원징용이 되어 직장에서 도망치면, 국가총동원법 제36조 1항에 따라 1년 이하의 징역 또는 1천 円 이하의 벌금에 처해졌다.[18]

나. 다수 담임지도원의 한국인 노동자 감시

물리적인 담장 대신에 주야를 가리지 않는 감시로 도망을 방지하고 노동을 강제했던 것이다. 이것은 日本鋼管에서 뿐만 아니라 탄광에서도 목책(木柵) 대신에 다수의 감시원들 그 자체가 울타리 구실을 하는 경향이 있었다.[19] 이를테면 1943년 12월 25일 당시만 하더라도 日本鋼管鶴見제철소 한국인

18) 같은 글, 58쪽.
19) 같은 글, 59쪽.

훈련공의 4개의 숙사에는 사감을 제외하고 한국인 27.9명 당 한 사람의 지도원이 배치되어 있었다고 한다.

다. 황민화정책에 따른 정신적 속박

한국에서 자행되었던 황민화 교육에 따른 정신적 속박은 강제연행뿐만 아니라 강제노동까지 가능하게 했다.[20]

한국인을 사업소에 연행한 뒤에도 사업소는 황민화 교육을 철저하게 시행했다. 高浜政春의 표현에 따르면, 황민화 교육이야말로 담장보다 훨씬 한국인의 도망, 그 밖의 저항을 억누르는 '마음의 자물쇠' 구실을 했다고 한다. 日本鋼管은 '사람의 울타리'는 물론이고 '마음의 자물쇠'까지 준비했던 것이다.[21]

라. 한국인의 숙련노동자화 정책과 강화된 치안대책

1942년 2월에 시작되는 한국인 노동자의 「관알선」은 한국인의 숙련노동자화를 주요 과제로 삼고 있었다. 그것은 한국에서도 일본에서도 숙련노동자가 부족했기 때문이다.[22]

한국인 숙련노동자를 양성하려고 했던 日本鋼管은 응모자격의 하나로 국민학교 졸업 이상의 학력을 들고 있는데, 당시로서 이들은 엘리트 계층에 속했다. 이들의 지적 수준 때문에 일어날 수 있는 저항을 예방하기 위하여 외출을 허가하는 등 회유책을 강구했다. 대신에 이들을 감시하기 위하여 밤낮으로 다수의 지도원을 배치하고, 헌병이나 경찰의 감시 또한 강화했다. 한국인 숙련노동자화 정책은 강제노동을 부정하는 것이 아니라, 도리어 눈에 보이지 않는 더 강화된 치안대책을 수반했던 것이다.[23]

---

20) 같은 글, 59쪽.
21) 같은 글, 59쪽.
22) 같은 글, 59쪽.
23) 같은 글, 60쪽.

4. 기존 연구의 평가와 문제제기

지금까지의 논의를 요약 평가해보자. 박경식은 초기 「모집」도 강제연행이었다며 여러가지로 예증하고 있지만, '강제'에 대해 명확하게 규정하지는 않았다. 비록 강제의 성격에 대해서 체계적으로 규정하지는 않았지만, 피지배 민족인 한국인이 자신의 의지에 반하여 일제의 전쟁수행을 위해서 일본에 노무동원 되었으며, 인권 무시가 공공연하게 벌어졌음을 지적했다. 대체로 정확한 지적이지만 강제의 성격을 체계적으로 규정하려면 당시 일본 정권의 성격이 분석되어야 하고, 한국인 노무동원의 필연성이 증명되어야 한다. 또한 海野福壽가 문제를 제기하고 있는 것처럼 점령지의 중국인이나 포로의 강제연행·강제노동에 견주어 한국인의 강제연행·강제노동에서 드러나는 강제성의 차이 또는 그 독자성이 지적되어야 한다. 海野福壽는 이에 대하여 중국인이나 포로의 경우 강제성은 신체의 구속이나 노골적인 폭력, 즉 좁은 뜻의 강제성이었던 반면, 한국인의 경우 강제의 성격은 법적 강제성이 두드러졌다고 한다. 그러나 山田昭次의 적절한 지적처럼 중국인이나 포로에 대한 강제성과 구별되는 한국인에 대한 강제성의 지표 모두를 법적 강제에 두는 것은 무리가 있다. 왜냐하면 법적 강제말고도 다양한 강제의 방법이 동원되었기 때문이다. 그리고 법적 강제라고 하더라도 그 법의 성격이 과연 민주적인 법인가 아닌가 따위의 문제도 제기될 수 있다. 이에 대해서는 뒤에 서술하기로 한다.

山田昭次는 점령지 중국인의 경우 강제는 좁은 뜻의 강제인 데 반하여, 한국인의 경우 그 밖에 황민화 교육에 따른 정신적 구속, 이데올로기의 주입에 따른 내발적 강제 등을 특징으로 한다고 적절하게 설파하고 있다. 그리고 그는 앞에서 서술한 바와 같이 신체의 구속이나 폭력, 즉 좁은 뜻의 강제말고도 한국인 노동자의 강제연행을 가능하게 한 여러 강제의 요인과, 강제노동을 보장하는 여러 강제의 종류를 체계적으로 심층 분석하고 있다. 이 글에서

山田昭次의 논문 요지를 비교적 상세하게 소개한 것도 강제가 숨어 있는 여러 요인들을 합리적으로 설명하고 있기 때문이다.

그러나 그가 분석하고 있는 강제의 여러 요인들은 더욱 근원적이고 본질적인 강제의 성격에서 나오는 것은 아닐까 하는 의문을 갖게 된다. 그가 말하고 있는 여러가지 강제의 요인이나 성격들은 더욱 본질적인 강제성에서 나오는 강제의 현상 형태나 종류에 지나지 않는 것이다. 그러면 다양한 형태나 종류로 나타나는 강제력의 근원은 어디에 있을까.

3. 일본 국가의 성격

한국인 노무동원에서 강제의 성격을 해명하기 위해서는 그 행위 주체자인 일본 국가의 성격을 이해하는 것이 가장 중요하다. 일본이라는 국가는 당시 과연 어떤 국가였을까. 메이지유신 이후 일본 국가의 역사적 성격은 다음과 같은 것이다.[24)]

아래에서 말미암은 시민혁명이나 산업혁명을 거치지 않고, 위에서 강행된 일본의 근대화·자본주의화(이른바 메이지유신)가 그뒤 일본 자본주의의 전개에서 하나의 구조적 특질을 이룬다는 것이다. 그것은 바로 일본 자본주의의 후진성·반봉건성이라고 할 수 있으며, 이것으로 말미암아 일본 자본주의는 자신의 모순을 때 이른 독점화·군수산업화로 극복하려는 필연성을 갖게 되었다.

일본은 세계사적으로 보아 1870년대라는 제국주의의 확립기에 그나마 메이지유신이라는 칠삭둥이 부르주아혁명을 거쳐 '위'에서 자본주의를 강권적으로 그것도 불완전하게 확립시켜 '최후의 제국'이라는 자격증을 얻게 되었다. 이러한 일본 자본주의의 후진성 및 여기서 나오는 특수성으로서, 이

---

24) 全基浩, 〈日帝下 朝鮮人勞動者의 日本强制連行과 勞務管理 : 炭鑛의 勞務管理를 中心으로〉, 李奎昌敎授回甲紀念論集, (이 책의 52~92쪽에도 수록) 〈勞使關係의 課題와 人的 資源 開發戰略(1)〉, 1994, 230~232쪽.

를테면 농민층의 분해가 늦었다는 점, 중소 영세기업이 다수 잔존하고 있었다는 점, 중화학 공업의 본격적인 발전이 국가독점자본주의 시기까지 미루어졌다는 점, 그리고 이러한 후진성의 필연적인 결과로서 국가의 구실이 크고 중요했다는 점, 또한 일찍이 군사적 성격을 강하게 가지고 있었다는 점 등을 꼽을 수 있겠다.

일본 자본주의는 국가권력에 크게 기대어 보호·육성된 관제적 성격의 자본주의로서, 중상주의가 펼쳐지는 가운데 제국주의로 바뀌어가는 조건을 자기 속에 품고 있는 기형적인 형태를 띠고 있었다. 일본 자본주의는 地租가 개정된 뒤에도 농민에 대한 봉건적 착취를 그대로 자행함으로써 지주가 소작농민에게 수취한 고율의 소작료와, 국가가 농민에서 수취한 지세 및 그 결과 농촌에서 흘러나간 값싼 출가형 노동력, 그리고 불환지폐(不換紙幣)의 발행에 따른 인플레이션 방법 등을 자본축적의 원천으로 삼았던 것이다. 이러한 자본의 원시축적과정의 성격을 바탕으로 일본 자본주의는 필연적으로 식민지에 대한 강력한 요구와 아울러 군사력에 대한 무한한 갈구를 갖게 된다.

이러한 자본의 원시축적의 결과 농민과 노동자들은 극도로 빈곤하여 국내 시장이 좁았기 때문에 일본 자본주의는 그 발전 초기부터 해외시장을 필요로 했고, 일본 국내에서는 철, 면화, 석유를 비롯하여 다른 공업자원이 부족했기 때문에 원료자원의 공급지가 될 만한 식민지를 구하지 않을 수 없었던 것이다.[25] 이러한 사정과 더불어 주변의 여러 나라가 앞서 선진열강의 제국주의적 분할의 대상이 되어 있었기 때문에, 일본은 거기에 참여하기 위해서라도 강한 군사적 성격을 띠지 않을 수 없었다.

산업보호나 중화학공업의 육성도 단순한 발전의 격차를 메우기 위한 수

25) 일본의 大東亞共榮圈 주장은 명분상으로는 서방 열강의 침략에 대한 동아시아 민족들의 단결과 공영을 내세우지만 실제로는 특히 전쟁을 위해서 일본에 필요한 원료자원과 물자를 공급받으려는 일종의 경제적인 자급자족체제를 만들려는 일본의 국익을 위한 구상이었다.

단만은 아니었고, 강한 군사적 까닭이 분명 그 뒤에 숨어 있었다. 이러한 여러 사정은 일본 자본주의가 일찍이 국가독점자본주의로 바뀌는 것[轉化]을 준비하도록 했다. 금본위제 아래 또는 공황의 시기에도 인플레이션의 연속에 따라서 일본의 경제성장이 촉진되었음은 이것의 단적인 표현이라고 볼 수 있다.

일본 자본주의는 대내적으로 제도개혁과 부국강병책으로서 급격하게 국력을 신장시켰고, 아울러 그 내부 모순의 해결책으로 대외팽창·침략정책을 끊임없이 추구했다. 1874년 대만정벌 결정과 그 식민지화, 1894년 청일전쟁, 1904년 러일전쟁, 1910년 한국 병합, 1918년 시베리아 출병, 1927년 山東 출병, 그리고 1929년에 일어난 세계 대공황을 계기로 1931년 만주침략, 1932년 상해침입, 1937년 중일전쟁, 1941년 태평양전쟁의 도발 등 연이은 침략전쟁은 그 군사적 성격을 증명하는 사례들이다. 1930년대에 들어서 일본 자본주의는 정치적 자유와 노동운동을 완전히 억압하는 파시즘 체제로 돌입한다.

그러면 한국인 노무동원 당시의 일본의 국가체제는 어떠했는가?

1936년에서 1937년 사이 廣田·林 두 내각 아래서 군부대신 현역제를 부활시키고, 또 외교는 수상·외상·육군상·해군상 등 4상회의에서 결정하는 체제를 만들었다. 군부는 군부대신 현역제로서 마음에 들지 않는 조각에는 협력하지 않는다는 무기를 가지게 되었고, 수상의 인선을 사실상 농단할 수 있게 되었다. 1936년 11월에는 日·獨방공협정을 체결하여 파시스트 진영의 일원이 되었다.

중일전쟁이 일어나자 곧 수상 近衛文磨는 국민정신총동원운동을 시작하고, 10월에는 그 중앙연맹이 결성되었다. 그리고 다음해인 1938년 매우 빨리 총동원법이 의회에 제출되었는데, 그것은 단지 좁은 뜻의 경제통제를 규정할 뿐만 아니라, 노동운동의 금압, 언론·출판의 통제까지 목적으로 삼았던 것이다. 그래서 위에서 서술한 바와 같이 사실상 의회의 권한을 거의 모두 정부에 위임할 것을 요구했지만, 이 의회의 자살요구에 대해서는 政友會·民政黨 등 기성정당 안에서도 동조자가 꽤 많이 나왔을 뿐만 아니라 社大黨이 오히려 앞장서서 이것을 지지하는 태도를 보였다. 그뒤 사실상 의회는 그 존재의의를 잃어버렸다고 봐도 지나친 말이 아니다.[26)]

1940년에는 육군을 중심으로 이른바 '신체제운동'이 시작되었다. 이것은 더욱 거국일치의 실을 거두기 위하여 정당을 모두 해산시켜, 파쇼적 1국1당 체제를 구축하려는 것이 그 목적이었다. 이에 호응하여 우선 社大黨이 해산하고, 그해 7월 이후에는 모든 정당이 해산하여 大政翼贊會가 성립되었다. 이것은 정치결사는 아니고, 재계·학계·언론계·우익단체를 포함하는 조직이며, 사실상 군부와 관료가 실권을 쥐고 있었다.[27)]

노동운동·농민운동 등은 1937년 말의 탄압으로 거의 숨이 끊어졌고, 이때부터 1939년 사이에 주요한 노동조합도 강제로 해산되었다. 농민조합도 1940년 여름에 해산되었다. 그래서 모든 대중 조직이 해산된 뒤 관제조직으로서 만들어진 것은 산업보국회나 농업보국회였다. 이것은 독일 나치의 노동전선을 모방한 것인데, 요컨대 '근로보국'의 정신을 고취하는 것을 목적으로 한 관제조합이었다.[28)]

또한 언론·출판의 통제, 사상 탄압도 철저하게 이루어졌다. 그 밖에 교육통제, 종교 특히 기독교에 대한 탄압도 철저히 이루어졌다. 그래서 일본에서는 전체주의적 독재체제가 강화되어 갔다. 그리고 1940년 9월 27일에 일본·독일·이태리 3국동맹이 성립되어 국제적 파시즘 체제가 완성되었다. 그래서 역사적으로 후진적·반봉건적·군사적 성격 때문에 인권개념이나 개인주의가 전혀 확립되어 있지 않은 일본은, 1938년 「국가총동원법」 체제

---

26) 楫西光速·加藤俊彦·大島 清·大內 力, 《日本資本主義の沒落》 Ⅳ, 東京大學出版會, 1964, 1191~1192쪽.

27) 같은 책, 1192쪽.

28) 같은 책, 1193쪽.

아래서 군부가 실권을 쥔 행정부(내각)가 국민의 모든 재산과 인력, 정치, 경제, 사회 등 모두를 마음대로 통제할 수 있는 완벽한 전체주의적 독재국가, 파시즘 체제가 되어 있었다.

한국인의 노무동원을 결정한 정책 주체인 일본 국가의 이러한 성격이 한국인 노무동원의 강제성을 여실히 증명해주고 있으며, 그 강제의 성격 또한 이러한 일본 국가의 정책적 강제 그 자체인 것이다.

4. 한국인 노무동원의 필요성

아무리 일본의 국가체제가 파시즘의 독재체제라고 하더라도 한국인의 일본 노무동원이 일본 국가의 존망을 좌우할 정도로 심각한 것이 아니라면, 그 강제성은 마땅히 약화될 수밖에 없다.

일본은 1937년에 중일전쟁을 일으켰고(그것은 오랜 기간 교착상태에 빠져 장기전의 양상을 띠고 있었다), 1941년 12월에는 태평양전쟁을 일으켰다.

일본은 국가의 존망이 걸려 있는 전쟁을 뒷받침하기 위하여 군수산업을 급격히 팽창시켜 나간다. 이렇게 하여 「자동차제조 사업법」, 「제철 사업법」을 비롯한 각종의 사업법, 「임시자금 조정법」, 수출입품 등에 대한 임시조치법 및 그것과 관련된 각종 물자에 관한 제조 또는 사용제한·금지령, 더욱이 「국가총동원법」 및 그것에 기댄 많은 칙령이라는 이름으로 경제통제 법규의 체계가 만들어졌는데, 그 주된 기능은 이른바 민수의 억제를 통한 군수 생산력의 확충에 있었다고 봐도 좋을 것이다.[29] 말하자면 민수 부문을 희생하면서 자금·물자·인력 등을 우선적으로 군수 부문에 동원·집중해주는 통제체계인 것이다.

1936에서 1941년 사이에 이루어진 공업생산액의 증가를 〈표1〉에서 보면,

29) 같은 책, 990쪽.

〈표1〉 부문별 공업생산의 발전(1941년) (1936 = 100)

금 속 공 업	275
기계기구공업	530
화 학 공 업	237
요 업	220
방 직 공 업	132
제재 및 목제품공업	414
식 료 품 공 업	199
인 쇄 및 제본업	164
기 타 공 업	165
가스 및 전기업	368
계	249

商工省 〈공업통계표〉에 따름. 楫西光速 등, 앞의 책, 991쪽.

군수공업의 핵심인 기계기구공업·금속공업·화학공업 등 세 부문의 약진이 두드러지며, 반면 전형적인 민수공업인 방직공업, 식료품공업 등의 경우 상대적으로 그 지위가 눈에 띄게 떨어졌다. 이러한 군수산업이 팽창하면서 일본에서는 극심한 노동력 부족이 심각한 문제로 대두된다.

당시 일본은 노동력의 극심한 부족과 노임의 폭등으로 말미암아 체제 위기에 직면해 있었다. 지주제를 바탕으로 하는 반봉건적인 기본구조와 군수공업을 근간으로 거대한 중공업이 건설되었기 때문에, 당시 일본 농촌은 노동력의 공급원으로서 기능할 수 없었다.

만일 이러한 반봉건적인 체제 아래서 강제로 농촌 노동력을 동원하게 되면, 필수 불가결한 군수품인 식량 생산에 막대한 지장을 가져오게 된다. 뿐만 아니라 이 시기에는 대량의 기간노동력이 군대에 동원되었기 때문에, 이것이 노동력 부족을 더욱 부채질했다. 그래서 일본 안의 노동력을 동원하여 일정한 훈련을 시켜 기술자 내지 기능공으로 충당하고, 대신에 식민지 노동력을 끌어와서 광산, 토목, 공장잡역, 운수 등 하층부분을 메우도록 했던 것이다.[30)]

노동력 부족은 이러한 요인말고도 다음에 지적하는 것처럼 노동생산성이 낮아지면서 더더욱 촉진되었다. 이러한 노동력 인구배치의 변화를 살펴보면, 인구의 많은 부분을 흡수한 군수 생산 중심의 제조업에서도 설비·자재의 부족이나 노후화는 물론이고, 숙련공의 부족, 노동력의 질 저하 등으로 말미암아 노동생산성은 반드시 떨어지지 않을 수 없었다.[31] 그리고 코헨의 추계에 따르면, 군대가 노동력 인구에서 차지하는 비율은 1940년에는 5퍼센트였던 것이 1944년에는 10.6퍼센트에 이르고 있다.[32]

그리고 이와 같이 절실한 노동력 부족을 해결하기 위하여 일본 정부는 1937년 10월에 내무성을 통하여 직공쟁탈 방지를 통첩하고, 1938년 5월에는 여름 방학의 학생 근로동원을 결정하고, 1939년 6월에는 「학교졸업기술자의 고용허가제」, 그해 8월에는 「국가총동원법」에 기대어 학교졸업자 사용제한령을 공포했다.

1939년에 들어서면 숙련공뿐만 아니라 미숙련노동자의 부족도 두드러졌기 때문에 정부는 노무동원에 관해서도 국가총동원법을 전면적으로 발동하게 된다. 즉, 1월의 「국민직업능력신고령」, 3월의 「종업원雇入제한령」에 따라 노동자의 쟁탈을 방지하고, 또 숙련공을 보급하기 위해 「학교기능자양성령」, 「공장기능자양성령」(3월)을 실시하였다. 이어서 7월에는 국민징용령이 실시되어 不急 산업에 대해서는 소학교졸업자나 청소년의 고용이 제한되었다. 그리고 그해 7월에는 노동력의 전면적 부족 대책으로서 「노무동원계획」이 결정되었다. 이는 노동력에 대한 신규 수요 110만 명에 대한 보충 계획으로서, 소학교 졸업자와 물동계획수행에 따른 실업자, 그리고 농업노동자와 상업을 비롯한 다른 부문의 노동자 등을 줄이고, 반도인(한국인)을 이입시키며, 여성노동자를 배치함으로써 이 수요를 보충하였던 것이다.[33]

---

30) 이에 대한 상세한 내용은 加藤佑治, 《日本帝國主義の勞動政策》, 御茶の水書房, 1970, 122~123쪽 참조

31) 楫西光速 등, 앞의 책, 1132쪽.

32) 같은 책, 1132쪽, 주 1).

한국인 노동력은 비록 일본 노동력의 하층부분을 이루었지만, 이는 전쟁을 수행하기 위한 필수 불가결한 존재였다. 전쟁을 치르기 위한 에너지 자원(석탄산업)과 무기 등 군수품의 기초자원으로서 광산 노동력, 각종 군사시설을 건설하는 토목 노동력, 무기를 비롯한 군수품을 생산하는 군수공장 노동력, 전쟁을 위한 수송을 담당하는 운수하역 노동력 등은 전쟁을 치르기 위한 필수품이었다. 한국인 노동력은 대부분 여기에 투입되었다. 더욱이 소박유순하고 육체적인 중노동에 잘 견딜 수 있는 한국 농촌의 하층 농민 노동력은 이러한 일에 안성맞춤이었다.

그리고 山田昭次가 지적하고 있는 한국인 숙련노동자화 정책은 한국인을 숙련노동자로 만들어 일본의 숙련노동자 부족 문제를 해결하고, 그들이 한국으로 귀국한 뒤에는 대륙 전진기지로서 한국의 군수공장에서 부족한 숙련노동자로 사용할 계획이었으나, 정작 한국인들에게 제대로 기술을 가르쳐주지 않았다는 것은 앞서 서술한 바 있다.

이처럼 일본의 존망이 달려 있는 전쟁수행을 뒷받침할 군수 부문에 노동력이 절대적으로 부족하다는 사실이 바로 한국인 노동력의 동원을 필연적으로 만든 것이다. 이것이 바로 동원주체인 파쇼정권과 결부되면, 한국인 노동력의 동원과 사용은 강제연행·강제노동일 수밖에 없다는 논리적 필연성을 띠게 된다. 뿐만 아니라 그 강제의 성격도 더욱 분명해진다.

5. 식민지체제가 정착된 한국에서 노무동원·사용

결론부터 말한다면, 무소불위의 일제 파쇼정권이 전쟁이라는 국가존망이 걸려 있는 중요한 시기에, 이를 뒷받침하기 위한 군수 부문에 필수 불가결한 노동력을 보충하기 위해서 식민지 지배를 받는 한국에서 집단적으로 노동

---

33) 같은 책, 1143~1144쪽.

력을 동원한다는 정책 결정 자체가 이미 완벽한 강제성을 띤 것이며, 강제의 성격 또한 기본적으로는 여기에 있다는 것이다.

박경식의 강제성에 대한 예증이나 海野福壽의 법적 강제 그리고 山田昭次가 분석한 다면적인 강제성 요인도 결국 이러한 근원적인 강제성에서 나오는 여러 방법이나 형태에 지나지 않는 것이다.

초기에는 한국 민족의 저항을 완화하기 위해서 자유모집 방식을 취했고, 경제적 궁핍이나 일본에 대한 막연한 동경, 그리고 자신들의 일터에 대한 완전한 무지와, 근로조건에 대한 정보 부족이나 잘못된 정보 등으로 말미암아 경우에 따라서는 모집인원보다 더 많은 사람이 응모했다손 치더라도, 이것은 결코 강제성을 부인하는 요인이 되지 못한다. 왜냐하면 파쇼정권이 자신의 필요에 따라 노무동원 계획을 세워 한국인 노무자를 동원하려고 내린 정책 결정 자체가 이미 완벽한 강제성을 띠고 있기 때문이다. 실제로 만일 응모자가 계획된 인원에 못 미칠 경우를 대비해서, 앞서 한국 안의 관청과 경찰은 상위의 강제성을 집행하기 위한 '강제연행체제'를 마련하고 있었던 것이다. 앞에서 서술한 바와 같이 「모집」 시기에서도 응모자가 계획된 인원에 못 미치면 납치·연행과 같은 직접적인 강제가 가차 없이 집행되었던 것이다.

「관알선」이란 비록 알선이라는 부드러운 말로 표현되어 있지만, 실제로는 이러한 관청과 경찰의 강제연행체제를 공식화한 것에 지나지 않는다. 「징용」 등은 이에 법적 강제력을 부가한 것이다.

여기서 海野福壽의 법적 강제에 대해서 한마디 언급해 두고자 한다.

그가 말한 '법적 강제'가, 1944년 9월에 「국민징용령」의 한국인 적용에 따른 징용방식, 1943년 12월에 시행된 「군수회사법」에 따른 현원징용, 1942년 9월 재일 한국인에 대한 징용령 적용으로 동원된 재일 한국인의 현지징용만을 뜻하는지, 아니면 일본의 「국가총동원법」에 뿌리를 둔 「국민징용령」에 뿌리를 두고 1939년 7월 이후 「노무동원계획」, 「국민동원계획」에 따라 실시된 집단적 한국인 노무동원 전부를 뜻하는지가 분명하지 않다. 앞의 해석에 따르면, 「모집」과 「관알선」에 따른 한국인 노무동원은 제외되지만 뒤의 해석에 따르면 「모집」과 「관알선」 모두 포함된다. 山田昭次는 법적 강제를 앞의 좁은 뜻으로 해석하고 있지만, 일단 뒤의 넓은 뜻으로 해석해야 집단적 한국인 노무동원이 모두 포함되기 때문에 그 해석을 채택하기로 한다.

이러한 해석에 따르게 되면 海野福壽의 법적 강제라는 개념은 일제가 시행한 집단적 한국인 노무동원을 민주사회에서 시행한 전시의 합법적인 노무동원으로 위장할 우려가 있다. ILO의 강제노동에 관한 조약(제29호)에서도 순전한 군사적 성질의 작업일 경우 강제병역법에 따라 강요되는 노무는 강제노동에 포함되지 않는 것으로 규정하고 있다(제2조 2항).

이에 관해서 다음 몇 가지 점을 지적해 두고 싶다.

첫째, 앞에서 서술한 바와 같이 일본 정부는 「국가총동원법」이라는 법에 따라 초법적 권한을 갖게 되고, 이것에 기대어 한국인을 집단적으로 일본으로 노무 동원했다. 집단적 한국인 노무동원은 모든 파쇼 독재정권이 그러했듯이 법에 따른 초법적 권한을 가진다는 모순적인 법체계를 바탕으로 이루어졌다. 그런 점에서 민주사회에서 합법적인 전시 노무동원과는 구별된다.

둘째, 이러한 「국가총동원법」을 바탕에 둔 노무동원이 설사 일본 국민에 대해서는 합법적이라고 하더라도 타민족에 대해서는 범죄라고 하지 않을 수 없다. 제2차 세계대전 뒤 독일의 뉘른베르크 군사재판에서는 타민족에 대한 강제연행·강제노동은 「人道에 대한 죄」라고 판결을 내린 적이 있다. 분명히 일본은 한국인에 대하여 「인도에 대한 죄」를 저질렀다.

또한 ILO의 강제노동에 관한 조약에서는 민간기업 등의 강제노동을 제한하여 여성노동, 18세 미만, 지하노동, 임금 차별 등을 금지하고 있는데, 이에 비추어보면 한국인 강제노동은 대부분의 조문 규정을 위반하는 행위인 것이다. 더욱이 그 조항에서는 '강제노동의 불법적인 강요'는 형사범죄로서 처벌한다고까지(제25조) 적고 있다.[34)]

셋째, 한국인 노무동원에 대한 법적 강제라는 규정이 점령지 중국인에 대한 신체적 구속, 폭력 등과 같은 좁은 뜻의 강제에 대비되는 한국인 강제연행 · 강제노동의 독자성으로 이해되고 있기 때문에, 마치 한국인의 노무동원과 사용에는 신체적 구속이나 폭력 등 좁은 뜻의 강제노동이 없거나 또는 예외적으로만 존재하는 것으로 오인하기 쉽다. 그러나 앞에서 서술한 바와 같이「모집」초기의 예외적인 경우를 제외하고는 납치 등 좁은 뜻의 강제가 일반적이었고, 연행과정에서도 엄격한 감시 아래 신체적 구속이 자행되었다.

현지에 도착한 뒤에도 군대식 훈련[35)](물론 황민화 훈련을 포함), 노무과 직원과 경찰에 따른 24시간 감시체제, 강제저금 등이 일반화되어 있었다. 특히 탄광에서는 잔인한 폭력, 도망가지 못하게 둘러친 담장, 열악한 의식주 상태 등이 일상이었으며, 경우에 따라서는 공휴일이 반납되는 연속 노동도 강요되었으며, 안전시설 미비로 재해에 따른 사상자가 다수 생겨났고, 모든 사람이 항상 이러한 재해의 위험 아래 일했던 것이다.[36)] 그야말로 노예노동과 같은 강제노동이었다.

위에서 살펴본 바와 같이 한국인의 노무동원과 사용에서도 신체의 구속이나 폭력 등 좁은 뜻의 강제가 주종을 이루었다. 그러나 초법적 국가권력이 자행한 계획적 노무동원이라는 상위의 강제성이 완벽하게 확보되어 있는 이상, 그 강제력은 반드시 좁은 뜻의 강제수단으로만 행사될 필요는 없다. 경우에 따라서는 회유와 설득, 노동자 개인의 임의 결정, 황민화 교육에 따

---

34) 朝鮮人强制連行眞相調査團 編著, 앞의 책, 187쪽.

35) 자세한 내용은 全基浩, 앞의 글, 240~243쪽 참조.

36) 자세한 내용은 같은 글, 243~256쪽 참조.

른 정신적 구속 등의 방법이 채택될 수도 있고, 다른 경우에는 납치, 구타, 감금과 감시, 그리고 자신과 가족에 대한 협박, 계약 조건을 속이는 사기 등의 방법도 이용될 수 있다. 상황에 따라서 가장 효율적인 방법이 선택될 뿐이다.

초기의 「모집」에서 관청과 경찰의 강제 연행체제가 예비된 가운데 형식적으로나마 자유모집의 방식을 띠었던 까닭은, 그것이 한국인의 민족적 저항을 교묘히 피할 수 있는 효율적인 방법이었기 때문이다. 그런 방식을 취하더라도 한국인의 경제적 궁핍, 일본에 대한 막연한 기대, 일본 현지의 정보에 대한 완전한 무지 등으로 계획된 인원을 충분히 모집할 수만 있다면, 구태여 한국인의 저항을 불러일으키는 강제적인 방법을 택할 필요가 없었던 것이다. 그러나 일본의 열악한 노동환경이 알려지면서 응모자가 계획된 수에 못 미치게 되자, 그때부터 가차 없이 좁은 뜻의 강제연행이 채택되었던 것이다.

그러면 신체의 구속이나 폭력으로 점령지 중국인을 강제연행·강제노동시키는 것과 대비되는 한국인 강제연행·강제노동의 특징으로서 山田昭次가 지적한 황민화 교육을 통한 정신적으로 구속하는 식의 강제는 어떻게 가능했으며, 중국인에게는 왜 황민화 교육을 시키지 않았던 것일까?

이것도 기본적으로는 효율성의 문제라고 생각한다. 山田昭次도 앞서 지적했듯이, 중국인에게는 황민화 교육을 통한 정신적 구속은 불가능하며, 그것은 시간 낭비일 뿐이었다. 일시적인 점령지는 전황에 따라 언제든지 도로 빼앗길 수 있어서 매우 불안정하기 때문에 신체적인 구속이나 폭력으로써 당장에 필요한 노동력을 이용하는 것이 가장 효율적이라고 봤던 것이다. 반면에 식민지 조선의 경우 그때까지 약 30년에 이르는 식민지통치 기간을 거쳤기 때문에 식민지 지배체제는 비교적 안정되어 있었고, 한국인도 그 체제에 어느 정도 순치되어 있었다. 그리고 장기적인 식민지 지배체제에 대한 구상도 필요했다. 그렇기 때문에 황민화 교육에 따른 정신적 구속이 가능했으며, 그것이 내발적인 강제이기 때문에 매우 효율적이기도 했던 것이다. 따라서 신체의 구속이나 폭력 따위와 같은 강제와 더불어, 황민화 교육이 선행되거나 또는 같이 병행하는 가장 효율적인 방법을 사용했던 것이다. 다 아는 바와 같이 1930년대 후반부터 일본은 한국에 궁극적으로 민족 말살을 꾀한 황민화정책을 강력히 추진하여 내선일체, 일시동인(一視同仁)의 이름으로 일본어 사용, 창씨개명, 신사참배 등을 강요하였다. 그러므로 황민화 교육은 한국인의 강제연행·강제노동에서 매우 효율적인 방법이기도 했지만 그것은 더욱 넓고 더욱 장기적인 식민지 정책의 핵심이었다.

노무동원계획에서 효율성을 고려한 또 하나의 방법을 꼽자면, 노무자의 선발은 만 17세내지 만 25세의 남자로서 심신이 건전한 자를 원칙으로 하고, 다만 노무자의 선발이 곤란한 경우에는 연령의 범위를 확대한다는 것이다.[37] 이 조치는 효율성을 고려하여 노동 능력이 가장 왕성한 17세 내지 25세 연령의 심신이 건전한 남자 노동자를 선발하는 것을 원칙으로 삼았지만, 17세 연령층에 대한 노무동원은 18세 미만에 대한 강제노동을 금지한 ILO의 「강제노동에 관한 조약」에 위배된다.

식민지체제가 정착된 한국에서 자행하는 노무동원·사용이기 때문에 효율성을 위해서 때로는 회유의 방법이 쓰이기도 한다.

그 대표적인 사례가 한국인 노무자 가족을 일본으로 유치하는 정책이다.

1942년 2월 13일 각의에서 결정된 「조선인 노무자 활용에 관한 방책」에는 '이 방책에 따라서 내지에 송출할 노무자는 식량, 주택, 수송 등의 실정에 비추어 가족을 휴행시키지 않는 것을 원칙으로 한다'는 명문이 들어 있는데, 1944년 3월 3일 각의 결정에서 이 명문을 '이입하는 조선인 노무자의 정착을 도모함과 아울러, 출동기간 만료자의 계약갱신을 촉진하기 위하여, 이 방책에 따라서 내지로 송출된 노무자로서 2년을 초과한 고용 기간의 출동에 응한 자에 대해서는 내지로 이입하고서, 6개월의 훈련기간의 경과를 조건으

37) 朴慶植 編, 〈朝鮮人勞務者活用に關する方策〉, 1942년 2월 13일 각의 결정, 《在日朝鮮人關係資料集成》 제4권, 24~25쪽.

1942년 3월1일. 일본 어느 광업소의 한국인 기숙사 앞
제2기생 입사기념사진 (남현 스님 제공)

로 가족의 유치를 인정하도록 한다'는 것으로 개정했다.[38]

이 조치는 계약기간이 만료된 자의 계약기간을 연장시키고, 그들이 계속 정착하도록 함으로써 효율적으로 노동력을 확보함과 아울러 노동 능률을 올리려는 회유책이었다.

6. 강제의 성격과 증거

앞에서 설명한 것을 종합하면, 한국인 강제연행·강제노동은 초법적인 일

---

38) 朴慶植 編,〈朝鮮人勞務者活用ニ關スル方策中改正ニ關スル件〉및〈朝鮮人勞務者活用ニ關スル件〉,《在日朝鮮人關係資料集成》제5권, 19~20쪽.

제의 파쇼 독재정권이 전쟁이라는 국가 존망이 걸려있는 중요한 시기에, 이를 뒷받침하기 위해서 군수 부문에 부족한 노동력을 식민지체제가 앞서 정착된 한국에서 집단적으로 동원하여 사용한다는 정책적 강제인 것이다.

이러한 정책 결정은 그 강제의 방법이 신체의 구속이든 폭력이든, 황민화 교육에 따른 정신적 구속이든 법령에 따른 법적 강제든, 또는 설득과 회유에 따른 것이든, 이런 것들은 완벽한 강제연행·강제노동의 보장이며 그 기본적인 성격이기도 했던 것이다. 이러한 근원적인 강제의 보장과 강제의 성격에서 나타나는 여러가지 구체적인 방법은 정치적이든 또는 경제적이든 그 효율성이라는 기준에서 선택된다.

그리고 한국인 노무동원이 강제연행·강제노동이라는 가장 확실한 증거는 도주자의 숫자가 엄청나게 많았다는 사실에서 잘 드러나고 있다. 도주자가 너무 많이 나왔기 때문에 1942년에는 관계관청의 협의에 따라 도주방지책으로서 「이입 조선인 노무자 요강」을 결정·시행하기에 이르렀던 것이다.

그 주요한 내용은 다음과 같다.[39]

① 한국인 노무자의 훈련을 촉진한다. 특히 이동의 습벽이 있는 자에 대해서는 특별훈련을 실시한다.
② 한국인 노무자에 대한 노무관리의 쇄신을 도모한다. 사업장에서는 불량분자의 예견에 노력하고 감독을 엄격하게 하여 선동·유혹에 따른 誘引의 방지에 노력한다. 그래도 도주자가 많은 사업장에 대해서는 당분간 노무자의 충족을 정지시킨다는 뜻을 주지시킨다.
③ 업자 사이에 노무자의 스카우트 방지를 철저하게 한다.
④ 일용노무자의 단속을 철저히 한다.
⑤ 노무자 브로커를 철저하게 단속한다.
⑥ 협화회와 경찰은 언제나 협력하여 노무자의 단속을 강화한다.

---

39) 朴慶植 編, 《在日朝鮮人關係資料集成》 제4권, 933～934쪽.

⑦ 사업주가 협화회의 '회원장'을 소지하지 않는 자를 고용하지 않도록 한다.

경찰과 협화회, 그리고 각 사업장에서 아무리 도주를 철저하게 단속한다 해도 계속 많은 도주자가 나왔다. 도주자가 발견되었을 때는 경찰이 훈계한 뒤 원래의 사업장으로 돌려보내기로 되어 있었는데, 사업장에서는 일단 도주자가 붙잡히면 나머지 노무원들을 협박하기 위하여 죽도록 폭행을 가하는 바람에 불구가 되거나 심한 경우에는 사망하기도 했다.

1943년 12월말 현재 이입 한국인 노무자의 도주상황을 보면 이입자 총수 36만 6천464명 가운데 12만 2천169명이 도주했는데, 이것은 총 이입자 수의 33.3퍼센트에 해당되는 수치이다.

이것을 「모집」, 「알선」 별로 보면, 「모집」의 경우에 총 이입자 수 14만 6천938명 가운데 6만 1천237명이 도주하여 41.7퍼센트라는 엄청난 도주율을 보인다. 도주자 가운데 소재 불명자는 5만 8천598명이며 발견되어 송환된 자는 겨우 2천639명에 지나지 않는다. 한편 「알선」의 경우에는 총 이입자 수 21만 9천526명 가운데 6만 935명이 도주하여 28퍼센트의 도주율을 보이고 있다. 이 가운데 소재 불명자는 6만 137명이고, 발견송환자는 795명이다.[40]

「모집」에 따른 한국인 이입자의 40퍼센트 이상이 도주했다는 것은 「모집」 자체가 강제연행이었으며, 현장에 도착한 뒤에도 혹심한 강제노동이 자행되었음을 여실히 말해주고 있는 셈이다. 「알선(관알선)」의 경우에 도주율이 「모집」의 경우보다 낮은 것은 모집보다 늦게 시작되어 일본에 건너간 기간이 그렇게 오래 되지 않았기 때문이다. 도주하기 위해서는 어느 정도 일본어와 부근지리를 익혀야 하고, 친척·지인들과 연락이 닿을 기간이 필요하기 때문이다.

---

40) 朴慶植 編, 《在日朝鮮人關係資料集成》 제5권, 353～358쪽의 표에서 저자 계산.

경찰과 협화회, 사업소의 삼엄한 감시가 있었고, 도주하다 붙들린 경우에는 잔인한 폭행이 기다리고 있었으며, 그리고 협화회회원장 제도까지 있었고, 게다가 어디를 가나 어느 사업소에서 일하더라도 비슷한 지옥인데도, 이와 같이 도주자가 많았다는 사실이, 한국인의 강제연행·강제노동의 실상을 생생하게 말해주고 있는 것이다. 뒷일을 생각할 겨를도 없이 우선 죽기 살기로 지옥 같은 현재의 생활을 탈피하고자 도주를 결행했던 것이다. 이렇게 죽으나 저렇게 죽으나 마찬가지라는 심정일 테다.

7. 맺는말

이상의 논의를 요약하여 결론을 맺으면 다음과 같다.

첫째, 일제의 한국인 강제연행·강제노동은 초법적인 일본의 파쇼 독재정권이 전쟁이라는 국가 존망이 걸려있는 중요한 시기에 이를 뒷받침하기 위해서 군수 부문에 부족한 노동력을 식민지체제가 앞서 정착된 한국에서 집단적으로 동원·사용한다는 정책적 강제인 것이다. 이러한 정책 결정 자체가 초법적인 것이기 때문에 가장 확실한 강제의 보장이며, 이것이 또한 강제의 성격을 잘 보여주고 있다.

둘째, 그러나 점령지에서 노무동원과는 달리 앞서 식민지 지배체제가 정착된 한국에서는 구체적인 강제의 방법이 초법적인 강제가 앞서 확보되어 있기 때문에, 신체적인 구속이나 폭력말고도 황민화 교육에 따른 정신적 구속, 회유와 설득, 본인의 임의 결정, 협박, 법적 강제 등으로 다양하게 나타난다. 그러나 이것은 초법적인 정책 결정이라는 근원적인 강제에서 오는 강제의 발현 형태이거나 그 다양한 종류에 지나지 않는 것이다.

그럼에도 신체의 구속이나 협박이 주종을 이루고, 다른 방법은 부차적으로 사용된다. 그리고 회유와 설득, 황민화 교육, 본인의 임의 결정과 같은 비교적 부드러운 방법 따위가 사용된 까닭은 한국에서 30년 가까운 통치기간 동안 식민지 지배체제가 정착되어 있었기 때문이며, 또 그것이 정치적으로나 경제적으로 효율성을 띠고 있었기 때문이다. 다양한 강제의 방법 가운데서 어떤 방법을 택할 것이냐의 기준은 바로 그 효율성에 있었다.

셋째, 강제연행·강제노동이라는 가장 확실한 증거는 33.3퍼센트에 이르는 엄청난 도주율이다. 경찰과 협화회 및 사업소의 삼엄한 감시, 협화회회원장 제도, 붙들렸을 때의 혹독한 폭행, 그리고 도주하고 난 뒤에도 먹고살기 위해서 지옥 같은 곳에서 일하지 않을 수 없는 등 이러한 악조건에도 아랑곳하지 않고, 12만 명 이상의 엄청난 도주자가 나왔다는 사실이야말로 한국인 강제연행·강제노동을 확실하게 증명해주고 있다

넷째, 다른 민족인 한국 민족에게 강제연행·강제노동을 시킴으로써 일본은 '인도(人道)에 대한 죄'를 범했고, 그들 모든 사업장에서 여성노동, 18세 미만 노동과 지하노동 등을 금지하고 있는 ILO의「강제노동에 관한 조약」까지 어긴 셈이다. 이는 형사범죄로서 처벌의 대상이 된다.

제 2 부

재일 한국인 노동자계급의 저항과 투쟁

재일 한국인 노동운동의 특성

1. 머리말

일제의 조선 식민지에 대한 수탈과 착취가 강화되어 가면서 많은 농민들은 생계의 터전을 잃고 고향을 떠나 나라 안팎으로 유랑하게 되는데, 그 가운데 많은 사람이 도일하여 재일 한국인 노동자계급을 형성하게 된다.

한국인의 일본 도항은 1920년대에 들어서서 급속히 증가해 간다. 이러한 추세는 한편 일본 식민지정책의 수탈과 착취로 말미암아 생계를 유지할 길이 없었다는 '압출요인'과, 일본 자본주의의 발달에 따라 더 값싼 노동력이 많이 요구되었다는 '흡인요인'이 함께 작용한 결과였다.

재일 한국인 노동자 수의 증가는 다른 한편으로 재일 한국인 노동자의 실업과 빈곤의 증가를 뜻하기도 했다. 이러한 재일 한국인 노동자가 처한 객관적 조건과 3·1독립운동 뒤 사회주의 사상의 고양을 배경으로, 또 자신들의 처지로 말미암은 민족적·계급적 의식의 고양이라는 주체적 자각에서 추동되어 재일 한국인은 일본 곳곳에서 사상·문화 등 여러 운동들을 전개했으며, 특히 재일 한국인의 대부분이 노동자였기 때문에 노동운동이 활발하게 전개될 수 있었다. 그러나 재일 한국인 노동운동은 일반 노동운동과는 몇 가지 다른 특성을 갖는다. 그것은 식민지 한국인의 노동운동이며, 더욱이 한국에서 일어난 운동이 아니라 식민지 본국(일본)에서 일어난 노동운동이라는 사실에서 말미암은 특성들이다.

이 글은 앞서 기술한 배경에서 비롯되는 재일 한국인 노동운동의 특성을 밝히는 데 그 목적이 있다. 노동운동을 비롯한 재일 한국인 운동에 관한 통사적인 연구나 지역사적인 연구 및 사건사적인 연구는 그동안 많이 있었다.[1)]이러한 연구들을 바탕으로 재일 한국인 노동운동의 특성을 밝히는 데 이 글의 주된 목적이 있다.

2. 재일 한국인 노동운동 발생의 주체적·객관적 조건

재일 한국인 노동운동이 일어나기 위한 필연적인 조건으로서 주체적인 측면에서 노동자 수의 증가와, 객관적인 측면에서 그들의 노동조건의 열악성을 들 수 있다.

1. 주체적 조건

가. 재일 한국인 수와 재일 한국인 노동자 수의 증가

〈표1〉은 연도별 재일 한국인 수 및 재일 한국인 노동자 수를 나타낸 것이다. 이 표에 따르면 1910년대 중반부터 재일 한국인 수가 급증하고 있다. 즉 재일 한국인 수는 1915년에는 4천여 명에 지나지 않았지만, 1920년에는 3만 1천여 명, 1925년에는 약 13만 7천 명으로 급증한다. 그리고 1931년에는 31만여 명, 1935년에는 62만여 명, 1940년에는 100만 명을 돌파하여 119만 명,

---

1) 이의 구체적인 내용에 관해서는 金仁德, 〈식민지시대 재일 조선인운동 연구〉, 국학자료원, 1996, 제1장 제2절 〈연구현황과 과제〉를 참고.

〈표1〉연도별 재일 조선인 수 및 재일 조선인 노동자 수

연 도	조선인 수	노동자 수	연 도	조선인 수	노동자 수
1915년 12월말	4,075	2,274	1934년 12월말	537,695	258,914
1917년 12월말	14,502	11,397	1935년 12월말	625,678	288,111
1920년 6월말	31,720	28,229	1936년 12월말	690,503	402,453
1924년 5월1일	89,042	74,470	1937년 12월말	735,699	304,002
1925년 6월말	136,809	106,421	1938년 12월말	799,878	322,946
1929년 6월말	271,280	189,895	1940년 12월말	1,190,444	501,628
1931년 12월말	311,247	173,621	1941년 12월말	1,469,230	665,277
1932년 12월말	390,543	201,104	1942년 12월말	1,625,054	757,827
1933년 12월말	456,217	230,139			

자료 : 朴慶植 편, 《재일 조선인 관계자료집성》, 제1권~5권, 三一書房, 1974~1976에서 저자 작성, 모두 내무성 경보국 자료임.

그리고 1942년에는 162만 명에 달한다. 이와 같이 재일 한국인 수가 급증하는 것은 우선 식민지 조선 안의 압출요인에서 말미암은 것이다.

일제의 식민지 농업정책의 2대 지주인 「토지조사사업」과 「산미증식계획」은 극소수의 지주에게 토지를 집중시키고, 중소 영세농의 몰락, 농민 대부분의 소작화를 가져오는 바람에 지주·소작농이라는 식민지지주제를 확대·강화하는 가운데 소작농에 대한 지주의 착취가 강화되었다. 이에 더하여 지세를 비롯한 각종 공과금, 면직 등 가내부업 파괴, 공출강요 등 일제의 각종 수탈정책이 농민의 몰락을 부채질했다.[2] 이 밖에도 이를테면 농촌경제의 상품화, 그리고 한국인 지주 및 일본인이 벌인 고리대가 농민의 몰락을 더욱 부추겼던 것이다.

이렇게 몰락한 농민의 일부는 잠재적인 프롤레타리아트로서 농촌에 소작농이나 머슴 등으로 남아 있었고, 일부는 농촌을 떠날 수밖에 없었다. 이촌한 농민 대중은 농업이 아닌 다른 부문에 종사하거나 해외로 떠나게 되는데, 많은 사람들이 일본으로 건너가게 된다.

---

2) 全基浩, 〈日帝下 在日朝鮮人勞動者階級의 形成〉, 《勞動經濟論集》, 제17권 제2호, 韓國勞動經濟學會, 1995, 5쪽. (이 책의 13~51쪽에도 수록)

한국인의 일본 도항은 이와 같은 압출(공급)요인 뿐만 아니라, 일본 자본주의의 발전에 따라 값싼 노동력을 한국에서 구하는 일본 자본의 요구, 즉 노동 수요라는 흡인요인으로 말미암아 더더욱 촉진된다. 그러나 압출요인이 너무 강하게 작용했기 때문에, 일본에서 취업 여부를 생각하지 않고 무작정 건너가는 바람에 일본 안의 한국인 실업자는 엄청난 수에 이르게 된다.

어쨌든 재일 한국인 수가 증가하면서 재일 한국인 노동자 수도 급격하게 증가해 간다. 이를테면 1915년에는 2천여 명에 지나지 않았던 재일 한국인 노동자가 1917년에는 1만 1천여 명, 1920년에는 2만 8천여 명, 그리고 1925년에는 10만 명을 넘어서고 있다. 한편 재일 한국인 노동자 수는 재일 한국인 수의 증가에 따라 그뒤에도 계속 증가하여 1932년 말에는 20만 명을 넘어섰고, 1936년 말에는 30만 명을 넘어섰다. 더욱이 일제는 연속해서 전쟁을 일으키는 바람에 군수산업의 노동력 부족을 불러왔고 1939년부터 많은 한국인을 강제 연행해 갔다. 따라서 재일 한국인 노동자는 1940년 50만여 명, 1941년 66만 5천여 명, 1942년 75만 7천여 명으로 대폭 증가했던 것이다.

그러나 여기서 노동자라는 것은 취업하고 있는 피고용자만을 뜻하고 있다. 그런데 노동자를 이렇게 좁게 해석해서는 안 된다. 취업자뿐만 아니라 실업자도 노동자의 범주에 포함되어야 한다. 실업자란 일할 능력과 의사를 가지고 있으면서도 일자리가 없는 자를 말한다.

해방 이전의 재일 한국인 실업률은 분명하게 나타나 있지 않지만, 무직이라고 분류된 자의 비율에 따라 어느 정도 추측할 수 있다. 재일 한국인 전체에 대한 무직자의 비율은, 내무성 경보국 「사회운동의 상황」 각 년판의 「내지 在留 조선인 직업별 조사」에 따르면, 1925년 16.1퍼센트, 1926년 14.4퍼센트, 1929년 1.2퍼센트, 1930년 18.1퍼센트, 1931년 25.8퍼센트, 1932년 28.9퍼센트, 1933년 35.14퍼센트로 매년 증가하고 있음을 알 수 있다.[3)]

---

3) 金廣烈, 〈1920~1930년대 在日朝鮮人と實業救濟事業-名古屋市を中心に〉, 在日朝鮮人運動史硏究會, 《在日朝鮮人史硏究》, 제24호, 1994.9, 39쪽.

그리고 무직자 수는 1924년 1만여 명, 1925년과 1926년에는 각각 2만여 명, 1930년 약 5만 4천 명, 1931년 8만여 명, 1932년 약 11만 3천 명, 1933년 16만여 명, 1934년 19만 1천여 명, 1935년 22만 3천여 명, 1936년 24만 8천여 명, 1937년 27만 4천여 명, 그리고 1938년 29만 4천여 명으로 대폭 증가하고 있다.[4] 단, 이 무직자 수에는 부양가족 수도 포함되어 있기 때문에 전원이 실업자인 것은 아니다. 그러나 당시의 재일 한국인에는 일반적으로 독신의 출가(出稼) 노동자가 많았다는 사실, 앞서 제시한 경보국 조사에는 소학아동 수가 따로 계산되어 있다는 사실, 마찬가지로 비교적 소수였던 여자의 경우에도 가능하면 일하지 않을 수 없었던 생활 상황 등을 고려하면 무직으로 분류된 자의 대부분은 실업자로 보아도 지장이 없으리라고 생각한다.[5] 이와 같이 대부분이 실업자일 것으로 추정되는 무직자를 고려한다면 실업자까지 포함한 노동자 수는 더더욱 늘어날 것이다.

이러한 노동자 수의 증가가 노동운동을 일으킨 주체적 조건이 되는 것이다. 재일 한국인의 조직적 노동운동이 싹튼 것은 재일 한국인 노동자가 어느 정도 많아진 1920년대 전반기이며, 재일 한국인 노동운동의 전국적 통일체인 '재일본조선노동총동맹'이 창립된 때가 재일 한국인 노동자 수가 10만 명을 넘어선 1925년이라는 것은 결코 우연이 아닐 것이다.

다만, 식민지라고는 하더라도 한국에서 일본이라는 다른 국가로 노동자가 이동하는 것을 전제하기 때문에, 재일 한국인 노동자의 증가는 한국 안에서 농민층이 와해되면서 말미암은 노동공급원의 창출, 한국인 노동자에 대한 일본 국내의 수요 증대, 그리고 한국인 노동자의 일본 도항에 크게 영향을 미쳤던 일본의 한국인 도항정책 등과 밀접한 관련이 있다. 이와 같이 1920년대에 들어서서 재일 한국인 노동자들이 많이 늘어나면서, 지식인 엘리트들이 이들을 바탕으로 노동단체를 조직하게 된 것이다.

---

4) 朴慶植 編, 앞의 책, 제1권~제4권에서 저자 조사.

5) 金廣烈, 앞의 글, 39쪽.

나. 재일 한국인 노동자의 직종별 구성

재일 한국인 노동자의 직종별 구성은 재일 한국인 노동운동을 이끄는 세력이 어느 직종의 노동자들인가를 이해하는 데 매우 중요하다.

1925년 6월말 현재 재일 한국인 노동자의 전체 수는 10만 6천421명인데, 그 직종별 구성을 보면 자유노동자가 5만 9천66명으로 56퍼센트, 직공이 2만 5천626명으로 24퍼센트, 광갱부가 1만 846명으로 10퍼센트를 차지하고 있다.[6)]

1931년 12월말 현재 재일 한국인 노동자 전체 수는 17만 3천621명인데 이 가운데서 자유노동자가 9만 2천700명으로 53퍼센트, 직공이 5만 1천457명으로 30퍼센트, 雇人이 1만 8천225명으로 10퍼센트, 그리고 광갱부가 8천305명으로 5퍼센트를 차지하고 있다.[7)]

재일 한국인 노동자는 그 절반 이상이 토목공, 인부 기타의 자유노동자이기 때문에 정착성이 대단히 결여되어 있다. 또한 방대한 수의 무직자에 포함되어 있는 실업자 가운데도 자유노동자가 많이 포함되어 있을 것이다. 왜냐하면 자유노동자는 정착성이 결여되어 있어서 언제나 실업과 취업을 되풀이하는 노동자들이기 때문이다. 그렇게 본다면 자유노동자의 비율은 더더욱 높아질 것이고, 따라서 재일 한국인 노동운동의 주도세력은 자유노동자(실업자도 포함)라고 볼 수도 있다. 재일조선노동총동맹이 자유노동자 중심으로 조직되어 있었던 것도 그 때문이다.

1931년에는 1925년에 견주어 직공의 비율이 더더욱 높아졌는데, 이것은 일본 군수공업이 발달하면서 이 부문에 많은 한국인 노동자가 취업했기 때문이다.

대부분의 한국인 노동자들은 인부, 토목공 등 자유노동자였다. 각종 공업의 여러 직공도 대체로 비숙련공으로서 공장 안의 잡역에 사역되는 것이 상

---

6) 內務省 警保局, 〈在留朝鮮人の狀況〉(1925), 朴慶植 編, 앞의 책, 제1권, 156쪽.

7) 같은 책, 제2권 1, 231쪽.

례였고, 다만 경시청(도쿄-저자), 오사카, 아이치, 시즈오카 등의 각 廳府縣 관하의 고무, 초자, 전기, 출판, 식료품공업 등에 사역되는 직공 및 오사카, 효고, 아이치, 시즈오카, 기후, 시가, 후쿠이, 오카야마, 히로시마, 와카야마 등의 방적·직물·제사 등의 각 공장 여공 가운데 비교적 숙련공이 많았고, 그 밖에도 후쿠오카, 홋카이도, 효고, 아이치, 후쿠시마, 야마구치, 오이타 등의 광산·탄갱등에 종사하는 자 가운데 상용 광갱부의 일부가 존재한다는 것은 특수한 예다[8]

요컨대, 한국인의 경우 아무런 기능도 없이 일본으로 건너갔기 때문에, 숙련이 필요 없고 완력만 있으면 되는 단순 근육노동에 종사하는 자유노동자가 절반 이상을 차지했다. 공장노동자라도 극히 일부를 제외하고는 기능이 필요하지 않은 공장 잡역 등에 종사했던 것이다. 광갱부의 경우에도 상용 광갱부는 극히 일부에 지나지 않았다.

2. 객관적 조건

재일 한국인의 노동운동을 일으킨 객관적 조건은 한마디로 그들의 실업과 빈곤, 주거난, 열악한 노동조건 그리고 민족적 차별대우 등이었다.

가. 실 업

세계 대공황의 영향으로 불황이 심각했던 1930년대 전반기에, 특히 재일 한국인의 실업이 심각했다. 불황기엔 별 다른 기능이 없던 재일 한국인 노동자가 우선적으로 해고의 대상이 되었다.

앞에서 서술한 바와 같이 재일 한국인의 무직자 비율이 1925년 16퍼센트, 1930년 18퍼센트, 1932년 29퍼센트, 그리고 1933년 35퍼센트 등으로 매우 높고, 불황이 심화되면서 그 비율이 급증하고 있다는 것은 재일 한국인의 실

8) 같은 책, 제3권 1, 37쪽.

업 문제가 얼마나 심각한지를 웅변적으로 말해주고 있다.

1932년 말 교토 시내의 한국인 노동자 가운데 38.1퍼센트, 날품팔이[日雇] 노동자에 한정한다면 56.5퍼센트가 실업 상태에 있었다고 추정된다. 한국인 노동자 3명 가운데 1명이 실업 상태에 있고, 교토 시내의 실업자 2명 가운데 1명이 한국인으로서 실업률은 일본인 노동자의 10배나 된다.[9)]

1925년부터 일본의 실업구제사업은 대도시와 그 관계 府縣을 중심으로 펼쳐지는데, 여기에서도 한국인 실업자는 차별을 받는다.

지금까지 검토한 바와 같이 나고야에 거주하는 많은 한국인이 생계를 유지하기 위하여 실업구제 토목사업에 등록했지만 실업등록자의 실제 취로 기회는 일본인에 견주어 훨씬 적었기 때문에 필연적으로 그것에 따른 수입도 적어지게 되어 생활비 부족 상태에 놓여졌다. 즉 생활이 곤궁한 실업자를 공평하게 구제할 목적으로 실시한 공공 토목사업에 재일 한국인이 등록할 때는 불리한 규정 때문에 인원이 제한되었고, 취로 기회에서도 차별을 받았다. 이러한 상황은 나고야에서만 있었던 특수한 사정은 아니었고, 당시 다른 지역에 거주하고 있었던 한국인에게도 공통적이었다고 생각한다.[10)]

실업구제사업은 사전에 곳곳의 직업소개소에 등록한 자를 대상으로 실시했다. 등록 방식에는 시행지 거주 최저기간의 설정, 경제상태의 심사 등 등록자 조건을 규정하여 등록이 인정된 자에게 사진이 들어 있는 수첩을 배포하는 「노동수장제도」가 전국적으로 도입되어 등록자의 수를 대폭 제한했다. 그러나 이러한 제도가 실시되면서 직장을 구하기 위해 이동이 잦았던 재일 한국인의 취로사정은 더욱 어렵게 되었다.[11)] 실업자 등록 때 불이익을 받았던 재일 한국인 실업자는 등록한 뒤에도 취로 기회가 일본인보다 훨씬

9) 後藤耕二, 〈京都における在日朝鮮人をめぐる狀況 : 1930年代〉, 在日朝鮮人運動史硏究會, 《在日朝鮮人史硏究》, 제21호, 1991.9, 38쪽.

10) 金廣烈, 앞의 글, 46쪽.

11) 같은 글, 40쪽.

적었다.

조사대상 노동자는 2천 명이었는데, 그 가운데 한국인은 전체의 약 64퍼센트인 1천270명이었다. 일본인의 경우 1개월의 취로일 가운데 10일 이하인 노동자가 58.06퍼센트고, 21~30일 취로한 자는 27.8퍼센트였다. 한편 한국인의 경우 1개월의 취로일 가운데 10일 이하인 사람이 전체의 90.11퍼센트나 차지하고, 21~30일 취로한 자는 고작 2.3퍼센트에 지나지 않았다.[12)]

한국인은 취로 일수가 적었기 때문에 일본인에 견주어 마땅히 수입도 낮을 수밖에 없었다. 그 결과 일본인의 1인당 평균 월수입은 약 17.76円인 반면, 한국인의 경우에는 약 절반인 9.47円 밖에 되지 않았다.[13)] 앞에서 서술한 재일 한국인의 고실업과 실업구제사업에서 차별대우는 한국인의 빈곤을 가져왔고, 그것이 노동운동을 일으키는 하나의 요인이 되었다.

나. 임금을 비롯한 여러 노동조건

재일 한국인 노동자는 일본인 노동자에 견주어 임금을 비롯하여 여러 노동조건에서 커다란 차별을 받고 있었다. 이러한 사실은 일본인 자신들도 다음과 같이 인정하고 있다.

아무런 기술과 숙련조차 익히지 못한 한국인 노동자가 일반 일본인 노동자와 자유경쟁을 할 때는 자연적으로 낮은 노동조건을 감수하지 않으면 안 되었다. 그러면 그들이 그 취직을 위하여 어쩔 수 없이 강요당하는 노동조건은 어떤 것일까? 그것을 하나하나 들어보면 다음과 같다.[14)]

① 일반적으로 일본인의 그것보다 임금이 낮은 것
② 노동시간이 더 긴 것
③ 위험이 따르는 일, 더러운 일, 힘든 일이라는 것

---

12) 같은 글, 45~46쪽.
13) 같은 글, 46쪽.
14) 東京府 社會課, 〈在京朝鮮人勞動者の狀況〉(1929), 朴慶植 編, 앞의 책, 제2권 2, 971쪽.

〈표2〉는 1921년 일본 전국 평균 민족별 임금을 나타내고 있다. 동일 직종에서도 한국인의 임금은 일본인의 그것에 견주어 대체로 50~60퍼센트 대에 이르고 있어서 민족별 임금 차별을 여실히 보여주고 있다.

市原 博은 홋카이도에 있는 住友鑛山歌志의 광산에 관해 연구하였는데, 1940년 한국인 광부의 임금이 1일 평균 2.30円으로 일본인의 임금 3.40円에 견주어 30퍼센트 정도 낮으며, 이것은 능률을 정확하게 반영한 것이라고 말하였다.[15)]

그러나 노동과학연구소의 조사보고에 따르면, 일본인 조와 한국인 조를 편성하여 채탄능률을 비교한 나머지, 1941년 11월부터 1942년 1월까지 3개월에 걸친 일본인의 1인당 채탄량이 매월 각각 5.04톤, 4.1톤, 4.43톤인 데 견주어 한국인의 1인당 채탄량은 각각 5.01톤, 4.57톤, 4.45톤으로 비슷하거나 또는 한국인의 경우 약간 더 높았다고 한다.[16)]

앞에서 서술한 것말고도 불황기에 한국인의 임금이 일본인에 견주어 더더욱 심하게 삭감된다든지[17)], 일본인이 한국인에게 집을 잘 빌려주지 않아서 한국인이 차가난에 봉착한다든지[18)] 하여 생존 자체가 언제나 위협을 받고 있었다.

앞에서 말한 노동자계급의 주체적 성장(노동자 수의 증가)과 객관적 여러 조건의 열악성이 종합적으로 작용하여 재일 한국인 노동자들의 노동운동이 필연적으로 일어나게 된다. 이 경우에도 의식을 가진 지식인 엘리트들의 선도적인 구실이 매우 중요했다.

---

15) 市原 博, 〈戰時下 朝鮮人 炭鑛勞動의 實態〉, 日帝36年史硏究會·曹溪宗在日總本山高麗史 主催 朝鮮人强制連行에 관한 國際심포지엄, 1992, 70쪽.

16) 勞動科學硏究所, 〈炭坑における半島人勞動者〉, 朴慶植 編, 앞의 책, 제5권, 769쪽.

17) 이에 관해서는 全基浩, 〈日帝下 在日朝鮮人勞動者階級의 形成〉, 《勞動經濟論集》, 제17권 제2호, 韓國勞動經濟學會, 1994, 참조. (이 책의 13~51쪽에도 수록)

18) 이에 관한 상세한 내용은 全基浩, 〈日帝下 在日朝鮮人의 借家難에 대한 硏究〉, 《經濟硏究》, 제12호, 慶熙大經濟硏究所, 1996 참조 (이 책의 119~148쪽에도 수록)

〈표2〉 민족별 임금 (전국, 1921년)

	일본인(A)	조선인(B)	(B)/(A)
農作夫	1.64	0.92	56
염물직	1.90	1.25	66
세탁직	1.80	1.20	67
연초제조직	1.61	0.93	58
토목공	2.30	1.30	57
하물운반인	2.50	1.60	64
직공	1.80	1.10	61
갱부	2.20	1.30	59
잡역	1.20	0.70	58

자료: 박경식, 《朝鮮人强制連行の記錄》, 미래사, 1965, 36쪽에서 저자 재구성.

3. 재일 한국인 노동운동의 기초로서 친목부조 조직과 공제적 노동단체의 조직

재일 한국인사회의 운동과 '친목부조 조직'의 관계를 사료를 통하여 처음으로 밝힌 사람은 外村 大이다. 여기서는 그의 논문[19]을 바탕으로 이것을 기술해보기로 한다.

外村 大에 따르면, 재일 한국인사회의 조직과 운동은 한국인 飯場頭나 노동하숙주를 중심으로 조직된 소규모 친목부조 단체를 바탕으로 하고 있다는 것이다. 그렇다면 재일 한국인 운동의 한 부분인 노동운동도 역시 예외일 수 없으며, 그러한 소규모의 친목부조 조직을 바탕에 두고 있다고 볼 수 있다. 실제로 外村 大는 비록 고베市의 경우에 한정되어 있기는 하지만 친목부조 단체와 노동운동 사이의 관계에 대해서 언급하고 있다. 그는 이러한 관점을 바탕에 둠으로써 한국인 운동이 사회주의계 단체의 운동을 중심으로 전개되어 왔다는 종래의 시각에서 벗어나 재일 한국인의 사회운동을 총체적

19) 外村 大, 〈親睦扶助團體と在日朝鮮人運動〉, 재일조선인운동사연구회, 《在日朝鮮人史研究》, 제23호, 1993.9, 105～136쪽.

으로, 그리고 연속성을 가진 것으로 인식할 수 있다고 말한다.

1920년대부터 재일 한국인 인구가 급증하여 사회집단으로서 재일 한국인이 형성되고, 재일 한국인사회가 성립되어 간다. 바꾸어 말하면 한국인이 일본 사회 안에 개별적으로 분리되어 끼어들었다는 게 아니라, 즉 단지 인구만 증가해 갔다는 게 아니라 노동, 거주, 생활의 마당에서 일본인과는 구별되어 존재하는 한국인이 증가했음을 뜻한다.

1. 재일 한국인사회의 기초단위로서 상호부조적 소집단

당시 한국인 토공, 즉 토목건축 노동자는 주로 한국인이 경영하는 한바[飯場 : 합숙소][20]에서 생활하고 있었다. 外村 大는 1925년 시즈오카縣 오야마町의 富士紡공장의 지진 복구공사 등의 모습을 행정 당국의 조사보고서로 소개하고 있다.

이 공사 현장에서는 일본어를 아는 한바頭를 중심으로 20명 정도의 한국인이 독자적으로 노동과 거주의 장을 형성하고 있었다. 한국인은 일본인과 구별되는 하나의 한바(한국인 飯場頭가 경영하는)에서 함께 거주하고 있었다. 뿐만 아니라 일본어를 아는 한국인 飯場頭가 현장감독이기 때문에 노동현장에서도 함께 작업하고 있었다.

다음으로 시즈오카縣의 한 방적공장에 관한 보고서에 따르면, '世話係'라는 인물이 남자 7명, 여자 42명의 집단을 통솔하고 있다고 한다. 이 한국인

---

20) 한바[飯場]는 광산노동자나 토목공들의 합숙소로서 노동자들은 요금을 내고 여기서 먹고 자고 일을 한다. 이를 경영하는 자를 한바[飯場]의 오야가다[親方]라고 하는데, 이들은 광산, 토목공사나 일용인부의 청부업자이다. 한국인 노동자들은 대체로 한국인이 경영하는 한바에서 일을 했다. 1925년 아이치현의 조사에 따르면, 그들은 하숙하는 노동자들에게서 평균 1일에 70~80전을 받는다. 더욱이 하숙하는 노동자들은 반드시 오야가다의 지휘에 따라서 일하고, 오야가다에게서 노임을 받는다. 그때 오야가다는 일당의 약 15~20퍼센트를 구전으로 받는다. 한국인 노동자들은 일본어와 일본 사정을 잘 알지 못하기 때문에 고용주와 교섭을 할 수 없다. 따라서 한바의 오야가다는 노동자들에게는 필수 불가결한 존재임과 아울러, 중간 착취기관이기도 했다. 또한 한바는 공사의 진행과정에 따라서 또는 공사의 완료와 함께 자주 이동해 간다. 그 밖에 상세한 것은 본문을 참조하기 바란다.

世話係는 일본어를 잘 알기 때문에 회사와 한국인 노동자 사이에 끼어들어 일체의 업무를 바로 처리하는 인물이기 때문에, 世話係가 이동하면 다른 한국인 노동자도 함께 이동하는 경우가 많다고 한다. 따라서 방적공에서도 토공의 飯場頭에 해당되는 世話係를 중심으로 한국인 독자의 통합이 있었다고 볼 수 있다.

광부의 거주와 노무관리에서는 한국인뿐만 아니라 다른 사람들과도 통합하는 사례가 많이 보고되고 있지만, 佐賀탄갱과 같이 한국인 納屋頭[21]를 두고 있어서 오직 한국인만을 감독하도록 한 경우도 있다.

앞에서 서술한 것말고도 재일 한국인의 대표적인 직업으로서 도시의 날품팔이〔日雇〕 노동자나 공장노동자가 있다. 이 경우에도 노동현장에 통근하는 단신 노동자를 숙박시키는 한국인만의 노동하숙이 존재한다. 노동하숙이란 노동자용의 싼 하숙(조선인의 경우 판잣집도 많음)으로서 점차 일자리를 소개하는 구실도 맡았던 것이다. 취직자리나 주택이 확실치 않은 신규 도일자에게는 쉽게 들어갈 수 있는 편리한 존재였다.[22]

지금까지 살펴본 바와 같이 정주하지 않는 단신 노동자를 중심으로 도일자가 급증하기 시작한 1920년대에, 종사하고 있는 직종은 달라도 飯場頭나 노동하숙주라는 '오야가다 層'을 중심으로 거주했거나, 함께 노동함으로써 한국인 사이의 통합이 존재하고 있었다는 사실을 확인할 수 있다.

그리고 1930년대 뒤로 단신 노동자뿐만 아니라 가족을 이루어 정주하는 한국인이 눈에 띄게 증가하면서 일본인 사회와 구별되는 한국인의 생활 터전이 더욱 넓어져 이른바 '조선인 부락'이 형성되기에 이른다.

---

21) 納屋制度란 갱부들을 納屋(小屋)에 거주하게 하고, 納屋頭가 갱부의 일상생활의 관리에서 갱내노동의 지휘에 이르기까지 모든 일을 담당하고, 더욱이 갱부들을 인신적으로 예속시키고 또 폭력적으로 제압하는 반봉건적인 노동관계를 말한다. 中村政則 《勞動者と農民》(文庫版), 小學館, 1990, 145쪽. (ドナルド・スミス 〈1932年 麻生炭坑爭議における勞動者同士の團結と對立〉, 《在日朝鮮人史硏究》, 제25호, 1995.9, 40쪽에서 재인용)

22) 外村 大, 앞의 글, 107쪽.

따라서 지금까지 보아온 한바나 노동하숙 등 점(點)과 같은 재일 한국인의 터전이 일부에서는 점차 면(面)이 되어가면서 재일 한국인사회가 이루어졌던 것이다.[23)]

재일 한국인사회의 형성과 함께 1920년대와 1930년대에 일본 각 지역에서 수십 명 정도의 한국인 조직이 많이 생겨나는데, 대부분이 상호부조를 목적으로 하는 단체였다.

이러한 상호부조를 목적으로 한 조직이 떼 지어 생겨나던[簇生] 현상은 당시의 재일 한국인 노동자가 처한 상황을 생각하면 매우 마땅하다고 생각한다. 즉 당시 재일 한국인의 대부분은 노동재해나 질병시의 휴업에 대한 보장이 거의 없던 상태였고, 고용 또한 불안정했다. 그러한 상황에서 한국인 동료의 상호부조는 필연적인 것이었다. 따라서 앞서 기술한 내무성 사회국의 사료 등에서도 확인할 수 있지만, 상호부조 조직의 대부분은 질병에 대비한 돈의 적립에 따른 공제, 그리고 직업소개를 구체적인 사업으로 삼고 있었다.[24)]

外村 大는 飯場頭들의 연대조직으로서 비교적 규모가 크고 잘 알려진 상호부조단체의 예로서 시즈오카縣 오야마町의 朝鮮人勞動友和會를 들고 있다. 또 그는 '융화친목계'로 분류되는 단체나, 취지에 '내선융화'의 말이 들어있는 단체도 반드시 '반동단체'라고 치부할 수는 없다고 말한다.

오야가다[親方] 層을 중심으로 하는 상호부조적인 연대가 있고, 그것이 행정이나 자본가가 관여한 내선융화 단체로 통합되어 간 경우도 있었지만, 반대로 계급적·민족적 입장의 사회운동 단체로 되어 가는 경우도 있었다고 한다. 그것은 그러한 상호부조 조직이 이데올로기에 따라 통합되어 있었던 것은 아니라는 사실과, 소집단의 지도적 존재인 오야가다 층이 이중성을 가지고 있었다는 사실에서 말미암은 것이다.

---

23) 外村 大, 앞의 글, 108쪽.

24) 外村 大, 앞의 글, 109쪽.

오야가다 층의 이중성이란, 한편으로는 한국인 노동자의 중간착취자이면서도, 다른 한편 자신들의 수입을 보장받기 위해서 노동재해나 질병, 저임금이나 미불임금, 해고 등의 문제가 일어날 때 노동자를 보호하는 일까지 맡는다는 것을 뜻한다.

따라서 반복하지만 오야가다 層을 중심으로 하는 재일 한국인사회 안의 기초적인 단위라고 해야 할 상호부조적인 소집단은 사회운동에서도 중요한 조직이지만, 입장은 유동적이었다고 정리할 수 있다.[25)]

2. 친목부조 단체와 재일 한국인운동의 관계

外村 大는 친목부조 단체와 재일 한국인 운동의 관계를 고베市를 대상으로 사료를 통해 밝히고 있다. 그에 따르면, 전협(全協)의 조직은 조금 다르지만 1920년대 초에 친목부조 단체를 만들고 있었던 오야가다 층이 그뒤에도 재일본조선노동총동맹 산하의 神戸조선노동동맹회(1925년 3월에 설립)나 역시 그 산하 조직인 1929년의 兵庫縣조선노동조합(兵庫縣 朝勞)에 참가하고 있었다. 또한 그들이 1930년대에 만들어진 神戸합동소비조합(전협계)이나 神戸조선인소비조합, 그리고 여러 한국인의 연합 단체에 참가하고 있어서 운동은 계속성을 유지해 왔다고 한다.

그래서 분산되어 있었던 것처럼 보이는 1930년대의 동향도 2개의 소비조합과 그 산하에 또는 그 외부에 있는 상호부조 조직을 포함하여 크게 보면 연결되어 있었다고 할 수 있다. 그것은 중앙집권적으로 상부 단체가 하부 조직을 통제적으로 움직이게 하는 단일 조직은 아니었지만 여러 집단이 느슨한 네트워크를 형성하고 있었다고 볼 수 있다. 따라서 1930년대의 그러한 총체로서 총괄된 운동은 모두 재일 한국인 자신의 생활 문제에 대처해 간다는 점에서 일관적이라고 할 수 있다.[26)]

---

25) 外村 大, 앞의 글, 112쪽.

이상을 정리하면 이 시기의 재일 한국인 운동은 생활을 지키기 위한 상호부조적인 조직이 바탕이 되고 그것이 재일 한국인사회 안에서 여러 방면으로 연대하여 전개되어 온 것임을 알 수 있다. 그 가운데서 때로는 일부 단체가 일본의 사회주의운동과 교류한다든지 그 강력한 영향 아래 두어지기도 했지만 그것이 전부는 아니었다. 특히 1930년대에 일본공산당의 운동이 민족을 초월한 국제 프롤레타리아트로서 한국인 노동자를 조직하는 것을 명분으로 삼았지만, 재일 한국인 운동 총체의 동향을 보면 여전히 한국인 노동자의 사회적 결합이 바탕이 되어 운동이 전개되고 있는 요소가 컸다고 볼 수 있다.[27)]

外村 大의 논지는, 비록 더 많은 사료에 기대어 검증되어야 하겠지만, 그동안 누구도 생각지 못했던 점에 착안한 탁견이라고 생각한다. 이러 시각은 고베市뿐만 아니라 재일 한국인이 거주했던 모든 지역에도 적용될 수 있으며, 또한 1930년대 곳곳에서 일어난 재일 한국인의 소비조합운동이나 그 밖의 생활을 지키려는 운동을 정당하게 설명할 수 있다고 생각한다.

비록 재일 한국인 운동이 일반적으로 오야가다 層이 중심이 된 상호부조적 소집단에 바탕을 두고 있다고 하더라도, 모든 노동조직이 이것에 기대어 조직되었던 것은 아니다.

재일본조선노동총동맹 이후의 노동운동에 대해서는 뒤에 자세히 서술하겠지만, 다음에는 재일본조선노동총동맹 이전의 계몽적·공제적 성격의 주요 노동단체들에 관해서 간단히 살펴보기로 한다.

3. 재일본조선노동총동맹 이전의 주요 공제적 노동단체

내무성 경보국의 자료[28)]에 나와 있는 주요 노동단체는 다음과 같다.

---

26) 外村 大, 앞의 글, 118쪽.
27) 外村 大, 앞의 글, 118～119쪽.
28) 內務省 警保局, 〈朝鮮人概況〉, 朴慶植, 앞의 책, 92～94쪽 및 139～140쪽.

가. 조선인저금회

1919년 8월 당시 大阪府 東成郡 城東村 大字鶴野에 거주하고 있던 박경도가 발기한 모임이다. 본 모임은 한국인 노동자를 회원으로 하여 매월 1일 및 15일에 50전씩 공동저금을 하고, 저금의 일부를 떼어 내어 회원의 질병·사망 그 밖의 경우에 구제할 목적으로 설립되었다. 박경도는 한국인을 상대로 하숙업을 경영하고 있는 사람이다. 그뒤에 회장 박경도가 歸鮮하게 되어 1920년 5월 1일 해산하고, 박경도에게서 하숙업을 인계한 이치문이 다시 일으켜 구조비를 증액하고, 해고자의 구제에도 유의하게 되었다.

나. 선인노동민우회

1920년 1월 아이치縣 아이치郡 御器所村 大字御器所에 거주하는 한국인 한광수가 발기한 모임이다. 본 모임은 그 지역에 거주하는 한국인 사이에 상호친목을 도모하고, 일치 협력하여 근면저축을 장려하며 특히 지식보급에 노력하여 인격향상을 도모하는 것을 목적으로 하였다. 본부는 아이치縣 나고야市에 두며, 그뒤로는 간사이 곳곳에 지부를 설치하도록 계획하고 있었다. 경찰은 한광수와 고문 장봉수가 모두 甲號 요시찰 인물로 격렬한 배일사상을 가진 자라고 보았다.

다. 京都조선인노동공제회

1920년 5월 15일 한국인 노동자 배용성을 비롯하여 2명이 발기하여 설립하였다. 본모임은 교토에 거주하는 한국인 노동자의 친목을 도모하고, 환난을 서로 도우며, 나아가서 저축의 장려 및 지식의 계발을 목적으로 조직되었다. 회장은 京都帝大 대학생 이순탁이며 부회장은 노동자 배용성으로, 대학생과 노동자의 연합조직이라는 특징이 있다.

사업으로는 환난구제, 직업소개, 교육, 그 밖의 노동 상황 조사 등을 하는 것으로 되어 있었다. 회원은 30명 정도였다.

라. 조선노동제진회

1920년 5월 20일 고베市 筒井町에 거주하는 인삼 행상업을 하는 김영달의 발기와 關西학원 중학부 생도 나추건, 神戶高商 학생 김의용, 川崎 조선소직공 정세관, 하숙업자 이의승의 찬동을 얻어 조직되었다. 본 모임의 목적은 고베市에 거류하는 한국 학생 및 한국인 노동자 사이의 상호연락, 구제 및 생활의 향상을 도모하는 데 있었고, 그것을 위하여 지식의 계발, 품성의 향상, 위생의 장려, 직업소개, 회보 또는 지방선전, 저축장려, 환난구제, 노동상황 조사·연구 등의 사업을 하였다. 회장은 김영달이며, 조직 당시의 회원은 약 70명이었다.

마. 東京노동동지회

1917년 1월 23일, 홍승로가 중심이 되어 재경(在京) 한국인 노동자의 상호친목을 도모함과 지식의 계발, 인격의 수양 등을 목적으로 조직되었으나 활동은 그다지 활발하지 못하였다. 본 모임의 성격이 사실상 고학생동우회로 바뀌는 경향이 있었다.

바. 東京조선노동동맹회

노동자의 구제 및 인격향상을 목적으로 1922년 11월에 창립되었다. 사무소는 市外淀橋町角筈 725에 두었으며, 총회원수는 60명이었다. 간부는 이헌, 최갑춘, 백무, 손봉원, 이옥, 유진걸, 김천해, 강대계 등으로 대부분 뒤에 조직되는 재일본조선노동총동맹에서 주도적인 구실을 하는 인물들이었다. 《노동동맹》이라는 기관지를 발행하였다. 또한 백무, 이헌 등은 1923년 6월에 재일본조선무산청년회를 설립하였다.

사. 大阪조선인노동동맹회29)

1922년 12월 1일에 창립되었다. 그 강령은 다음과 같다.

---

29) 野村名屋, 〈朝鮮勞動同盟會について〉, 《在日朝鮮人史研究》 제5호, 1979.12, 74~80쪽에 따름.

① 우리들은 결속의 위력에 따라 계급투쟁의 승리를 획득함으로써 노동자계급의 생존권 확립을 도모한다.
② 우리들은 우리의 膏骨을 착취하는 자본제도를 타파하고, 생산자를 본위로 하는 신사회의 건설을 도모한다.

집행위원회 간부로는 위원장 송장복, 서기 김연석, 회계 김열봉, 집행위원 지건홍, 최태열, 홍우서, 양반석, 윤해초, 장달규, 김공해 등이 선출되었다.

東京조선노동동맹회와 大阪조선인노동동맹회는 모두 노동자계급의 해방을 주장하고 있다는 점에서 그 밖의 공제적 노동단체와는 그 성격이 매우 다르다. 그러나 그 사업에는 상호부조[患難相救], 직업소개, 노동자의 구제 등 공제적·복리적 기능까지 포함되어 있어서 공제적 성격도 다분히 가지고 있다고 볼 수 있다. 이 두 노동단체가 1925년 재일본조선노동총동맹의 창립에 핵심적인 구실을 한다.

4. 민족해방 및 계급해방운동의 통일체로서 재일본조선노동총동맹

여기서 통일체라고 하는 것은 재일본조선노동총동맹이 민족해방과 계급해방을 동시적·통일적으로 추구하는 운동단체라는 것과 재일 한국인 노동운동의 전국적 통일조직이라는 것 등 두 가지 뜻을 함께 담고 있다.

1. 재일본조선노동총동맹의 창립

재일본조선노동총동맹(이하 재일조선노총이라 함)은 一月會系[30]가 주축이 된 재일 한국인 노동운동의 전국적 통일조직으로서 1925년 2월 22일에

30) 北星會를 발전적으로 해소하여 만든 공산주의계 단체로서 1925년 1월에 창립되었기 때문에 一月會라고 부른다. 李如星, 安光泉 등이 주축이 되어 만든 조직으로 강령은 다음과 같다. ① 대중 본위의 신사회 실현을 도모한다. ② 모든 압박과 착취에 대하여 계급, 성, 민족을 불문하고 민중과 함께 조직적으로 투쟁한다. ③ 엄정한 이론을 천명하여 민중운동에 供資한다.

창립되었다.

재일조선노총은 단체가입이라는 원칙 아래 12개 단체 800여 명으로 출발한다. 12개 단체는 도쿄의 경우 東京조선노동공생회, 東京조선노동동맹회, 조선인노동동지회, 간사이 지방의 경우 神戸조선노동동맹회, 京都조선노동동맹회, 그리고 오사카의 경우 大阪조선노동자동맹회, 堺조선노동동지회, 西成조선노동동맹회, 大阪공제회, 今福조선노동조합, 鶴町조선노동조합, 城東조선노동동맹회로서 도쿄, 오사카, 간사이의 노동단체들로 조직되어 있음을 알 수 있다.

창립 당시 채택된 강령과 주장은 다음과 같다.[31)]

강령

① 우리는 단결의 위력과 상호부조의 조직으로 경제적 평등과 지식계발을 도모한다.

② 우리는 단호한 용기와 유효한 전술로 자본가계급의 억압과 박해에 대해서 철저히 투쟁할 것을 도모한다.

③ 우리는 노동자계급과 자본가계급이 양립할 수 없다고 확신하고 노동조합의 실력으로 노동자계급의 완전한 해방과 자유, 평등의 신사회 건설을 도모한다.

주장

① 8시간 노동과 1주간 48시간제

② 최저임금의 설정

③ 악법의 철폐

④ 메이데이의 일치적 휴업

⑤ 경제적 행동의 일치적 협력

---

31) 金仁德, 外村 大 譯, 〈在日朝鮮勞動總同盟についての一考察〉, 《在日朝鮮人史研究》 제26호, 1996.9, 76~77쪽.

2. 재일조선노총 조직의 발전

1925년 2월에 결성된 노총은 점차 조직을 확대해갔지만, 1925년 및 1926의 방침은 추상적인 수준에 머물렀고, 한국인의 쟁의 건수·참가인원수도 별로 많지 않았기 때문에 주로 그 활동은 상부에서 이끄는 조직화에 머물러 있었다고 본다.[32] 따라서 재일조선노총은 1926년까지는 조직화에 주력했다. 그리하여 1926년 10월 말에는 앞서 가맹단체 25개 조합, 그 인원 9천여 명에 달할 정도로 왕성하게 일어나게 된다.[33]

재일조선노총 조직의 발전은 지역적으로 발전하는 경향이 있었고, 주로 도시를 중심으로 진전되었다. 즉 1926년 1월에는 간사이 지방을 중심으로 하는 오사카, 교토 및 효고의 각 府縣의 노동단체를 통일시키는 關西조선노동연합회가 조직되고, 또 그해 3월에는 간토 지방을 중심으로 도쿄, 가나가와 및 야마나시 각 府縣의 노동단체를 통일하는 關東조선노동연합회가 성립되었다.[34]

關東조선노동연합회에는 도쿄 방면으로는 조선노동동맹회, 關東조선노동일심회, 東京조선노동공생회, 조선합동노동조합 및 같은 지부, 東京조선노동조합, 東京赤星노동조합, 조선노동회, 東興노동동맹회, 朝鮮적위노동동맹회가 포함되고, 가나가와 방면으로는 山梨縣조선노동조합이 포함되었다. 또한 關西조선노동연합회에는 오사카 방면으로는 堺조선노동동지회, 大阪조선노동동맹회, 在大阪조선노동조합, 鶴町조선노동조합, 泉尾조선노동조합, 今福조선노동조합, 大阪西成조선노동동맹, 大阪浪速조선노동조합, 大阪天王寺조선노동조합, 조선노동연주회가 포함되어 있고, 교토 방면으로는 일본조선총동맹 京都동맹회, 그리고 효고 방면으로는 神戶조선노동동맹회가 포함되었다.[35]

---

32) 外村 大, 〈在日朝鮮勞動總同盟に關する一考察〉, 《在日朝鮮人史研究》 제18호, 1988. 10, 50쪽.
33) 內務省 警保局, 〈大正15年中ニ於ケル在留朝鮮人の狀況〉, 朴慶植 編, 앞의 책, 제1권, 217쪽.
34) 같은 책, 217쪽.

1926년 시기에 재일조선노총은 4대운동인 3·1운동 기념투쟁, 메이데이 투쟁, 관동대지진 조선인학살 추도회, 국치일 기념투쟁을 이끌었다.[36]

3. 민족해방운동과 계급해방운동의 통일

재일 한국인 노동자들은 당시 민족모순과 계급모순이라는 이중의 질곡 속에 놓여 있었다. 한편으로는 식민지 노동자로서 더욱이 일본 사회 안에서 일제 당국과 일본인들의 온갖 억압과 민족차별 속에서, 다른 한편으로는 잉여가치를 극대화하려는 일본 자본의 격심한 착취 속에서 생계를 유지해 나가지 않으면 안 되었다.

더욱이 일본 경제의 1920년대의 불황과 세계 대공황 속으로 빠져들었던 1930년대의 대불황 속에서, 조선에 대한 일제의 가혹한 식민지 수탈정책으로 농민들이 전 계급적으로 몰락했고, 이들이 대량으로 도일하자 일본에서 노동력이 엄청나게 불어났으며 재일 한국인 노동자들에게 주어진 것은 실업과 빈곤 그리고 기아와 차별뿐이었다. 그들은 그 원인이 일제와 식민지 조선 사이의 민족모순과, 자본가와 노동자 사이의 계급모순에서 말미암았다는 것을 경험을 거쳐 알게 되었고, 또는 지식인 엘리트를 중심으로 자각하게 되었다.

따라서 이러한 질곡을 벗어나는 길로서 민족해방과 계급해방이라는 것을 인식하지 않을 수 없었다. 따라서 재일조선노총이 궁극적으로 목표로 한 것은 민족해방과 계급해방이었다. 민족해방과 계급해방은 민족해방이냐 계급해방이냐, 또는 어느 것이 먼저냐 식의 대립적인 개념이 아니라 양자는 마치 동전의 앞뒤와 같이 통일되어 있고, 일체화되어 있는 개념이었다. 한국이 제국주의 국가가 될 만한 능력을 갖추지 못한 상황에서는 오직 혁명을 거쳐 사

35) 같은 책, 216쪽. 표 참조

36) 金仁德, 〈식민지시대 재일 조선인운동 연구〉, 국학자료원, 1996, 84~85쪽.

회주의 정권을 수립하는 것이 민족해방의 길이었다. 이러한 상황을 더욱 부추긴 것이 1917년 러시아혁명의 성공이었다.

재일조선노총의 강령에 이러한 목표가 뚜렷이 드러나 있는 것은 아니다. 강령 ③ 항에서 "우리는 노동자계급과 자본가계급이 양립할 수 없다고 확신하고 노동조합의 실력으로 노동자계급의 완전한 해방과 자유, 평등의 신사회 건설을 도모한다"고 하여 사회주의 정권수립을 목표로 한다는 것을 우회적으로 보여주고 있다. 그러나 민족 문제에 대해서는 언급이 없다. 계급문제에 대해 은유적이고도 부드럽게 표현한 것이나, 민족 문제에 대하여 언급을 하지 않은 것은 일본 좌파세력과 연대하는 문제와 일본 관헌의 노골적인 탄압을 피하는 문제 등 이 두 가지를 고려했기 때문이라고 본다. 다시 말해 민족 문제를 부각시키는 것은 일본 좌파세력이나 노동자계급과 연대하는 데 지장을 줄 뿐만 아니라, 일본 관헌의 노골적인 탄압을 받을 우려가 있었던 것이다. 또한 계급문제를 너무 노골적으로 표현하면 그것 또한 일본 관헌의 집중적인 탄압의 대상이 될 것이 뻔했다. 그리고 재일조선노총이 정권획득을 위한 정당이 아니라 노동운동 조직이라는 점도 그러한 표현에 영향을 미쳤을 것이다.

그러나 재일조선노총은 그 조직의 핵심 분자들이나 조직계통으로 보아 공산주의계이고, 그 강령 속에 노동자계급의 해방을 주장하고 있는 점으로 보아 노동자계급의 해방을 운동의 목표로 하고 있다는 점은 의심할 나위가 없다.

재일조선노총이 강령에서나 실천에서나 민족해방을 부각시킨 것은 제3차 대회가 개최되었던 1927년부터다. 우선 제3차 대회의 강령과 당면 투쟁조건을 보면 다음과 같다.[37]

---

37) 〈在日本朝鮮勞動總同盟 第3回 大會 宣言·綱領·規約〉(1927. 4.20), 《在日朝鮮人史研究》, 創刊號, 1977.12, 98~99쪽.

강령

① 본 동맹은 조선 무산계급의 지도적 정신에 따라서 정치적 투쟁을 전개하고, 민족적 해방을 도모한다.
② 본 동맹은 일본 곳곳에 산재해 있는 미조직 조선 노동 대중의 조직화를 도모한다.
③ 본 동맹은 일본 무산계급과 국제적 단결을 도모한다.

당면 투쟁조건(요약)

① 조선 민족의 전체적 이익을 대표하는 전 민족적 단일당의 수립과 그것을 위한 신간회의 적극적 지지.
② 일본 유일의 무산계급정당인 노동당의 정치적 지도의 승인과 그것에 대한 적극적 지지
③ 치안유지법 등 일체의 폭압 법령의 철폐
④ 일본의 보통선거의 철저와 언론, 출판, 집회의 자유
⑤ 도일 조선 노동자의 도항의 자유
⑥ 東拓 및 不二興業會社의 이민 반대
⑦ 단결권, 파업권, 단체계약권의 확립
⑧ 최저임금제의 실시와 8시간 노동제의 확립
⑨ 조선 노동자 및 청소년 남녀에 대한 민족적 학대와 혹사의 근절
⑩ 冤罪 및 부당구속에 대한 배상요구
⑪ 여성, 백정 및 奴僕에 대한 차별철폐
⑫ 조선 무산 대중에 대한 무산계급적 정치투쟁의 교육 및 훈련의 실시

재일조선노총은 민족해방이라는 목표를 강령에서 분명히 내세우고 그 실천적 당면과제까지 제시하고 있다. 당면과제 가운데 매우 중요한 것으로서, 한국 민족 단일당의 건설을 내세우면서 일본 무산계급 정당과 연대하는 일도 강조하고 있다.

그리고 선언에서는 "우리의 대다수는 자유노동자이기 때문에 그 조합의 형태는 직업별·산업별 기준으로 구성할 수 없었다. 그뿐만 아니다. 우리의 대다수는 언어의 불통, 감정의 불일치, 습관의 다름, 지식의 부족, 그 밖의 여러 조건으로 사실상 일본노동조합에 직접 참가할 수 없는 과도기에 있다"[38]고 하여 한국인 독자적인 노동조합의 필요성을 강력하게 주장하고 있다.

이러한 민족 문제의 부각은 1927년 초의 '방향전환론'에서 출발하여 4월의 제3차 대회에서 방향성을 설정하고, 그해 여름의 '조선총독폭압정치 반대운동'에서 구체적 실천운동으로 나타나게 된다. 그 반대운동은 한국 안에서 사립학교 폐쇄와 일본인의 한국인 학대 등 민족적인 억압적·폭력적 통치를 고발하는 데서 출발하여, 조선공산당의 공판 개시와도 관련해서 일본의 한국 지배를 비판하는 운동이었다.

그 운동형태는 주로 노총 산하의 각지의 조선노동조합(그해 노총 제3차 대회에서 1부현에 1조합을 두도록 하고, 그 밑에 지부와 반을 두기로 함)이나 그 지부의 주최로 연설회를 개최하는 것이다.[39]

이 운동을 통해서 재일조선노총이 얻은 효과에 대해서 外村 大는 노총이 비로소 통합된 정치 세력으로 등장했다는 점, 노총의 영향력을 확대시키고 민족적 감정에 호소함으로써 노총의 조직적 발전을 촉진시켰다는 점, 조일(朝日) 연대의 차원에서도 새로운 단계를 열었다는 점(일본인의 운동 참가, 신간회 각 지회 및 노농당지부 후원이라는 운동형태, 교토에서는 朝勞 등 한국인 단체와 일본인 좌파 무산단체가 주축이 된 '폭압대책협의회'의 결성과 활동 등), 한국 안의 상황에 대한 참여와 한국 안 사회운동과 연대가 있었다는 점 등을 들고 있다.[40]

그러나 이 운동은 노총을 질적·양적으로 발전시킨 반면, 정치 편중의 경

---

38) 같은 책, 97쪽.

39) 外村 大, 〈在日本朝鮮勞動總同盟に關すろ一考察〉, 《在日朝鮮人史研究》 제18호, 1988.10, 51쪽.

40) 같은 글, 51~52쪽 참조

향을 가져와 운동을 대중과 유리시키는 나쁜 영향도 미쳤다. 특히 1928년 초에 三總(조선노동총동맹, 농민총동맹, 청년총동맹)의 활동 금지조처를 풀어달라고 요구하는 三總해금운동이 계획되고 이를 위한 三總해금동맹이 조직되는 등 정치과제가 더욱 고도화되면서 그러한 위험성은 더더욱 뚜렷하게 나타났다.

이러한 상황 아래에서 재일조선노총은 1928년 1월에서 5월 사이에 각 지부·朝勞·노총대회[41]를 거쳐 '일상적인 경제투쟁'을 경시하는 태도에 대해 자기비판을 가함으로써 이와 같은 결점을 극복하면서 더더욱 발전해 갔던 것이다. 그 결과 많은 대중을 획득하여 지부 등의 신설이 이어졌다. 규슈, 니가타, 도야마 등에서도 朝勞의 결성 준비가 진행되고 있었다.

따라서 1928년 들어서서 재일조선노총은 지부·반을 통한 정치적 주장을 선전하고 쟁의를 수행하며 노동자를 조직할 역량을 갖게 되었다고 볼 수 있다. 즉 그때까지의 운동이 위에서 이끄는 조직화이거나 연설회에 동원하는 식의 단순한 형태였는데, 점차 계획적으로 각 지부, 반과 같이 밑에서 운동을 조직하는 쪽으로 변해갔던 것이다.[42]

각 府縣의 조선노동조합과 지부·반은 비록 분산적이기는 했지만 중소 공장이나 토목공사 현장에서 해고수당, 노재·산재보상, 체불임금의 지불이라는 요구와 쟁의를 이끌고 있었다. 뿐만 아니라 민족해방이라는 정치적 과제에 관한 투쟁도 활발하게 펼쳐졌다. 재일조선노총은 1928년에 조선 안의 탄압과 간도공산당 사건에 대한 항의, 병합기념, 관동대지진기념일 운동 등 일본의 조선 지배 총체를 공격하는 정치운동을 대대적으로 펼쳐나갔다.

---

41) 金仁德, 《식민지시대 재일 조선인운동연구》, 127쪽. 재일조선노총은 제3차 정기대회 이후 각지에 분산적으로 조직된 조합을 정리·통합하려는 목적으로 '1부현1조합' 원칙을 수립했다. 그리하여 최고기관으로 在日本朝鮮勞動總同盟 중앙(도쿄에 둠)이 있고, 각 府縣에 組合(여기서 朝勞란 바로 이것을 가리킴)이 있고, 그 밑에 지부를 설치했다. 그리고 지부를 편의에 따라서 반으로 나누었다. 그리고 관동, 관서로 나누어 연합회를 개최했으며 이것을 규슈, 시코쿠, 간사이, 간토, 홋카이도로 나누어 지방별 협의회를 열었다. 즉 반→지부→조합→(협의회)→총동맹의 체계를 확립했다.

42) 外村 大, 〈在日朝鮮勞動總同盟に關する一考察〉, 《在日朝鮮人史硏究》 第18號, 1988.10, 52~53쪽

이와 같이 재일조선노총은 경제투쟁과 정치투쟁의 통일, 양자의 적절한 혼합전술을 구사했던 것이다. 일상생활과 관련해서 밑에서 조직한 경제투쟁은 조직의 강화와 확대를 일구어내는 데 필수적이었다. 왜냐하면 그것을 통해서 노동자들은 노동조합이 자기들의 이익을 위해서 존재한다는 의식을 갖게 되었고, 노동조합의 필요성을 인식하게 되어 노동자들을 노동조합으로 끌어올 수 있었기 때문이다.

그렇다고 해서 일상의 경제투쟁에만 집착하면, 노동자들이 물질적인 이익에 빠져들어 식민지 노동자로서 민족해방과 계급해방, 노동자들의 시민권과 노동권의 수호와 같은 더욱 큰 목표를 달성할 수 없게 된다. 따라서 노동운동이 성공할 수 있기 위해서는 정치투쟁과 경제투쟁의 통일, 양자의 적절한 조화가 매우 중요하다.

이와 같이 1927년의 활동을 계승하여 1928년 봄부터 여름까지 재일 한국인 노동자의 이익이라는 관점에서 출발하여 일상적인 경제투쟁, 민족독립운동, 일본 사회운동에 참가하게 되는 국면에서, 조직적·계획적으로 지부, 반 단위와 같이 아래에서 조직하는 운동이 시작되어 재일조선노총은 매우 강력한 전투성을 띠게 되었다.[43]

재일조선노총은 조직과 운동의 발전으로 1927년 4월에는 3만 312명의 동맹원을 가지게 되었다.[44] 1928년 5월 13일과 14일 이틀에 걸쳐 재일조선노총은 제4차 대회를 열었다. 이 대회에서는 재일본조선노동총동맹이 노동자의 이익을 옹호하고 일상의 경제투쟁에 중심을 두며, 미조직 한국인 노동자 대중을 조직하는 일에 결사적으로 노력하여 조직노동자의 산업별 조직화에 힘쓸 것을 결의하였다. 그러나 이때는 바로 실현되지 않았고, '1산업1조합주의'는 그 다음 단계에서 실현되었던 것이다.[45]

---

43) 같은 글, 54~55쪽.

44) 金仁德, 外村 大 譯, 〈在日本朝鮮勞動總同盟についての一考察〉, 《在日朝鮮人史硏究》 第26號, 1996.9, 81쪽.

1928년에는 일본 관헌의 주도로 재일조선노총에 대한 대탄압이 시작되었다. 그 결과 순조롭게 발전하던 재일조선노총은 활동을 거의 중단하지 않을 수 없게 되었다. 우선 관헌 자료는 8월 29일에 탄압이 시작된 것으로 기술하고 있지만 실상은 그렇지 않았다. 그해 4월 21일에는 노총을 비롯한 재일 한국인 단체의 가택을 수색하여 간부를 검속하는 사건이 있었는데, 이 시기부터 조선공산당 일본총국의 파악을 목적으로 삼고 있었다고 보며, 또 노총의 급성장에 대하여 관헌이 공포감을 가지고 있었다는 사실을 관헌 자신이 솔직하게 털어놓기도 했다.[46]

1928년 8월에서 11월까지 이른바 '御大典'(천황즉위식, 그해 11월 10일)을 계기로 곳곳에서 재일조선노총 간부를 비롯한 수많은 한국인이 검속된다. 이러한 탄압은 그뒤에도 매년 계속되었는데도, 재일본조선노동총동맹 활동가들은 꾸준히 조직을 재건하고 활동을 부흥시켜 다수의 노동자를 획득해 갔던 것이다.

1929년 6월, 재일조선노총의 조직을 보면 東京조선노동조합(12지부), 神奈川(4지부), 大阪(11지부), 京都(4지부), 兵庫·神戶(4지부), 富山(3지부), 中部, 三多摩, 新潟, 北陸조선노동조합(2지부)이 있었고, 名古屋, 群馬, 宮城, 廣島, 北海道, 四國에서는 조직을 준비하고 있었다. 계속해서 9월에는 長野, 宮城, 廣島, 福島, 北海道, 四國에 지부설립 준비가 이어졌다. 이러한 재일조선노총의 조직 가운데 주로 도시 중심의 한국인 노동자, 특히 자유노동자의 조직율이 높았다.[47] 예비 검속된 간부 가운데서 조선공산당 일본총국 관계자로 기소된 자를 제외하고는, 나머지가 조합에 복귀했기 때문에 활동이 활발해졌

45) 外村 大, 앞의 글, 84쪽.

46) 外村 大, 〈在日本朝鮮勞動總同盟に關する一考察〉, 55쪽.

47) 金仁德, 〈식민지시대 재일 조선인운동 연구〉, 240~241쪽. 1929년 6월 재일조선노총의 조직원은 근우회 동경지회 제3차 총회 의안에는 3만 5천717명이었으며(경찰 자료는 2만 3천500명으로 추산, 1925년 10월에 1천220명, 1926년에 10월 9천900명), 그리고 제3차 재일조선노총대회 중앙위원회 보고에서는 3만 312명이었다. 또한 일본경찰의 1928년 4월 통계는 2만 6천114명이었다(241쪽, 주15).

던 것이다. 이 무렵 청부제 철폐, 자유노동자상해보상법 획득, 부인·청소년 노동자의 보호, 실업수당 획득 등에 관한 경제투쟁을 강화해 쟁의가 많이 일어났었다. 그러나 탄압으로 말미암아 전국적 연락을 통한 정치투쟁은 그다지 활발하지 못했다.

재일 한국인 노동운동의 전국적 통일체인 재일조선노총은 1928년 3월부터 4월 사이에 모스크바에서 열렸던 프로핀테른 제4차 대회의 결정에 따라 일본노동조합으로 통합·매몰된다. 또한 조선공산당 일본총국은 코민테른 '12월테제'(1928년)의 '1국1당주의' 원칙에 따라 해산된다.

재일조선노총은 1929년 12월 14일 오사카市 西成區에서 열린 전국대표자회의 및 확대중앙위원회에서 다음과 같은 사항을 결정했다.

① 노총은 '전협[48]'에 가맹한다.
② 1산업1조합주의 원칙에 따라 산업별 조합을 조직하고 그것을 규합하여 '전협'의 지도에 따라 노총을 재조직하고 현 조합은 투쟁과정에서 점차 산업별 조직으로 변경한다.
③ 선언, 강령, 투쟁방침은 회의의 수정의견을 참조하여 상임위원회에서 작성한다.[49]

재일조선노총은 원래 일본노동조합평의회로 통합하기로 방침이 결정되었으나 평의회가 일본 당국으로부터 해산명령을 받았기 때문에, 통합이 즉각 실시되지 못하다가 전협 시기에 이르러 시행되었다. 결국 재일조선노총은 1930년대 전반기에 해체되어 전협으로 통합된다.

---

48) 全協(일본노동조합전국협의회-저자)은 1928년 12월 23일 동경본소 공회당에서 평의회의 후계조직으로 일본공산당의 지도 아래 결성되었다. 이 단체는 일본노동운동에서 가장 전투적인 조직으로 1936년까지 일본에서 혁명적 노동운동을 이끌었다. 국제연대를 강조하여 산업별 조직원칙에 따라 조직 확대와 강화를 도모했다. (金仁德, 〈식민지시대 재일 조선인운동연구〉 272쪽, 주95 참고.)

49) 朴慶植 編, 앞의 자료집성, 제2권 1, 123쪽.

5. 민족운동의 계급운동으로 해소와 한국인 생활옹호운동의 전개

1. 민족운동의 계급운동으로 해소와 그 문제점

재일 한국인의 독자적·통일적 노동운동단체인 재일조선노총은 앞에서 서술한 바와 같이 국제공산주의 운동의 1국1당주의, 나아가서는 1국1조합주의 원칙에 따라 해체되어, 일본의 좌익노동운동단체인 전협으로 통합된다. 이것은 물론 강력한 자본가계급에 대항하기 위해서는 노동자계급은 하나로 단결해야 한다는 계급주의적·국제주의적 원칙의 관철이다. 이 원칙을 따르게 되면, 민족운동과 계급운동의 통일적 운동은 불가능하게 되고, 민족운동은 계급운동으로 매몰·해소되어 사라지고 만다.

민족별 조합조직, 산업별이 아닌 합동노동조합의 형태로는 '금일과 같이 계급대립이 급박한 정세에서는 강력한 투쟁이 불가능함은 물론이고, 일체의 투쟁은 노동자계급의 사령부, 당의 지도 아래서만 강력하고 유효한 투쟁과 승리가 약속된다'는 것이었다.[50)]

그러나 이 원칙은 이론적으로는 그럴듯해 보이지만 실제로는 많은 문제점을 갖고 있었다. 해소를 진행시킨 쪽의 문장을 읽어 보면, 그것은 한국 안의 운동과 재일 한국인 노동자의 운동을 단절시켜 생각했기 때문에 민족적 과제를 실천하는 것을 어렵게 만들었고, 경제투쟁과 관련해서 보면 공장에 바탕을 둔 산업별 노조건립은 그 당시만 하더라도 비현실적이었다. 이 방침이 기본적으로 국제공산주의운동의 권위에 따라 강요되었다는 것은 의심할 나위가 없다.[51)]

이와 같이 재일조선노총이 전협으로 해소·통합되어 버리면서, 민족해방과 같은 한국 민족 지상의 과제는 해결할 수 없게 되었고, 한국 안의 각종 사

50) 堀內 稔, 〈兵庫縣における朝鮮人勞動運動〉, 《在日朝鮮人史硏究》 第19號, 1989.10, 33쪽.
51) 外村 大, 〈在日朝鮮勞動總同盟に關する一考察〉, 59쪽.

회운동과 연대하는 일도 불가능하게 되었다. 뿐만 아니라 일본 안에서 일본인들의 갖가지 차별에서 말미암은 재일 한국인 노동자들의 실업, 빈곤, 의료난, 주거난, 교육난 등으로부터도 한국인의 생활을 지켜낼 길이 없게 되었다. 또한 일본인 노동자들까지 포함한 일본인들의 각종 차별과 멸시 속에서 한일 노동자가 동일한 계급의식으로 뭉쳐 자본가계급에게 대항한다는 것은 매우 어려운 일이었다. 이것은 한국인 노동자와 일본인 노동자 사이에 일어난 수많은 충돌쟁투사건이나 한국인 노동자가 쟁의를 할 때 많은 경우 일본인 노동자들이 협력하지 않은 사실에서도 증명된다.

또한 조직 면에서 보더라도 한국인 노동자들 가운데는 이동이 심한 자유노동자가 많았기 때문에 조직은 노동현장과 연계된 지역별 조직이 더욱 효과적이었다. 그리고 外村 大가 지적하는 바와 같이, 대공장에 바탕을 둔 산업별 조직은 많은 한국인 노동자를 배제시킬 가능성이 컸다. 왜냐하면 한국인 노동자들은 공장노동자일 경우에도 대부분 대공장이 아니라 중소 영세공장에 취업하고 있었기 때문이다. 그리고 한국인 노동자들은 한국인이 경영하는 한바[飯場]나 노동하숙, 또는 한 걸음 더 나아가서 대도시 변두리에 '조선인 부락'을 이루어 집단거주를 하고 있었기 때문에 지역별 조직이 더욱 효과적일 수밖에 없었다.

민족운동을 계급운동으로 매몰·해소시켜 버리는 이러한 방침의 비현실성 때문에 많은 재일 한국인 노동자들은 전협에 가담하지 않고 다른 운동방식을 모색하게 된다. 조선노총에 참가한 한국인 모두가 이들 전협계 조합으로 재조직된 것은 아니었으며, 재조직된 것은 오히려 소수였다.[52] 이것은 물론 효고縣에 관해서 말한 것이지만, 이는 전국적인 현상이기도 했다.

사실 1929년 당시의 조선노총 가맹원 2만 3천530명 가운데서 1930년 5월까지 전협으로 재조직된 것은 겨우 2천650명, 1931년 1월말 4천296명, 1932

---

52) 《東播大衆新聞》, 1929년 9월 1일자. (高木 伸夫, 〈滿洲事變前後の勞動運動と在日朝鮮人勞動者〉, 《在日朝鮮人史硏究》 第23號, 1993.9, 38쪽에서 재인용)

년 말 4천862명(그 밖에 전협실업동맹원 2천930명)으로 되어 있다.[53]

재일조선노총이 전협으로 재조직되는 것이 거의 완료된 1932년 말에도, 전협으로 재조직된 인원은 전체 재일조선노총원 가운데 5분의 1에 지나지 않았으며, 전협의 절대적인 영향 아래서 조직된 실업동맹원을 합치더라도 전체의 약 3분의 1에 지나지 않았다. 그렇다면 전협으로 재조직되지 않은 재일조선노총원들은 어디로 갔는가? 재일조선노총이 해체되면서 산하 각 조합 및 조합원은 다음의 네 경우로 나뉘었다.[54]

① 전협에 가맹한 자
② 일본노동총동맹이나 일본노동조합총연합 등의 합법단체로 흘러간 자
③ 소비조합이나 東亞通航조합[55]과 같은 생활조합을 조직한 자
④ 해체하지 않고 독자 조합으로 남은 자

1930년대 재일 한국인 인구가 증가해가고, 더욱이 가족을 동반하여 일본에 거주하는 사람의 수가 늘어가면서, 재일 한국인에게는 노동 문제 그 밖에도 주택의 확보, 아동교육, 의료위생, 생활물자의 확보 등 한국 민족 독자의 생활에 관련된 문제가 떠오르고 있었다. 그리고 재일조선노총이 전협으로 해소·통합된 뒤로는 한국 민족 독자의 생활 문제를 해결하려는 여러 운동이 활발하게 펼쳐졌다. 전협과 같은 일본공산당 지도 아래에서는 재일 한국인의 민족적 과제가 경시될 뿐만 아니라, 또 그러한 단체가 일본 관헌에게 강력한 탄압을 받고 있었기 때문에 전협 아래서의 운동으로는 한국인의 생

53) 松永 洋一, 〈關東自由勞動組合と在日朝鮮人勞動者〉, 《在日朝鮮人史研究》 第2號, 1978.6, 55쪽.
54) 谷合佳代子, 〈1930年代在阪朝鮮人勞動者のたたかい〉, 《在日朝鮮人史研究》 第15號, 1985. 10, 2쪽
55) 東亞通航組合은 1930년 4월, 오사카 거주 한국인 가운데 제주도 출신자를 중심으로 제주도와 일본 사이의 渡航왕래가 용이하도록 하기 위하여 만들어진 선박이용협동조합이다. 이 조합은 선임의 인하운동이나 伏木丸 등을 구입하여 自主運航등의 활동을 했다. 관헌은 이를 계급적 협동조합으로 보아 극좌단체로 분류하고 있다. 한때는 1만여 명의 조합원을 가지고, 지부 및 분회 등을 조직하여 정치적·민족적 성격을 가진 운동을 펼쳤으나 관헌의 탄압과 경영난으로 1935년 2월에 해산했다.

활을 지켜낼 수 없었다.

재일조선노총 해소 뒤 그 조합원들이 흘러 들어간 네 가지 흐름 가운데서 ①항과 ②항은 한국인 독자의 운동이라고 볼 수 없고, 한국 민족 독자의 문제를 해결할 수도 없었다. 그러므로 다음으로는 재일 한국인이 독자적으로 조직한 노동조합과 소비조합 가운데서 전형적이라고 생각되는 名古屋합동노동노조와 阪神소비조합에 관하여 살펴보기로 한다.

2. 名古屋합동노조[56]의 노동운동

이에 관하여 김광열의 논문을 중심으로 살펴보자. 재일조선노총이 해체를 결정하기 직전에 나고야에서는 기존 노조의 합동으로 愛知縣조선노조가 창립되었으나 재일조선노총의 해체방침에 따라 그것은 1930년대 전협과 합류하여 전협名古屋로 된다. 그러나 전협名古屋은 재일 한국인 노동자의 일상적인 생활옹호투쟁을 지도할 수 있는 구체적인 방안도 없었고, 그 극좌 모험적인 활동으로 '비합법단체'라고 혹독한 탄압을 받는 바람에 1934년 2월 뒤로는 그 조직의 활동이 전혀 발견되지 않는다.

한편 1930년대 전반 나고야에서는 노동조합의 형태는 아니었지만 한국인 노동자의 독자적인 단체가 많이 결성되어 있었다. 이름에서 알 수 있듯이 이들 단체는 在住 한국인 노동자의 문화적 계몽이나 생활 문제의 해결을 목적으로 한 것이었다. 이 가운데 어느 정도 활동이 확인될 수 있는 것은 문화보급회와 반도청년단이다.[57]

나고야에서는 전협 조직이 없어진 1934년 말부터 한국인 문화·공제단체

56) '名古屋合同勞組'라는 이름에서 '合同'이라는 말은 나고야에 있는 한국인 노동자를 총체적으로 망라한다는 뜻을 가지고 있다. 1930년대 나고야에서는 노동조합의 형태가 아닌 한국인 노동자의 독자적인 계몽단체나 공제단체가 많이 결성되어 있었는데, 이를 통합해서 조직했다는 뜻이다. 또 이 조합은 '全協'과 같은 이데올로기적인 단체가 아니라 한국인의 노동 문제, 생활 문제의 해결, 문화계몽운동, 민족차별 반대운동 등 한국 민족과 관련된 독자적 생활 문제 전반을 다룬 나고야 지방의 단독 노조였다.

57) 金廣烈, 〈1930年代名古屋地域における朝鮮人勞動運動〉, 《在日朝鮮人史研究》 第23號, 1993.9, 7쪽

를 중심으로 새로운 운동단체를 설립하려는 움직임이 보였다. 그 중심이 되었던 인물은 전협名古屋에서 운동 경험이 있는 신산축, 박광해 등으로서 그들은 그 이전의 극좌적 운동방침을 단지 추종하고 있었던 점을 반성하고 '어떤 노동자도 자유롭게 가입할 수 있는 합법적 조직'을 만드는 것에 합의했다.[58]

그리하여 1935년 2월 21일에 결국 名古屋합동노조가 결성되었다. 名古屋합동노조의 창립 집행부는 그곳에 머물러 살던 각 한국인 단체와 일본인 노조 활동가들로 이루어졌지만, 그것은 在住 한국인 단체의 힘을 규합한 한국인 노동조합이었다.

그 조합의 창립 강령을 보면, 그 지역의 전 노동자계급의 권익을 옹호하는 노동조합 본래의 기능과, 반민족단체와 투쟁을 선언하는 민족운동의 성격을 한데 아울렀음을 알 수 있다. 즉 재일한국노총의 운동 목표를 이어받은 것이라고 볼 수 있다.

名古屋합동노조는 결성 과정에서 각각의 한국인 문화·공제단체의 협력을 얻고 있었지만 결성 뒤에도 그들을 모체로 하여 세력을 확대해 나간다. 名古屋합동노조는 나고야를 중심으로 곳곳의 한국인 단체를 대중적 기반으로 한 지방 단독 조합이며, 전체 조합원 수는 약 4백 명이었다. 또 주변의 미에縣, 기후縣에도 지부나 영향단체를 두고 있었는데, 그것은 1935년 6월 이후, 串山祝, 石川友左衛門 등이 '중부지방연락위원회'를 결성하여 豊橋합동노조 및 시즈오카, 미에, 기후의 한국인 단체와 적극적으로 연락을 취했던 결과였다.[59]

다음으로 名古屋합동노조가 지원한 활동을 보기로 하자.

우선 들 수 있는 것은 민족차별 반대운동이다. 1935년 10월 1일 名古屋 大曾根 직업소개소의 한국인 노동자는, 소장인 影山大齡이 "조선인은 무군

58) 같은 글, 8~9쪽.
59) 같은 글, 11쪽.

주·무정부의 백성이기 때문에 보통의 수단으로는 도저히 단속이 될 수 없다"는 민족차별의 폭언을 한 데 대해 데모를 감행했다. 名古屋합동노조는 이 운동을 지도하여 모든 在名 한국인이 차별반대 투쟁에 나설 것을 요구했다. 그 결과 소장은 자신의 폭언에 대해 사과하고 노동조건의 개선을 약속하는 등 투쟁은 승리로 끝났다.

名古屋합동노조는 또한 야마토 제망소의 쟁의를 지원하여 민족적·계급적으로 이중의 차별을 받고 있었던 한국인 노동자의 쟁의를 승리로 이끌어내는 등 공장노동자의 쟁의를 지도했다. 이 노조는 야학경영과 문화계몽운동도 펼쳐 한국어를 가르치고, 노동자의 의식을 높였다. 그 밖에도 국치기념일 등 민족기념일 운동과 한국 안의 태풍피해 동포돕기 운동도 펼쳐 나갔다. 뿐만 아니라 그 합동노조는 일본인 운동과 관계하면서 일본인 노동쟁의를 지원하고 중부지방 인민전선운동을 적극 추진하게 된다.

그러나 名古屋합동노조는 이러한 활발한 운동으로 말미암아 계속된 관헌의 격심한 탄압을 받아 12월에 사실상 활동을 중단하기에 이른다. 名古屋합동노조는 지역에 흩어져 사는 다수의 한국인 문화·공제단체를 바탕으로 결집한 지방 단독 노조로서 당시의 재일 한국인 운동 가운데서는 다른 예를 찾아볼 수 없었다. 그 활동은 한국인 노동자의 차별반대운동, 쟁의, 야학보급 등을 지도하는 일말고도 중부지방의 일본인 노동운동이나 인민전선운동을 지원하는 형태로 나타났다. 운동을 담당하고 있었던 사람은 도일한 뒤에 여러 차별을 겪는 과정에서 민족해방의 필연성을 절감했던 한국인 활동가들이지만, 거기에 지역의 좌익운동 재건의 꿈을 위탁한 소수의 일본인 활동가들도 참가하고 있었다. 1930년대 중반에 일본에 있던 한국인 단체를 모체로 하는 단독 노조가 같은 민족에 대한 지원이라는 차원에서 한국인 노동자의 운동을 지도하고, 아울러 일본에 거주한다는 특수한 입장에서 일본의 무산자 해방운동에도 협력했다는 사례는 종래의 연구만으로는 확인할 수 없다. 이때 名古屋합동노조의 한국인 활동가가 중부지방 인민전선운동 안에서 활약한 것은 프롤레타리아트 국제주의에 바탕을 둔 것이지만, 그것은 전협 시대와는 다른 자발적 협력이라는 형태였다. 그렇다면 이 名古屋합동노조의 운동은 어느 의미에서 초기의 재일조선노총이 추구하고 있었던 재일 한국인 노동운동의 형태를 더욱 구체화한 것이었다고도 말할 수 있다.60)

3. 阪神소비조합운동

여기서는 주로 堀內 稔의 논문에 따라 이를 살펴보기로 한다.

노동운동의 일환인 소비조합운동은 일본에서는 1924년경부터 활발해졌다. 그 핵심적 존재는 1920년에 창립된 關東소비조합연맹(關消連)으로 1924년 말에는 가맹 조합 21개, 조합원수는 약 5천 명에 이르렀다. 소비조합운동이 발전하면서 전국적인 조직의 필요성이 생겨나 關消連 등이 중심이 되어 1932년 3월에는 일본무산자소비조합연맹(日消連)이 결성되었다. 창립대회에서 선출된 중앙집행위원 가운데는 김태욱, 김경중(阪神소비조합), 윤혁제(大同소비조합) 등의 한국인이 포함되어 있다.

재일 한국인의 소비조합은 1929년 4월의 오사카의 大同소비조합을 시작으로 1933년까지 계속 생겨났다. 즉 1931년에는 오사카의 新村里소비조합, 住吉소비조합, 泉州무산자협동조합, 아마가사키의 阪神소비조합, 교토의 共信소비조합, 가나가와의 多摩川무산자소비조합, 도쿄의 城北무산자소비조합, 일반소비조합 등이 조직되었고, 이어서 1932년에는 오사카에서 槿愛소비조합, 大阪소비조합, 西成區津守町소비조합, 京南소비조합, 永信소비조합, 우리소비조합, 공제소비조합, 共醒소비조합, 가나가와에서는 湘南무산자소비조합이 각각 결성되었다. 그리고 1933년에는 오사카에서 東大阪소비조합, 高槻町조선소비조합, 고베에서는 西神소비조합, 神戶합동소비조합, 와카야마에서는 紀和소비조합이 각각 조직되었다.61)

---

60) 같은 글, 25쪽.

이상은 좌익계로 보이는 소비조합으로, 그 대부분은 日消連에 가맹하여 활발한 활동을 펼쳤다. 한편 민족주의계로는 神戶조선인소비조합(1932년), 大同소비조합(1931년, 아이치), 中央소비조합(1934년, 아이치), 永信소비조합(1935년, 아이치)등이 있었다.[62] 이들 재일 한국인 소비조합이 존재했던 기간은 비교적 짧았으나[63] 오사카의 大同소비조합, 가나가와의 多摩川무산자소비조합이 비교적 오래 운동을 계속했고, 특히 야마가사키의 阪神소비조합은 가장 오래 존속했다.

다음으로 阪神소비조합에 관해서 살펴보기로 한다.

阪神소비조합은 1931년 3월 20일 야마가사키市에서 창립되었는데, 이사장에는 안태운, 이사에는 김경중, 박노성 등이 선출되었다. 그 조합은 생활필수품의 구입, 생산가공, 기타 소비경제의 이익옹호를 목적으로 했다. 창립 후 조합의 조직은 계속 확대되어 1932년에는 120세대였던 것이 1940년에는 450세대로 되었다. 阪神소비조합의 조직은 한신 지구의 한국인 노동조합의 조직을 재편성하는 형태로 이루어졌지만, 한국인 노동조합의 조직이 그대로 소비조합으로 이행했던 것은 아니다.

당시에는 한바[飯場]라는 것이 여럿 있어서 얼마 동안 직원을 부리고 있었다. 부림을 당하는 쪽은 노동조합에 가입했지만, 소비조합에는 보스가 가입했기 때문에 노조원은 가입하지 않으려는 경우가 많이 있었다. 최초의 이사장인 안태운이라는 자도 그런 예에 속했다. 그는 芦屋에서 솜공장을 하고 있어서 한국인을 네댓 명 부리고 있었지만, 그가 고용한 노동자들은 소비조합에 가입하지 않았던 것이다.[64]

阪神소비조합은 설립과 아울러 日消連에 가맹하여 활발한 활동을 펼친다.

---

61) 堀內 稔, 〈阪神消費組合について〉, 《在日朝鮮人史硏究》 第7號, 1980.12, 2쪽.

62) 같은 글, 2쪽.

63) 그 까닭은 소비조합운동이 좌익운동 또는 민족운동으로 펼쳐지는 바람에 관헌의 탄압을 심하게 받았기 때문이다.

64) 1980년 2월 2일 아마가사키市의 자택에서 西村氏, 인터뷰. (堀內 稔, 위의 글, 4쪽에서 재인용)

일상 활동은 쌀, 된장, 간장, 명태, 고추, 대두 등을 시가보다 2~3할 싸게 파는 것이지만 《阪消뉴스》(비정기간행물, 등사판, 500부)를 발행한다든지 야간부를 설치하여 문자를 보급하는 일도 했다.65)

阪神소비조합은 그 밖에도 한국 안에서나 조합원에게 일어난 재해구원활동, 적색메이데이투쟁, 오사카지방 소비조합간담회 및 日消連대회의 참가 등의 활동을 벌였다.

1935년 3월 17일의 제5차 대회 이후에는 생활에 관련된 여러가지 사항에 대한 상담 및 직업소개를 하고, 한걸음 나아가 한국인 노동자의 사활이 걸린 문제라 할 수 있는 주택부, 의료부, 탁아소, 産院, 內職알선, 문자보급 등의 사업을 펼쳤다. 그러나 阪神소비조합은 간부 검거 등의 탄압, 조합에 대한 부당 과세와 전쟁에서 비롯된 생활물자의 부족으로 말미암은 경영압박 등으로 점차 어려움에 직면한다.

阪神소비조합이 언제 해소되었는지는 분명하지 않다. 이름만은 1941년까지 남아 있었지만 과연 활발한 활동을 하고 있었는지는 의문이다.66)

阪神소비조합은 좌익소비조합운동의 고양이라는 일본 전체의 사회운동의 흐름 속에서 나온 것이지만, 조선노총이 해체된 뒤 전협으로 조직되지 않았던 많은 한국인 노동자를 결집시키는 데 큰 구실을 했다. 또 그 활동은 정치적인 면도 없잖아 있었지만 재일 한국인의 일상생활에 입각하여 그 이익의 도모를 중심으로 펼쳐졌다. 그것은 초당파 조직을 목표로 하는 소비조합의 방침에서도 명백하다. 일상생활의 이익을 도모함과 아울러 민족의식을 높이는 데서도 큰 구실을 했다. 일본인과 식생활의 기호가 전연 다른 한국인에게 독자의 소비조합 활동을 영위하는 것은 필수 불가결했다고 말할 수 있을지도 모른다. 또 그것에 따라 야학부의 설치나 주택 문제에 대한 대처 등 독자적으로 민족운동을 펼칠 수도 있었던 것이다.

---

65) 堀內 稔, 앞의 글, 4~5쪽.

66) 堀內 稔, 앞의 글, 12쪽.

이 장에서는 재일조선노총을 전협으로 해소·통합함으로써 나타나는 민족운동이 계급운동으로 해소되는 것과 그 문제점, 그리고 그 문제점의 극복책으로 나타났던, 名古屋합동노조와 阪神소비조합 운동을 전형으로 하는 재일 한국인의 생활옹호운동을 살펴보았다. 재일조선노총이 전협으로 해소·통합된 뒤 전협이나 그 밖에 다른 일본인 노동조합에 참가한 재일 한국인 운동은, 재일 한국인이 주최가 되는 운동이 아닐 뿐더러 한국인의 민족적 과제나 재일 한국인의 독자적인 생활옹호운동을 펼 수조차 없었다. 따라서 재일 한국인 운동은 名古屋합동조합과 같은 유일한 한국인 노동조합운동이나 곳곳의 소비조합운동, 그 밖에 다른 야학이나 주거에 관한 운동, 의료운동67) 등 생활옹호운동으로 나타났던 것이다.

따라서 재일조선노총이 전협으로 해소된 뒤에도 재일 한국인 노동운동은 재일조선노총 때처럼 중앙집권적·통일적인 형태는 아니지만 매우 분산적이면서도 서로 느슨한 상호관계를 맺으면서 한국인 독자의 생활을 지키려는 운동으로 나타나게 되어 재일 한국인 운동은 연속성을 띠게 된다.

6. 재일 한국인 노동운동의 특성

지금까지 논의한 내용을 고려하면서 재일 한국인 노동운동의 특성을 살펴보기로 한다. 이러한 특성은 모두 재일 한국인 노동자가 식민지의 노동자라는 사실과, 그들이 자기 나라가 아닌 식민지 본국(일본)에서 거주한다는 사실에서 말미암았다

첫째, 재일 한국인 노동운동 발생의 필연성은 그 주체적 조건과 객관적 조건에서 발견할 수 있다. 주체적 조건은 재일 한국인 노동자 수가 일정한 수

67) 이에 관한 구체적 내용은 外村 大, 〈大阪朝鮮無産者診療所の闘い〉, 《在日朝鮮人史研究》 제20호, 1990,10, 1~16쪽 참조

준에 이르러야 한다는 것이다. 재일 한국인 노동자계급의 형성은, 식민지 조선과 일본이라는 서로 다른 나라 사이에서 이루어지는 것이기 때문에 일반적인 경우와는 달리 한국에서 시행하는 식민지정책과 농민층 분해라는 공급 쪽의 압출요인, 그리고 일본 자본주의의 발달에 따른 한국인 노동력에 대한 일본 자본의 요구, 즉 수요 쪽의 흡인요인, 그리고 이 양자를 연결시키는 매개항으로서 일본의 한국인 도항정책에서 큰 영향을 받았다는 것이다. 다시 말해서 재일 한국인 노동자계급의 형성에는 한국과 일본의 경제발전단계의 차이와 일제의 대한(對韓) 식민지정책과 도항정책 등 정책적 요인에서 크게 영향을 받았다는 특징이 있다.

재일 한국인 노동운동이 발생한 객관적 조건은 그들의 실업, 빈곤, 주거난, 열악한 노동조건, 그리고 민족차별 등이다. 대부분의 재일 한국인 노동자는 기술이 없던 자들로서 일본에서 토목공, 일용인부 등 자유노동자이거나 직공이라고 하더라도 잡역 등에 종사하는 미숙련공이다. 자유노동자의 경우에는 실업과 취업을 반복하게 되고, 공장노동자의 경우에도 미숙련공이기 때문에 불황기에는 우선적으로 해고된다. 일본인들은 임금을 비롯한 근로조건이나 차가 등 생활에 관련된 부문에서 재일 한국인에 대해 민족적 차별을 서슴없이 행한다. 재일 한국인의 노동운동은 일본인들의 민족적 차별에서 비롯된 빈곤 때문에 크게 촉진되었다는 특징이 있다.

둘째, 재일 한국인의 사회운동, 따라서 그 일부인 노동운동의 기초는 한국인 한바[飯場]頭나 노동하숙 등 오야가다[親方] 層을 중심으로 조직된 소집단의 상호부조 조직이라는 것이다.

당시 대부분의 재일 한국인에게는 노동재해나 질병시의 휴업에 대한 보장이 아무 것도 없었고, 고용도 불안정하였다. 이런 상황 아래서 생활을 유지하기 위해서는 상호부조는 필연적인 것이었다.

이러한 소집단의 상호부조 조직이 연대하여 1920년대 전반기에 공제적인 노동단체가 다수 형성된다. 이러한 소집단의 상호부조 조직은 그뒤로도 재일 한국인사회의 기초조직으로서 노동운동에 크게 영향을 미친다. 그러나 상호부조 조직은 이데올로기를 기초로 조직된 단체가 아닐뿐더러, 그 조직의 지도자인 오야가다[親方] 層이 이중성(한편으로는 재일 한국인 노동자의 착취자이면서 아울러 보호자여야 하는 위치)을 띠고 있기 때문에, 그것을 바탕으로 조직된 노동단체는 융화친목계 운동단체일 수도 있고 사회주의계 운동단체일 수도 있다. 따라서 그 입장은 유동적이라고 할 수 있다.

이러한 外村 大의 주장은 나름대로 진실을 가지고 있으나, 이를 너무 과장해서도 안 된다. 왜냐하면 재일조선노총의 상층 지도부나 지방조직의 상층부에는 지식인 엘리트들이 많았고, 이들이 주도적인 구실을 하고 있었다. 外村 大의 논문은 사회주의 이데올로기를 가진 이러한 지식인 엘리트들의 구실을 경시하는 듯한 인상을 준다.

셋째, 재일조선노총은 재일 한국인 노동운동에서 최초의 그리고 유일한 전국적 중앙집권적인 통일체이며, 그것이 활동한 시기에 재일 한국인 노동(조합)운동이 가장 전형적으로 나타났다. 따라서 재일조선노총에서 나타나는 운동의 특성은 바로 재일 한국인 노동운동의 특성을 가장 전형적으로 표현하고 있다고도 할 수 있다. 재일조선노총의 노동운동상의 특성을 살펴보면 다음과 같다.

민족해방과 계급해방의 통일적 추구

재일조선노총은 그 목표에서 민족해방과 계급해방을 통일적으로 추구한다는 특성을 갖고 있다. 영국의 웹(S. & B. Webb) 부처에 따르면, 일반적으로 노동조합의 목적은 노동생활조건의 유지 또는 개선이고 사회주의계 노동조합은 사회주의 혁명을 통한 노동자계급의 해방을 궁극적인 목표로 삼고 있다.

당시 재일 한국인 노동자계급은 식민지 조선과 일본 제국주의 사이의 민족모순과, 노동자와 자본가 사이의 계급모순이라는 이중의 질곡 속에 놓여 있었다. 이 이중의 질곡에서 헤어나기 위해서는 일제 식민지 지배 아래에서 민족을 해방시키는, 그리고 자본가계급으로부터 노동자계급을 해방시키는 목표를 함께 달성하는 길밖에 없었다.

민족해방과 계급해방은 당시에는 서로 대립적인 개념이라기보다는 동시적이고 통일적인 개념이며 목표였다. 일반적으로는 민족해방은 계급해방과 상관없이 달성될 수 있다. 그러나 제국주의국가와 사회주의국가 사이의 모순이 첨예화되고 있던 당시에는 제국주의국가가 될 만한 능력이 없는 식민지로서는 사회주의 혁명을 통한 계급해방말고는 민족해방을 달성할 길이 없었던 것이다. 왜냐하면 유일한 사회주의국가였던 소련에서 프롤레타리아트 국제주의는 존재했을망정 식민지는 존재하지 않았기 때문이다. 사실 당시의 식민지 조선의 노동자계급에게는 민족해방과 계급해방은 거의 동의어나 마찬가지였다. 재일조선노총은 창립대회 때의 강령에서 노동자계급의 해방을 뚜렷이 제시하고 있으나, 민족해방의 목표를 강령에서 명시적으로 밝힌 때는 1927년의 제3차 대회였다.

정치투쟁과 경제투쟁의 적절한 조합

재일조선노총은 전술적인 측면에서 정치투쟁과 경제투쟁의 통일을 지향하고 있었다. 민족해방과 계급해방이라는 과제나 일본 안에서 노동자계급의 시민권과 노동권을 획득하기 위해서는 정치투쟁은 필수적이었다. 그러나 운동이 정치투쟁에만 편중되면 노동자들을 노동조합으로 끌어들일 수 없다. 일본에 거주하는 식민지 노동자의 비참한 생활을 외면해서는 노동자들을 노동조합으로 조직할 수 없다. 다시 말해 그들의 비참한 현실을 개선하려는 일상적 경제투쟁은 그들에게 노동조합의 필요성을 인식시켜 노동조합 조직으로 끌어오게 된다. 재일조선노총이 한때의 정치편향에 대해 자기비판을 가하고, 일상의 경제투쟁을 거쳐서, 마침내 1928년에 와서 정치투쟁과 경제투쟁의 통일을 강조하기에 이른다.

한국 안에서 일어나는 운동에 대한 연대 및 일본 안에서 이루어진 한일 연대

재일 한국인 노동운동이 한국인의 운동이기 때문에 한국 안의 운동과 연계되고, 일본 안에서 일어난 운동이기 때문에 일본 안의 좌파운동과 연계되는 것은 너무나 마땅하다. 재일조선노총이 한국 안의 운동과 연대를 강화한 것은 '조선총독폭압정치 반대운동'을 통해서였다. 그러나 한국에서 벌어지는 운동에 대한 연대는 한국 안의 문제에 관여하는 정도에 그쳐 그렇게 높은 수준에 도달하지는 못했다. 일본 좌파세력과 연대하는 일도 조직 면에서나 활동 면에서 역시 그렇게 높은 수준에 이르지 못했다. 오히려 일본 안의 한국인 단체, 특히 그 가운데서도 사회주의계 단체와 연대하는 것이 조직 면에서나 활동 면에서 더더욱 강했다.

자유노동자 중심의 지역별 조직

재일조선노총은 기존의 각 지역의 노동조합을 통합하여 창립되었고, 그 뒤에도 기존의 지역노동조합을 통합하거나, 새로이 노동조합을 설립하여 통합함으로써 조직을 확대·강화해 나갔다.

앞에서 서술한 바와 같이 재일 한국인 노동자의 과반수가 자유노동자였기 때문에 재일조선노총도 자유노동자를 중심으로 조직되었다. 한마디로 말해서 재일조선노총은 자유노동자 중심의 지역별 조직이라고 할 수 있다.

자유노동자와 지역별 조직은 서로 밀접한 관계를 가지고 있다. 재일 한국인 노동자들은 자유노동자 가운데서도 대부분이 토목·건설노동자였는데, 그들은 공사현장을 따라 항상 이동해 간다. 그러므로 일정 기간 공사현장 근처의 한바[飯場]에서 집단적으로 거주하는 것이 일반적이었다. 따라서 재일조선노총은 이러한 공사 현장 중심의 지역별 노동조합일 수밖에 없었다.

토목공 그 밖의 재일 한국인 노동자, 이를테면 인부 등 도시의 일용 노동자나 공장노동자도 한국인이 경영하는 노동하숙이나 아니면 도시 변두리에 형성된 '조선인 부락'에서 집단적으로 거주했다. 대도시의 변두리에는 언제나 한국인 집단부락이 존재하게 된다.

한국인이 일하고 있는 공장은 대체로 중소 영세기업이었다. 이들도 대체로 노동하숙이나 '조선인 부락'에서 집단적으로 거주하고 있었다. 전반적으로 한국인 노동자는 산업별로 존재했다기보다는 지역별로 존재했다고 볼 수 있다. 그 마땅한 결과로 재일조선노총은 지역별 조직이었다. 재일조선노총이 '자유노동자 중심의 지역별 노조'라는 점에서는 서구 여러 나라의 '일반노동조합'(general union)과 한편으로 유사성을 띠고 있었다. 그러나 서구 여러 나라의 일반조합은 제조업 중심의 산업별 조합에서 쉽게 배제되는 교통·운수·건설·유통 등의 비숙련노동자·보조노동자·잡노동자로 조직된 반면, 재일조선노총은 이들 노동자와 그 밖의 제조업 공장노동자까지 아울러서 전체 재일 한국인 노동자를 조직 대상으로 하고 있다는 점에서 일반노동조합과 다르다.

재일조선노총은 제3차 대회에서 각 지역에 존재하는 복수의 조합을 통합하여 '1부현1조합'의 원칙을 채택하게 된다. 일반적으로 서구의 노동조합이 공장노동자 중심의 직업별 또는 산업별 조직인 데 견주어, 재일조선노총은 자유노동자 중심의 지역별 조직이라는 점에서 조직상의 특성을 뚜렷이 드러내고 있다.

넷째로 재일조선노총이 전협으로 해소·통합된 뒤로는 재일 한국인 노동운동이 마치 단절된 것처럼 보인다. 그러나 전협이나 다른 일본인 노동조합으로 들어간 노동자는 소수에 지나지 않았고, 많은 노동자들은 한국인 독자의 노동조합운동이나 소비조합운동 등을 계속 펴고 있었다.

재일조선노총이 해체된 뒤 유일한 재일 한국인 노동조합운동은 名古屋합동노조가 주축이 되어 펼쳐졌다. 名古屋합동노조는 지방 단독 조합으로서 정치투쟁과 경제투쟁을 적절히 배합하는 운동을 펼침으로써, 비록 한 지역에 국한된 운동이기는 하지만, 재일조선노총의 운동을 계승했다고도 볼 수 있다.

名古屋합동노조의 노동운동을 제외하면, 각 지역에서 소비조합운동이 활발하게 펼쳐졌고, 그 밖에도 야학운동, 주택 문제를 해결하려는 운동, 無診(무산자진료소)운동 등 재일 한국인의 생활옹호운동이 전 지역에 걸쳐 펼쳐졌다. 이러한 생활옹호운동은 그 성격상 주로 일상적인 경제투쟁에 중점을 두었고, 정치투쟁은 거의 시행하지 않았다. 당시 재일 한국인들의 처참한 생활조건을 생각하면 이러한 생활옹호운동은 너무도 마땅한 것이었다. 또한 생활옹호운동은 관헌의 탄압을 피할 수 있으리라고 생각했다.

이 같은 까닭으로 1930년대의 재일 한국인 노동운동은 지역별로 나뉘어 생활옹호운동을 펼쳐 나갔다. 노동조합운동은 유일하게 名古屋합동노조에 따라서만 펼쳐졌고, 이 합동노조를 제외하면 정치운동은 거의 나타나지 않았다.

1930년대 재일 한국인의 노동운동은 전국적·통일적인 조합 조직이 이끄는 행태가 아니라, 지역적으로 분산된 생활옹호운동으로 나타난다. 다시 말하면 노동운동은 계속되지만 그 형태는 이전과 완전히 다르다.

名古屋합동노조운동이나 각 지역의 생활옹호운동 등 재일 한국인이 이끄는 자주적인 운동도 일제의 파쇼화가 강화되면서, 한편으로는 관헌의 심한 탄압을 받고, 다른 한편으로는 협화회가 시행하는 황민화운동이 적극적으로 추진되는 바람에 1930년대 후반에는 거의 소멸된다.

7. 맺는말

지금까지 일제시대 재일 한국인 노동운동이 일반적인 노동운동과 어떻게 다른지에 관해서 서술하였다. 앞에서 기술한 재일 한국인 노동운동의 특성으로서 기본적으로 식민지 민족의 노동운동이라는 점과, 자기 나라가 아닌 일본에서 하는 운동이라는 점을 꼽을 수 있다.

이를 간단히 평가해보기로 하자.

재일조선노총이 전협으로 해소·통합된 것은 물론 프롤레타리아트 국제주의의 원칙에 바탕을 둔 것이지만, 재일 한국인은 계급문제뿐만 아니라 일본인 노동자와는 다르게 민족 문제, 노동 문제, 생활 문제까지 안고 있었기 때문에 재일조선노총의 해소 및 통합은 잘못된 결정이며, 또한 전협의 산업별 조직의 원칙도 재일 한국인 노동자가 처한 현실에 맞지 않는 도식화라고 평가하고자 한다. 재일조선노총의 노동운동이 좀더 지속되었더라면, 비록 관헌의 탄압을 계속 받기는 했을망정, 적어도 1930년대 전반까지는 재일 한국인의 노동 및 생활 문제를 해결하는 데 더더욱 기여했을 것으로 판단되어 아쉬움이 남는다.

본 연구는 재일 한국인 노동운동에 관한 통사나 지역사, 사건사에 관한 연구를 바탕으로 그 특성을 체계화하는 데 목적이 있다. 기존의 연구 가운데 이러한 특성에 관한 연구는 극히 단편적인 언급을 제외하고는 별로 없는 것 같다. 특히 본 연구는 일반 노동운동사에서 제시되는 노동경제학 이론과 노동운동론을 원용하면서 서구 여러 나라의 노동운동과 관련하여 그 특성을 드러내어 체계화하고 있다는 데 그 의의가 있다.

본 연구에서 끌어내고 있는 여러 특성에 관해 구체적으로 논의하는 일이나, 나머지 다른 식민지에서 벌어진 노동운동이나 이주 노동자의 노동운동과 견주어 보는 일은 지면 사정으로 다음 과제로 남겨 둔다.

1930년대 재일 한국인 노동자의 노동쟁의

1. 머리말

한국에 대한 일제의 식민지 수탈정책, 특히 1910년대의 토지조사사업에 따른 토지수탈과, 1920년 이후 저미가(低迷價)에 따른 저임금체제를 확립하고자 강행해온 산미증식계획(조선미 수탈정책) 따위는 한국 농민의 빈곤화와 몰락을 촉진하였다. 몰락한 대량의 한국 농민은 생존의 방도를 찾아 중국 동북부, 소련 극동부, 일본 등 해외로 나가지 않을 수 없었다.

한국인의 일본 도항이 제1차 세계대전으로 말미암은 일본 경제의 호황을 계기로 늘어나기 시작하여, 1920년 이후 일본 경제의 연속적인 불황 아래서도 그칠 줄 몰랐다. 이로 말미암아 일본 안에서 실업이 심각해져 1925년에 도항저지제도가 시행되었지만, 한국인의 일본 도항은 증가하기만 하였다. 이에 따라 재일 한국인 노동자 수도 급격하게 증가해 왔다.

재일 한국인 노동자 수는 1915년에 계속 2천여 명에 지나지 않았던 것이 1920년에는 2만 8천여 명, 1925년에는 10만 명을 넘어서고 있다. 그리고 1932년에는 30만 명을 돌파했다.

재일 한국인 노동자 수의 급격한 증가가 그들의 노동운동을 촉진시키는 바람에, 1920년대 전반기에 각종 노동단체가 설립되고, 드디어 1925년에는 재일 한국인 노동운동의 총본산이라고 할 수 있는 재일본조선노동총동맹이 창설되기에 이른다. 재일본조선노동총동맹은 1929년 12월 해체하여 일본 노동조합전국협의회(전협)로 통합할 것을 결의한다. 그 결과 재일본조선노동총동맹은 1930년대 전반기에 해체되어 전협으로 통합하게 된다.

위에서 서술한 바와 같이 재일 한국인 노동자 수의 급격한 증가와 한국인 노동운동이, 세계 대공황의 파급과 일본의 대공황에서 비롯된 재일 한국인 노동자에 대한 민족차별적 우선 해고, 임금인하, 노동시간 단축 등과 맞물려 발달하게 되고, 마침내 1930년대에 재일 한국인 노동자의 주도로 노동쟁의들이 폭발하게 된다.

이 글은 1930년부터 1939년 사이에 일어난 재일 한국인 노동자의 쟁의를 분석한다. 왜냐하면 1939년 7월에 일본 자본이 한국인을 강제로 연행하기 시작하면서(모집→관알선→징용) 노동쟁의의 성격도 완전히 달라지기 때문이다.

강제연행 이전 시기의 재일 한국인 노동자는, 먹고 살기 위해서 어쩔 수 없이 도일하여 노동에 종사했다는 이른바 '경제적 강제'로 말미암은 경우를 제외하면, 일반적으로 자유의사에 따라 일본으로 건너갔다고 봐야할 것이다. 그러나 1939년 7월 이후의 한국인의 도일과 노동은, 매우 예외적인 경우를 제외하면 집단적인 강제연행과 강제노동이었기 때문에, 노동의 성격이나 노동쟁의의 성격이 전혀 다르다고 할 수 있다.

2. 1930년대 일본의 사회경제적 상황

1930년대 재일 한국인 노동자의 노동쟁의를 이해하기 위해서는 그 배경이 된 일본의 사회경제적 상황을 살펴보지 않으면 안 된다.

일본 경제는 제1차 세계대전으로 말미암아 호황을 누렸지만, 1920년부터 만성적인 불황의 늪에 빠졌다. 이를 계기로 또는 이의 극복책으로 일본의 산업이나 은행에서는 집적집중(集積集中) 현상이 강화되고, 카르텔, 트러스트 등 독점체의 형성이 무성해진다.

다른 한편 토지나 자본의 반대편에서는 사회주의운동, 농민운동 및 노동운동이 발전하고, 그들의 조직화도 진행된다. 대표적인 노동조직으로서 일본노동조합총동맹(우파)과 일본노동조합평의회(좌파)가 결성되고, 재일 한국인 노동자의 전국적 구심체인 재일본조선노동총동맹(좌파)[1]도 창설되기에 이른다.

노동쟁의가 빈발해지면서 일본 정부는 1925년에 탄압입법인「노동쟁의조정법」과「폭력행위취체법」을 제정 실시하게 되었다. 1920년대 불황 아래 노동쟁의는 임금인상 요구라는 적극적인 주장보다 임금인하 반대, 해고반대라는 소극적인 주장으로 중점이 이동되었다.

1930년대의 일본은 세계 대공황의 영향으로 전반적인 위기에 직면하자, 이를 극복하기 위해서 정권은 점차 군사화, 파쇼화, 국가의 경제개입과 통제를 전면화하는 국가독점자본주의의 방향으로 나아갔고, 대외적으로는 침략을 일삼으며 대내적으로는 탄압을 강화했다. 산업계는 독점을 강화하여 카르텔, 트러스트, 콘체른 등 독점체의 형성이 더욱 활발해졌다.

일본은 1929년 10월 24일 뉴욕 월가의 주가 폭락으로 시작된 대공황의 영향을 1930년 전반기부터 확실하게 받는다. 더욱이 1930년 1월 11일에 실시된 金수출해금조치(금해금)는 이러한 대공황의 영향을 더욱 가속화해 일본 경제는 더욱 깊은 공황의 수렁으로 빠져들게 된다.

따라서 이 '금해금'은 말하자면 태풍을 향하여 창문을 여는 것과 같은 결과를 가져왔다. 즉 그것에 따라 디플레이션 정책의 영향은 배가되고, 또 일

---

1) 재일본조선노동총동맹에 관해서는 全基浩, 〈日帝下 在日朝鮮人勞動運動의 特性에 관한 硏究〉, 韓國勞動經濟學會, 《勞動經濟論集》 제20권 제2호, 1997.12, 참조 (이 책의 183~228쪽에도 수록)

본의 공황이 세계 대공황과 직결되어 점차 거세진 것이다. 그 과정을 좀더 파고 들어가 보면, 금해금에 따른 금본위제의 복귀는 우선 외환 시세의 급등과 정화(正貨)의 격심한 유출을 가져왔다. 이 金의 유출은 예상보다 훨씬 다액에 이르렀는데, 그 결과 '정화준비고'의 감소, '일본은행권 발행고'의 수축을 통해서 신용의 수축이 강제되는 바람에, 공황은 마땅히 더욱 심각하게 되었다. 그리고 물가와 주식가격도 폭락하고, 무역은 이상하게 감퇴 현상을 보이면서, 사업회사의 減資解散은 격증했다.2)

이러한 공황의 심각성은 여러가지 지표로 잘 나타나고 있다.

1928년을 100으로 했을 때 수출액지수는 1930년에는 74.5, 1931년에는 58.2퍼센트로 급락했다. 수입액은 1930년에는 70.4, 1931년에는 56.3으로 역시 급락했다.3) 이러한 수출입 금액의 급속한 하락은 수출입 물량의 감소 때문이라기보다는 그 단가의 급속한 하락으로 말미암은 것이다.

그리고 1926년을 100으로 했을 때 도매물가는 1930년에는 76.5, 1931년에는 64.6으로, 그리고 주가는 1930년에는 60.1, 1931년에는 58로 크게 하락했다. 노동인원은 1930년에 82, 1931년에 74.4로, 그리고 노동자가 실제로 받은 임금은 각각 98.7, 90.7로 하락했다.4)

공황 과정에서 대자본은 독점체를 형성하고 약소자본을 합병했는데, 1930년에는 새로 17개의 카르텔이 형성되고, 다시 1931년에는 24개의 카르텔이 추가로 형성되었다. 그리고 1933년 뒤로는 「중요산업통제령」과 「공업조합법」 등에 따라 자본의 집중이 법제적으로 기도되어, 국가가 경제를 통제할 단서가 열렸다.

좌익 세력에 대한 정부의 탄압은 앞서 1928년부터 자행되었다. 중국침략계획을 강력하게 추진하고 있던 다나카[田中] 내각은 그해 3월 15일 공산

2) 楫西光速 외 3人, 〈日本資本主義の沒落〉 II, 東京大學出版會, 1961, 317~318쪽.
3) 같은 책, 355쪽, 제113표 참조
4) 같은 책, 361쪽, 제117표 참조

당에 대한 검거를 대대적으로 벌이고, 4월 10일에는 노동농민당·일본노동조합평의회·공산청년동맹 등 좌익 3단체의 해산을 명령했다. 그것으로 좌익노동운동의 합법적인 수단이 사실상 봉쇄된 셈이었다. 더욱이 노동운동 탄압은 그뒤로도 계속되어 7월과 10월에 다시 대대적인 검거가 벌어졌고, 6월에는 1925년에 공포·시행된 「치안유지법」을 개정하여 이전의 규정에서는 최고 10년 이하의 금고 또는 징역이었던 벌칙이 사형으로 강화되었다.

일본은 1931년 9월 18일 만주사변을 도발함으로써 전시군사체제로 전환하는 결정적인 계기를 마련한다. 그해 12월 13일에는 金수출금지령을, 그달 17일에는 은행권·금화兌換금지령을 공포하여 관리통화체제로 돌입함으로써 일본은 국가독점자본주의로 전화한다.

일본 경제는 만주사변의 발발과 관리통화제도로 이행하는 것을 계기로 중화학공업화와 군사화를 가속화한다. 대규모로 공채를 발행함으로써 통한 인플레이션 정책, 주로 군사비를 중심으로 한 재정팽창정책이 시행되고, 기계기구공업·금속공업·화학공업을 중심으로 중화학공업화가 급속히 진전되는데, 이것은 물론 경제의 군수화와 맞물려 있다. 그와 더불어 신흥재벌이 다수 출현한다.

이와 같이 발달한 신흥 콘체른은 대체로 다음과 같은 특징을 가지고 있다.

(1) 그 많은 부분은 전력을 사업의 출발점으로 하여 콤비네이션적인 연관 아래 발전하고 있다.
(2) 전기화학공업을 중심으로 화학공업에 중점을 두고 있다(이상 2가지 점에서는 닛산[日産]은 예외).
(3) 그 제품은 처음에는 비료나 약품이었지만 점차 화약을 중심으로 한 직접적인 군수용품으로 옮겨갔다.
(4) 식민지에 대한 진출을 중요한 수단으로 삼아 발달했다. 이 점에서는 특히 닛산[日産]의 만주진출, 니치츠[日窒]의 한국진출이 두드러진다.5)

이러한 신구 재벌 모두 점점 독점을 강화해가면서, 결국에는 군수품생산을 위한 半官的 국책회사로 되는 경우가 많았다.

어쨌든 일본 경제는 1932년경부터 회복세를 보여 1935년경부터 군수산업을 중심으로 호황세를 타게 된다. 다만, 농업 부문은 예외적으로 장기간 공황상태에 있었으나, 1936년경부터 공황에서 탈출하게 된다.

일본의 무역도 1932년부터 회복되는데, 이것은 관리통화체제로 이행한 뒤 인플레이션 정책에 따른 엔화가치의 하락과 저임금 등 소시얼 덤핑에서 비롯된 것이다.

만주사변이 있은 뒤 정권의 파쇼화가 더욱 진전되어 노동운동·농민운동·사회주의운동은 격심한 탄압을 받았고, 1933년 이후에는 공산당운동은 완전히 궤멸하기에 이르렀다. 뿐만 아니라 자유주의자도 탄압을 받았고, 언론이나 사회운동의 자유는 완전히 압살되었다. 1936년 4월에는 국수주의적인 '애국노동조합간담회'가 결성되어 노동조합도 파시즘 체제의 일익으로 전환된다. 그해 11월에는 일본은 日·獨방공협정, 같은 해 12월에는 日·伊협정을 체결하여 국제파시즘 체제의 전선에 나서게 된다. 일본은 1937년 7월 7일 중일전쟁을 도발하고, 1938년 4월 1일에는 「국가총동원법」을 공포(5월 5일 시행)하여 물자와 인력에 대한 완전한 통제를 가능하게 하였다. 경제는 완전히 국가의 통제 아래 두어지고, 노동운동은 완전히 금지되었으며, 언론·출판도 국가의 통제 아래 들어가게 되었다.

3. 일본의 노동쟁의

재일 한국인 노동자의 노동쟁의를 이해하기 위해서는 일본 전체의 노동쟁의의 개략을 알아둘 필요가 있다. 따라서 여기서는 재일 한국인 노동자의

---

5) 楫西光速 외, 〈日本資本主義の沒落〉 III, 東京大學出版會, 1963, 620~621쪽.

〈표1〉 산업별 노동자 수의 증가(각 연말) (단위: 천 명)

연 도	공 장	광 산	교통운수	日 雇	총 수
1931	2,026	196	507	1,942	4,670
1934	2,539	247	555	2,422	5,764
1937	3,407	366	549	2,099	6,422

자료: 厚生省 《勞動時報》에 따름.

노동쟁의를 이해하는 데 도움이 되는 범위 안에서 일본의 노동쟁의에 관해 간략하게 서술하기로 한다.

일본의 노동자계급은 만주사변의 발발에서 말미암은 군수산업의 팽창으로 급격하게 성장한다. 전체 노동자 수는 1931년에서 1937년까지 4백67만 명에서 6백42만 2천 명으로 37.5퍼센트 증가했지만, 특히 공장노동자는 2백 2만 6천 명에서 3백40만 7천 명으로 68.2퍼센트, 광산노동자는 19만 6천 명에서 36만 6천 명으로 86.7퍼센트나 격증했다.

공장노동자 가운데서도 특히 기계금속공업과 화학공업 등 중화학공업 부문의 노동자가 급증한 나머지, 공자노동자 가운데서 중화학공업 노동자(기계·금속·화학·요업·전기가스)의 비율이 1931년의 25.9퍼센트에서 1937년에는 46.2퍼센트로 증가했다. 남녀 노동자의 비율을 보면 1931년에는 남성노동자가 46.6퍼센트, 여성노동자가 53.4퍼센트였던 것이 1934년에는 각각 53퍼센트, 47퍼센트로 남성노동자가 여성노동자를 수적으로 능가하게 된다. 그리고 1937년에는 남성노동자의 비율이 약 59퍼센트에 이르게 된다. 이러한 노동자 구성비의 변화는 바로 공업의 중화학공업화·군사화와 밀접한 관련이 있다(표1 참고).

1931년에 정점에 이르렀던 노동쟁의는, 그뒤 노동조건의 계속적인 악화, 실질 임금의 인하, 노동시간의 연장, 재해의 증가 등에도 아랑곳하지 않고, 만주사변의 발발과 함께 더욱 강화된 정부의 탄압과 노동전선의 혼란으로 1932년 이후 점차 감소하는 경향을 띠고 있다. 단지 총 건수만 감소한 것이

〈표2〉 노동쟁의 건수 및 참가 인원

연 도	노동쟁의			동맹 파태업 공장폐쇄		
	건 수	참가 인원	1건당 참가 인원	건 수	참가 인원	1건당 참가 인원
1931	2,456	154,528	63	998(40.6)	64,536	65
1932	2,217	123,313	56	893(40.3)	54,783	61
1933	1,897	116,733	62	610(32.2)	49,423	81
1934	1,915	120,307	63	626(32.7)	49,536	79
1935	1,872	103,962	56	590(31.5)	37,734	64
1936	1,975	92,724	47	547(27.7)	30,900	56
1937	2,126	213,622	100	628(29.5)	123,730	197

주 : ( )안은 총 건수에 대한 비율(사회국조사)

〈표3〉 산업별 노동쟁의 건수

	기계기구 제조업	화학공업	염직 공업	음식류 제조공업	잡공업	광업	가스 전기사업	운수업	토목 건축업	통신업	기타	계
1931	513	383	339	67	368	56	11	245	133	1	380	2,456
1932	322	311	336	74	308	56	9	264	153	4	380	2,217
1933	251	277	240	73	261	52	16	215	198	6	308	1,897
1934	282	332	226	68	204	85	17	201	179	5	316	1,915
1935	323	279	252	71	173	79	11	255	115	5	309	1,872
1936	423	259	322	57	198	104	7	270	119	2	214	1,975
1937	400	294	288	85	280	121	11	349	102	2	194	2,126

주 : 사회국조사

아니라 1건당 참가 인원도 매년 감소경향을 나타내고 있다(표2 참고).

이것은 1930년 이래 대공장이 공황으로 말미암아 더욱 심하게 타격을 받는 바람에 투쟁의 중심이 더욱 열악한 중소 공장으로 이행했음을 보여주고 있다.

〈표3〉에서 산업 부문별로 쟁의 건수를 보면 종래 노동조합의 조직율이 높고 비교적 숙련공이 많아서 쟁의 건수도 압도적 다수를 보였던 기계·기구 제조업 및 화학공업에서 특히 감소경향이 뚜렷하다. 이들 두 부문이 대체로 군수품산업으로서, 군수가 활황을 띠면서 실질 임금과 고용 노동자 수가 증

가한 것과, 다른 한편 '비상시'라는 명분 아래 미리 쟁의가 억압되었던 것 등이 그 주된 까닭이라고 생각한다.

운수업은 1932년에 들어서 쟁의 건수가 증가하고 있는데, 이것은 1930년 이래의 경영난이 1932년에 이르러 더더욱 심각해졌기 때문이다. 특히 전기궤도(電氣軌道)의 쟁의는 제네스트적인(*제네스트 : General Strike의 약칭. 총파업) 색채를 띠었다. 특히 동경시전(東京市電)의 쟁의는 일본에서 최초로 강제조정에 따라 해결된 쟁의로 매우 유명하다. 토목건축업에서도 쟁의 건수가 증가하는 경향을 나타내고 있는데, 이것은 청부업자가 자행하는 중간착취의 증대, 노동강화, 임금체불 등에 그 까닭이 있었다. 또한 농촌 구제 또는 실업 구제를 위한 토목사업이 진척되면서 사업자 수가 증가한 것도 그 까닭이라고 하겠다.

그런데 기계·기구공업의 쟁의는 1935년 뒤로 점차 증가하는 경향을 나타내고 있고, 1936년에는 총 건수의 21.4퍼센트에 이르고 있는데, 이는 이 부문의 경기가 1935년부터 지독한 정체 경향을 띠고 있었기 때문이다.

운수업에서는 1933년에서 1934년 사이에 쟁의 건수가 일단 감소했다가, 1935년 뒤로 증가하고 있는데, 그것은 주로 愛知縣 東三지방에서 전철쟁의가 잇달아 일어난 것과, 동경을 중심으로 하는 승합자동차의 쟁의가 활발해진 데서 말미암은 것이다. 토목건축업에서는 1934년 뒤로 쟁의가 줄곧 감소하고 있는데, 이것은 노조에 대한 정부의 탄압이 강화되면서 노동자의 단결력이 약해졌기 때문이다.

잡공업의 쟁의도 감소하는 경향을 띠기는 하지만, 여전히 만만찮은 건수에 이르고 있다. 잡공업은 주로 중소기업으로서 경영 부진 때문에 사업정리, 임금체불에서 말미암은 쟁의가 다수 일어났는데, 쟁의로써도 그 문제를 해결할 수 없다는 데 그 심각성이 있었다.

쟁의의 요구사항 가운데 임금 및 해고와 관련된 사항이 매우 많았는데, 이는 공황을 극복하기 위한 수단으로 기업들이 임금인하, 해고 등을 많이 채택한 것에 대한 마땅한 결과였다.

1931년에는 임금인하 반대라는 소극적 요구가 많았지만, 1932년 이후, 특히 1933년 뒤로는 군수 인플레이션의 진행과 그것으로 말미암은 호황, 실질임금의 감소 등으로 임금인상 요구라는 적극적 요구가 점차 많아지게 되었다.

쟁의가 해결된 결과를 보면 1932년까지는 요구가 관철되지 않은 채 끝난 사례가 다수를 차지했는데, 1933년부터는 타협에 따른 해결이 가장 다수를 차지하고 있었다.

쟁의의 지속 일수도 점점 줄어드는 경향을 보여 비교적 단기간에 해결한 것이 많았다. 그런데 쟁의조정은 1926년 「노동쟁의조정법」이 시행되면서부터 점증했는데, 1931년 뒤로는 경찰관이 가운데서 조정하는 경우가 눈에 띄게 증가했으며, 특히 1935년 뒤에는 조정관여 쟁의 건수 가운데 과반수를 차지하고 있었다. 이와 같이 경찰관의 쟁의 관여가 강화되고, 그것이 주요한 조정의 방법이 되었다는 것은 말할 것도 없이 노동운동에 대한 관헌의 탄압이 강화되었음을 보여주고 있다. 타협이 증가한 것은 기업에게 다소 여유가 생겨서이기도 하겠지만, 국가의 개입으로 쟁의가 끝까지 진행될 수 없어서이기도 했다.[6)]

그런데 만주사변이 일어난 뒤로 정부의 탄압과 노동조합의 우익화, 또는 국가사회주의운동의 발생 등으로 말미암아 노동쟁의는 앞서 서술한 바와 같이 매년 그 건수와 참가 인원이 감소하고, 규모가 작아짐과 아울러 단기간에 타협적 해결을 도모하는 경향이 뚜렷해지고 있었다. 그러나 1936년 하반기에 들어서면 노동쟁의는 갑자기 증가 추세로 전환하여 1937년 상반기에 전에 없던 격증을 보이고 있다. 이것은 물론 준전시체제의 강화가 재정의 팽창을 촉진하여 군수 인플레이션을 확대하고 아울러 물가 오름세에 따라 실

6) 같은 책, 835~836쪽.

질 임금이 눈에 띄게 떨어졌기 때문이기도 하지만, 노동시간이 연장되고 노동강화도 심화되어 노동자의 생활불안과 노동불안이 깊어지면서 쟁의 격발(爭議激發)이 빈번해졌기 때문이기도 하다. 특히 馬場재정으로 말미암아 1937년도 예산이 전에 없이 팽창하고, 아울러 여러 나라에서 일본 상품 방어 조치를 강화하는 바람에 대외 수출이 정체되면서 이러한 정세를 더욱 촉진시켰던 것이다.[7] 그러나 1937년 7월 이후 중일전쟁이 확대되자, 그 영향으로 쟁의는 급격하게 감소하게 되고, 아울러 적극적 요구보다는 소극적 요구가 다수를 차지하게 되고, 반면에 소규모 공장에서 쟁의가 많이 일어나게 되었다.

4. 재일 한국인 노동자의 노동쟁의

1. 건수 및 참가 인원

재일 한국인 노동자의 쟁의 건수는 1929년 9개월 동안 256건이 일어났지만, 세계 대공황의 영향을 받기 시작한 1930년 10개월 동안에는 468건, 1930년 11월부터 1931년 10월까지의 1년 동안에는 483건으로 대공황 아래서 폭증하게 된다. 물론 대공황 아래서 기업의 도산이 속출하고, 기업이 경영난을 극복하기 위하여 해고, 임금인하 등의 조치를 했기 때문에 이에 대한 저항으로 노동쟁의가 폭발하게 된다.

더욱이 한국인 노동자 가운데 중소 공장의 미숙련직공이 대부분이었기 때문에 공황 아래서 해고, 인원정리, 임금인하, 시간연장, 조업단축에 따른 격일출근 등의 일차 대상이 되었기 때문에 평소의 민족차별적 대우에 대한 분노와 함께 공장쟁의가 폭발했던 것이다.

또한 많은 한국인 노동자는 토목공사의 인부로 일했는데, 공황으로 말미

7) 같은 책, 836쪽.

〈표4〉 재일 조선인 노동쟁의의 운동형태 및 결과 (단위 : 건수, %)

	노동쟁의	1929.1.1~9.30	1930.1.1~10.31	1930.11.1~1931.10.31
운동형태	파업	50 (19.5)	101 (21.6)	149 (30.8)
	태업	19 (7.4)	22 (4.7)	60 (12.4)
	시위		44 (9.4)	73 (15.1)
	절충	187 (73.0)	301 (64.3)	201 (41.6)
	계	256 (100.0)	468 (100.0)	483 (100.0)
결과	요구관철	82 (32.0)	166 (35.5)	59 (12.2)
	타협	78 (30.5)	201 (42.9)	252 (52.1)
	요구철회 또는 거절	33 (12.9)	31 (6.6)	42 (8.7)
	자연종식	50 (19.5)	50 (10.7)	119 (24.6)
	미해결	13 (5.1)	20 (4.3)	11 (2.3)
	계	256 (100.0)	468 (100.0)	483 (100.0)

주 : ( )안은 비율임

자료 : 內務省警保局, 《社會運動の狀況》가운데 〈在留朝鮮人運動〉, 朴慶植 편, 《在日朝鮮人關係資料集成》, 제2권 1에서 저자 작성.

암아 임금체불, 실업 등의 현상이 많이 일어나면서 토목공사장에서 노동쟁의와 실업자운동이 분출하게 된다. 매우 적은 수이기는 하지만 한국인을 많이 고용하고 있던 탄광에서는 해고와 임금인하에 반대하여 광부의 쟁의도 일어나게 된다.

이와 같이 공황을 계기로 재일 한국인 노동자의 쟁의가 폭발한 것은 한편으로는 1925년 창설된 재일본조선노동총동맹을 중심으로 노동운동의 역량이 축적되었기 때문이고, 다른 한편 이 단체가 전협(일본노동조합전국협의회)으로 해소·통합된 뒤에 전협 쪽의 적극적인 지도가 있었기 때문이기도 하다.

재일본조선노동총동맹이 노동쟁의에 미친 영향에 대해서는 내무성 경보국의 《사회운동의 상황》 가운데 〈在留 조선인운동〉에서 다음과 같이 지적하고 있다.

在留 조선인이 증가하면서 마땅히 공장노동자도 증가해 왔는데, 그들 노동자는 內地(일본—저자) 노동운동의 진전, 특히 조선노동총동맹의 창립 이래 큰 충격을 받아 점점 조합에 가입하는 자 및 계급의식에 눈뜬 자가 증가하고, 일본 노동자를 모방한 사상 또는 노동단체를 배경으로 하여 노자분의(勞資紛議)를 야기하는 경향이 있었다.[8)]

또한 내무성 경보국은 1931년의 한국인 노동자의 노동쟁의를 기술하면서, 공황 아래 한국인 노동자의 쟁의가 일본인 노동자와는 별개로 그들이 주동하여 일으키는 것이 점점 중요해지고 증가하고 있음을 다음과 같이 설명하고 있다.

최근 일본 재계의 불황으로 말미암은 각 사업의 휴폐지, 축소, 그리고 그것에서 비롯된 각종 쟁의의 속출은 탄갱부, 자유노동, 미숙련직공을 대부분으로 하는 조선인 노동자에게 큰 위협을 주어 곳곳의 쟁의에 조선인은 참가하지 않은 곳이 없었고, 조선인 노동자가 주동적 입장에서 일으키는 노동쟁의 가운데서 중요한 사례 역시 부족하지 않다.

즉 京阪神지방의 護謨(고무—저자)공장, 섬유공장 등의 쟁의, 또 사정이 다르지만 실업구제로서 각 廳府縣에서 기공하는 토목사업의 분의(紛議)는 모두 주요한 것이고 그 밖의 각종 쟁의에서도 조선인이 주도해서 일으키는 것이 최근 눈에 띄게 증가하는 것은 주목해야 할 현상이라고 봐야 한다.[9)]

그리고 경보국은 이어서 이에 대한 전협의 영향을 구체적인 사례를 들면서 다음과 같이 지적하고 있다.

그리고 이들 조선인이 주동해서 일으키는 쟁의 가운데 전협계 조합이 이면에

---

8) 朴慶植 編, 《在日朝鮮人關係資料集成》 제2권 1, 三一書房, 1974, 81쪽.
9) 같은 책, 331쪽.

서 책동하는 경우가 많은데, 그 주요한 것으로서 다음과 같은 것을 들 수 있다. (1)금년(1931년-저자) 1월부터 大阪市 東成區 지방 각 고무공장에서 잇달아 빈발하는 쟁의에 대하여 전협화학 大阪지부에서 작년에 이어, 고무 제네스트 위원회를 설치하고, 강태휴, 현광진, 조몽구 등 간부급이 위원이 되어 岡部고무공장을 중심으로 부근 각 고무공장 쟁의를 유발하도록 지도하고, 각종 기념일 운동과 결합하여 극좌전술을 교묘히 사용하면서 전단 살포, 공장습격을 감행하여 기세를 올렸다. (2) 또 금년 1월 이래 神戶시내 각 고무공장에서 잇달아 일어나는 쟁의(주로 중간조합의 지도)에서 전협화학 兵庫縣지부의 책동. (3) 금년 7월 東京府 多磨川砂利 채취장에서 일어난 쟁의는 대중, 사민 양당이 지도한 것이지만 전협토건 神奈川지부(주로 조선인)는 이 쟁의에 참가한 일본인과 조선인 300명을 동원하여 몇 개의 적기를 세워놓고 六鄕河源에서 직장대회를 열고, 단속차 급파한 경찰과 충돌하여 경찰관 2명이 다쳤다. 그 결과 조선인 87명, 일본인 1명이 검거되었다. (4) 금년 9월 愛知縣에서 일어난 국도개량공사 蟹江町공사장 쟁의 가운데 전협 분자의 선동지도에도 토목공 약 300명(대부분 조선인)이 갑자기 데모를 감행하며 蟹江町 국도개량출장소 사무소에 밀어닥쳐 16명이 검거되었다.[10]

이상의 기술로 미루어 보아 1930년대 공황 아래 한국인 노동자의 쟁의는 재일본조선노동총동맹이 결성된 뒤로 한국인 노동자의 운동역량이 축적되면서 일본인 노동자와는 별도로 한국인 노동자의 주도로 일어나게 되었으며, 재일본조선노동총동맹을 통합한 일본 좌익계 노동조합인 전협을 중심으로 지도되었음을 알 수 있다.

어쨌든 1930년에서 1932년 사이 공황이 가장 심각했던 시기에 재일 한국인 노동자의 쟁의가 폭발적·집중적으로 일어나고, 그뒤로 쟁의 발생 건수가 감소하는 경향은 일본 전체의 노동쟁의의 흐름과 대체로 일치한다. 노동쟁의 건수나 참가 인원의 면에서 양자 사이에 가장 큰 차이는 1937년의 노동

10) 같은 책, 331~332쪽.

쟁의에서 나타난다. 앞에서 서술한 바와 같이 일본의 노동쟁의는 1933년 이후로 감소하는 경향을 보이다가, 그동안 군수 인플레이션으로 말미암은 물가등귀와 실질 임금의 감소, 노동시간의 연장, 노동 강도의 강화 등 전반적인 노동조건의 악화로 1937년에 다시 폭발하여 1931년에서 1932년에 버금가는 발생 건수를 나타냈다. 그 요구조건 가운데서 임금인상 요구로 일어난 건수가 1천2건으로 전체 발생 건수 2천126건의 약 절반을 차지하여 실질 임금의 감소가 얼마나 심각했는가를 잘 보여주고 있다. 그리고 한 건당 참가 인원은 〈표2〉에서 보는 바와 같이 1937년에 전체적으로 1백 명인데, 이는 1931년에서 1936년 사이의 그것에 견주어 약 두 배에 이르고 있으며, 더욱이 동맹파업·태업 공장폐쇄의 경우에는 1천197명으로 두세 배에 이르고 있다. 1937년의 쟁의가 대기업을 중심으로 격렬하게 일어나고 있음을 알 수 있다.

그러나 한국인 노동자의 노동쟁의는 〈표5-1〉에서 보는 바와 같이 1936년의 386건에 견주어 1937년에는 297건으로 89건이나 대폭 감소하고 있다. 그리고 참가 인원도 〈표5-2〉에서 보는 것처럼 1937년에는 6천332명으로 전년도에 견주어 1천896명이나 감소했으며, 1건당 참가 인원은 전년도와 같은 21명이다. 이에 관해 앞에 서술한 경보국 자료에 따르면, 그것은 그해 후반기의 지나사변(중일전쟁-저자)에서 비롯된 군수산업 등의 번창으로 말미암아 노동력의 수요가 증가하면서 비교적 좋은 조건으로 취로할 수 있게 된 것 같다[11]고 설명하고 있다.

위의 지적 가운데 노동력의 수요가 증가하여 취로 기회가 확대되었기 때문에 노동쟁의가 감소했다는 지적은 타당한 것 같다. 전쟁으로 말미암은 한국인 노동력의 수요 증가는 다음 사례가 뒷받침해주고 있다.

중일전쟁 때 몇몇 사업주 사이에 노동자, 특히 한국인 노동자의 부족을 호소하고, 이때 도항취체의 완화방법을 운운하는 자도 있지만, 그것은 필경 사

11) 같은 책, 제3권 2, 768쪽.

〈표5-1〉 재일 조선인 노동쟁의(원인별)

원인	연도						
	1932	1933	1934	1935	1936	1937	1938
해고 반대	99 (23.9)	81 (23.5)	112 (29.3)	102 (28.7)	105 (27.2)	54 (18.2)	45 (27.1)
임금인상 요구	95 (22.9)	102 (29.7)	97 (25.4)	94 (26.4)	103 (26.7)	118 (39.7)	54 (32.5)
임금인하 반대	42 (10.1)	31 (9.1)	27 (7.1)	26 (7.3)	39 (10.1)	17 (5.7)	7 (4.2)
휴업반대	24 (5.8)	15 (4.4)	25 (6.5)	12 (3.4)	20 (5.2)	13 (4.4)	6 (3.6)
기 타	154 (37.2)	115 (33.4)	121 (31.7)	122 (34.3)	119 (30.8)	95 (32.0)	54 (32.5)
계	414 (100.0)	344 (100.0)	382 (100.0)	356 (100.0)	386 (100.0)	297 (100.0)	166 (100.0)

자료 : 〈표4〉와 같음, 朴慶植 편, 같은 책, 제2권 1～제3권 2에서 저자작성.

〈표5-2〉 재일 조선인 노동쟁의(운동형태별) (단위: 건수, 명, %)

운동형태\연도		1932	1933	1934	1935	1936	1937	1938
파업	건 수	145(35.0)	123(35.8)	73(19.1)	125(35.1)	103(26.7)	85(28.6)	26(15.7)
	참가 인원	6,968	3,967	2,675	2,550	2,743	2,643	298
태업	건 수	54(13.0)	44(12.8)	62(16.2)	69(19.4)	71(18.4)	33(11.1)	20(12.0)
	참가 인원	3,637	1,118	1,615	1,501	1,674	861	278
기타	건 수	215(51.9)	177(51.5)	247(64.7)	162(45.5)	212(54.9)	179(60.3)	120(72.3)
	참가 인원	4,922	3,766	5,227	2,327	3,811	2,378	2,390)
계	건 수	414(100.0)	344(100.0)	382(100.0)	356(100.0)	386(100.0)	297(100.0)	166(100.0)
	참가 인원	15,524	8,851	9,517	6,378	8,228	6,332	3,650
	1건당 참가 인원	37	26	25	18	21	21	22

자료: 〈표5-1〉과 같음.

〈표5-3〉 재일 조선인 노동쟁의(결과별) (단위: 건수, %)

결과\연도	1932	1933	1934	1935	1936	1937	1938
요구관철	68(16.4)	76(22.1)	74(19.4)	70(19.7)	69(18.1)	68(22.9)	23(14.3)
요구거절	44(10.6)	29(8.4)	27(7.1)	29(8.1)	40(10.5)	22(7.4)	18(11.2)
타 협	235(56.8)	166(48.3)	193(50.5)	202(56.7)	230(60.2)	181(60.9)	102(63.4)
요구철회	8(1.9)	17(4.9)	38(9.9)	18(5.1)	14(3.7)	12(4.0)	3(3.1)
자연종식	33(8.0)	14(4.1)	30(7.9)	20(5.6)	16(4.2)	8(2.7)	5(3.1)
기 타	26(6.3)	42(12.2)	20(5.2)	17(4.8)	13(3.4)	5(1.7)	8(5.0)
계	414(100.0)	344(100.0)	382(100.0)	356(100.0)	382(100.0)	297(100.0)	161(100.0)

자료 : 〈표5-1〉과 같음.

업주의 타산적 입장에서 나온 요망으로 보이기도 한다. 이제 이러한 요망을 몇 가지 예시하면 다음과 같다.[12)]

(1) 富山縣中新川郡立山村 촌장 佐伯豊那 및 今村芦崎寺 부락대표 佐伯宗久 두 사람은 11월 15일 관할 五百石 경찰서장을 방문하고, 현재 앞서 말한 촌내의 縣직영 국립공원 관광자동차 도로공사는 인부 부족으로 사업진척에 중대지장이 있다고 하여, 새로 약 50여 명의 조선인 노동자의 이입(조선에서)에 관한 탄원서를 제출했다. 이에 대하여 경찰 쪽에서는 극력 일본에 한동안 머물러 있는 노동자로 보충하라는 뜻을 懇示했다.

(2) 大阪市 사회부 직업소개소에서는 10월 초순 이래 福岡縣의 광업자에게 조선인 노동자 수백 명의 모집·알선을 위촉받아 이후 직할 노동소개소에서 각각 모집에 착수했지만…응모자가 거의 없는 상태다.

(3) 大分縣玖珠郡南山田村에 있는 旭金山 引治광업소에서는 사변의 영향으로 노동자가 부족했고, 그것을 보충하기 위해 같은 회사가 경영하는 충북 영동군 매곡면 노천리에 있는 旭金山 玉川광업소는 조선인 광부 및 그 가족 23명의 전입을 계획하여 관할 영동경찰서에 출원했기 때문에, 영동경찰서에서는 大分縣森署 앞으로 조회했다. 이에 대하여 森署에서는 그 광업소는 그 지방에서 노동자를 구할 여지가 있기 때문에 도항저지 방향으로 회답했다.

많은 실업자를 포함하고 있는 한국인 노동자의 처지에서는 임금 수준보다도 취업자체가 더욱 중요했기 때문에, 취로 기회의 확대가 노동쟁의를 감소시켰을 가능성이 매우 높았을 것이다. 〈표5-1〉에서 1937년의 해고 반대가 18.2퍼센트로서 다른 연도에 견주어 훨씬 낮았다는 사실이 위의 추정을 잘 뒷받침해주고 있다. 확실히 중일전쟁 발발로 말미암은 군수 부문 노동 수요의 확대가 한국인 노동자의 노동쟁의를 감소시킨 한 요인으로 작용했다고

---

12) 內務省 警保局, 〈特高月報〉, 1937년 12월분, 673쪽.

볼 수 있다. 그러나 경보국의 기술 가운데 '비교적 좋은 조건으로 취로할 수 있게 된 때문'이라는 분석은 옳지 않다고 본다. 왜냐하면, 〈표5-1〉에서 보는 바와 같이 1937년의 임금인상 요구에서 말미암은 쟁의 건수의 비율이 39.7퍼센트로서 다른 연도에 견주어 훨씬 높게 나타나고 있어서 일본인 노동자와 마찬가지로 인플레이션에 따른 실질 임금의 감소가 극심했음을 말해주고 있기 때문이다. 1938년에도 32.5퍼센트로서 1937년을 제외한 다른 연도와 견주어 볼 때 높게 나타나고 있다.

1937년 재일 한국인의 노동쟁의가 급격하게 감소한 또 하나의 요인은, 그 때까지 형식적으로는 민간 주도(물론 각 지방 자치단체의 주도나 후원도 있었지만) 아래 이루어졌던 융화운동을 1936년부터 중앙정부의 지원 아래서 강화한 '내선협화운동'이라고 생각한다. 이 융화운동이란 일본에 사는 한국인을 사상, 감정, 언어, 문화, 일상생활 등 전 영역에 걸쳐 정신적·물질적으로 일본 사회에 동화·통합시키고, 또 한국인을 일본인화 하는 운동이다.

경보국의 자료에 따르면, 이 운동은 1919년 3월부터 1921년에 이르는 '일본인의 창업시대', 1921년 말부터 1923년 관동대지진에 이르는 '한국인의 자발적 참가시대'와 그뒤 '한국인 중심시대'를 거쳐 계속 이어졌다고 한다. 그리고 더욱이 만주사변이 있은 뒤로 이 운동이 비상한 활기를 띠어 융화단체의 결성이 줄을 이어 1936년 말에는 679단체, 7만 8천846명에 이르렀다고 한다. 그러나 대부분의 단체들은 결성 뒤에 구체적 활동이 없고, 오히려 그럴 듯한 구실 아래 재일 한국인에 대한 착취를 일삼거나 또는 융화의 가면을 쓰고 민족운동을 벌였다고 한다.[13)]

정부는 당시 한국인과 관련된 여러 문제가 점점 복잡해지고 있는 상황을 감안하여, 1936년부터 새로 협화 사업비를 계상하여, 주요 관계 府縣에 약간의 사무원을 두었고, 협화사업 단체에 대해서는 조성금을 교부했다. 이로써

---

13) 朴慶植 編, 앞의 책, 제3권 1, 572쪽.

그것의 보호 선도에 관한 시설의 촉진과 동화를 기조로 하는 생활개선·향상에 관하여 적극적으로 지도하면서부터 협화사업은 갑자기 본격적으로 펼쳐졌던 것이다.[14)]

이러한 한국인의 황민화정책은 중일전쟁을 계기로 더욱 강화된다. 〈特高月報〉는 이것을 다음과 같이 기술하고 있다.

> 各廳府縣에서는 현재의 시국이 조선인을 황민화하기 위해 가장 좋은 훈련시기라고 하여 국민정신 총동원운동과 병행하여 각 협화단체 등이 시국 강연회 따위를 개최하고, 황군의 무운장구, 또는 전승축원제 등을 집행하도록 하고 있다. 그 때문에 일부 민족주의계 분자를 제외하고는 비교적 올바르게 시국을 인식하고, 일본인과 함께 총후(銃後)의 보호에 협력하고 있다. 그래서 이번 달에도 아래와 같이 출정탄원, 국방부인회, 그 밖에 다른 일본인단체에 가입, 황군병사에 대한 위문문의 발송 등을 하는 자가 있어서 그 시국 인식은 사변의 진전과 시일의 경과에 따라 점차 심화되어 가고 있다.[15)]

이러한 한국인에 대한 황민화 강요와, 앞서 기술한 바와 같은 경찰의 노동단체와 노동운동에 대한 대탄압이 1937년에 한국인 노동자의 노동쟁의를 급격하게 감소시킨 또 하나의 요인이었다.

어쨌든 1937년에는 일본의 노동쟁의가 폭증하였음에도, 재일 한국인의 노동쟁의는 앞에서 서술한 여러가지 요인 때문에 급격하게 감소하게 되었다. 그리고 한국인 노동자의 경우 건당 노동쟁의의 참가 인원이 일본 전체 노동쟁의의 건당 참가 인원에 견주어 훨씬 낮은 까닭은 사업자당 한국인 노동자 수가 일본인 노동자 수에 견주어 상대적으로 적었기 때문이며, 한국인 노동자 대부분이 중소기업에 취업하고 있었기 때문이다.

---

14) 같은 책, 572쪽.

15) 〈特高月報〉, 1937년 10월분, 721쪽.

2. 원 인

〈표 5-1〉에서 노동쟁의의 원인 가운데 기타를 제외하면 해고 반대와 임금 인상 요구가 가장 높은 비율을 차지하고 있다.

일본의 요구사항별 쟁의 건수를 보면 1931년에서 1937년 사이에 해고 반대의 비율은 전체 쟁의 건수에서 각각 21.2, 22, 16.8, 16.1, 14.5, 그리고 11.1퍼센트를 차지했다.[16] 이러한 일본의 노동쟁의의 원인 가운데 해고 반대는 한국인의 그것에 견주어 훨씬 낮다. 한국인의 그것은 1932에서 1938년 사이에 각각 23.9, 23.5, 29.3, 28.7, 27.2, 18.2 그리고 1938년에는 27.1퍼센트였다. 이것은 한국인이 일본인에 견주어 우선적으로 해고 대상이 되는 바람에, 해고 문제가 더더욱 심각한 문제로 떠올랐기 때문에 나타난 현상이다. 또 하나 다른 것은 일본인의 경우 해고 반대의 비율이 경제가 회복세를 띤 1933년부터 점차 낮아지는 경향을 보이는 반면, 한국인의 그것은 1932~1933년에 견주어 1934~1936년에 더욱 증가했다는 사실이다. 그것은 한국인 노동자가 주로 취업하고 있는 중소기업이 여전히 불황에 허덕이고 있었기 때문이다. 이것은 내무성 경보국이 《사회운동의 상황》 가운데 〈在留 조선인운동〉(1936년분)에서 다음과 같이 지적하고 있는 데서도 입증된다.

> 최근 군수중공업 및 일부 수출산업에서는 이른바 군수 경기 또는 환율 인상 등의 영향을 받아 꽤 활황을 띠고 있는 모양이지만, 일정한 기술 또는 고정된 일자리가 없는 조선인 노동자를 수용하는 중소 공업에서는 여전히 불황에서 벗어나지 못하고, 따라서 그것으로 말미암아 조선인이 관련된 각종 분쟁의는 여전히 빈발하고 있었던 것이다.[17]

한국인의 노동쟁의의 원인 가운데 임금인상 요구도 해고 반대 못지않게

16) 楫西光速 외, 앞의 책, Ⅲ, 835쪽.
17) 朴慶植 編, 앞의 책, 제3권 1, 592쪽.

높은 비율을 차지하고 있다. 일본인의 경우 임금인상 요구가 차지하는 비율은 1931년과 1932년에 각각 11.8퍼센트, 17.9퍼센트로 비교적 낮았으나 1933년에서 1936년 사이에는 각각 29, 32.5, 25.6, 28.4퍼센트로 증가하다가 1937년에는 47.1퍼센트로 폭증하게 된다.[18] 이렇게 비율이 점증하는 경향은 앞서 기술한 바와 같이 군수 인플레이션에서 말미암은 실질 임금의 감소가 점차 격심해지고 있음을 반영한 것이다. 한국인의 경우에도 이를 반영한 임금인상 요구가 꽤 높은 비율을 차지하다가 1937년에는 약 40퍼센트로 폭증하게 된다.

일본 전체의 경우 임금인하 반대나 휴업 반대는 1931년에서 1932년 사이의 불황기에 비교적 집중적으로 나타나다가, 그뒤에는 경기의 회복세와 함께 대폭 감소하는 경향을 띠고 있으며, 한국인의 경우에는 이것이 1932년에서 1936년 사이에 약간의 기복이 있긴 하지만 비교적 안정적인 비율을 나타내고 있다. 이것은 앞에서 서술한 바와 같이 한국인이 주로 취업하고 있는 중소기업이 불황을 탈피하지 못하고, 여전히 임금인하와 휴업을 자행하고 있음을 반영하는 것이라고 생각한다.

임금인하 반대와 관련된 재일 한국인의 노동쟁의 가운데 특기할 만한 것으로 공황 때 민족차별적 임금인하로 말미암은 노동쟁의를 꼽을 수 있다.

원래 한국인 노동자는 일본인 노동자에 견주어 훨씬 낮은 임금 수준인데도, 공황을 맞이하여 임금을 인하할 때 한국인 노동자의 임금인하율이 일본인의 그것에 견주어 더욱 높았다는 것이다. 그 하나의 사례로서 和歌山에 있던 金文면포공장을 들 수 있다.

> 1931년 6월 17일 金文공장의 노동자는 공장 쪽에서 조선인 일급 1円의 20퍼센트, 일본인 남성노동자 일급 1円30錢의 10퍼센트, 일본인 여성노동자 일급 95

18) 楫西光速 外, 앞의 책, Ⅲ, 835쪽, 제319표.

錢의 15퍼센트의 임금인하를 요청받았다. 金文공장의 임금인하 통고는 불황대책으로서 起毛협회에 따라 계획된 和歌山市 안의 모든 起毛공장의 20퍼센트 임금인하 방침을 처음 실시하려고 했던 것이기는 하지만 조선인에 대한 임금인하율이 가장 높았던 것이다.[19]

예정대로 임금인하가 이루어졌다면 조선인 남성노동자의 임금은 일본인 여성노동자의 임금보다 조금 낮았을 것이다. 조선인 노동자는 4일 동안의 파업투쟁으로 임금인하를 철회시키는 데 성공했지만 30분의 휴게시간을 빼앗겨 12시간 계속 일하도록 되어 노동조건은 더욱 나빠졌다.[20]

〈표5-1〉에 나타난 한국인 노동쟁의의 원인 가운데 기타는 항상 30퍼센트 이상의 높은 비율을 차지하고 있으나, 이를 자세하게 분류해 놓지 않았기 때문에 확실한 내용은 알 수 없다. 여기에는 한국인 차별대우, 지나치게 비싼 식대와 물품대, 임금체불, 부상자의 치료비지급 등이 주요한 항목으로 포함될 것이다.

이를테면 愛知縣北設樂郡三輪川村合志의 三信철도공사에 종사하던 한국인 토목공 약 300명은 1930년 7월 29일에 쟁의를 일으켜, 체불임금 지불, 부상자에 대한 치료비 및 사망자에게 가족 부조료 지급, 일용품, 그 밖에 다른 물품의 원가지급, 쟁의 가운데 일당 및 쟁의비용 전액지급을 요구했다.[21]

또한 1932년 1월 4일 橫濱市가 실업구제사업으로 시행한 平作川 개수 공사장에서 한국인 노동자 6백여 명은 공사 청부업자에게 요구서를 제출하고 파업에 돌입했는데, 그 요구서에는 실업등록자에게 매일 취로시키라는 항목이 들어 있다.[22] 당시 橫濱市는 동계 4개월 동안 등록자 전원을 취로시키

19) 金靜美, 〈和歌山·在日朝鮮人の歷史 : 解放前〉, 在日朝鮮人運動史硏究會 編, 《在日朝鮮人史硏究》, 제14호, 1984. 11, 81쪽.

20) 같은 책, 81쪽.

21) 平林久枝, 〈三信鐵道爭議について〉, 《在日朝鮮人史硏究》, 創刊號, 1977.12, 11～12쪽.

22) 樋口雄一, 〈平作川改修工事爭議〉, 《在日朝鮮人史硏究》, 제5호, 1979.12, 11쪽.

려면 3~4일에 한번 취로하도록 예정하고, 1월 4일부터 4일에 한번씩 취로하도록 결정했다. 매일 취로시키라는 요구는 이러한 실업 등록자의 특수한 입장을 대변하고 있는 것이다.

1935년 7월 4일 名古屋市西區則武町에 있는 야마토 제망소에서 한국인 여공들이 쟁의를 일으켰다. 전단 내용은 '우리들 조선의 여공을 먹이로 하는 악질 공장내규 절대반대, 아사를 강요하는 해고 절대반대, 민족차별 절대반대'라는 한국인 노동자가 받았던 계급적·민족적 이중차별에 반대하는 내용을 담았다.[23)]

한국인의 노동쟁의의 원인 가운데 기타 항목에는 공장시설을 비롯하여 식사·잠자리 문제에 이르기까지 여러가지가 포함되어 있다.

3. 운동의 형태

다음으로 재일 한국인 노동자의 노동쟁의에서 운동의 형태를 살펴보기로 하자. 이에 관해서는 자료의 일관성이 없다.

〈표4〉에서 보는 것처럼 1929년에는 시위를 따로 분류해 놓고 있지 않으나, 1930년과 1931년에는 시위를 따로 분류해 놓고 있다. 아마도 이 기간 동안에 시위가 많이 일어났기 때문에 이를 중요하게 다루어 따로 분류해 놓았는지 모른다. 어쨌든 1930년 1월 1일에서 1930년 10월 31일 사이에는 시위가 전체 운동형태 가운데서 9.4퍼센트, 1930년 11월 1일에서 1931년 10월 31일 사이에는 그것이 15.1퍼센트를 차지하여 시위가 중요한 운동형태였음을 알 수 있다.

1932년 이후의 통계에서는 다시 운동형태에서 시위를 따로 다루지 않고, 단순히 파업, 태업, 기타로만 분류하고 있다. 우선 운동형태 가운데 파업이 차지하는 비율을 보면 그 비율은 1929년에서 1932년까지 증가 추세를 보이

23) 金廣烈, 〈1930年代名古屋地域における朝鮮人勞動運動〉, 《在日朝鮮人史硏究》, 제23호, 1993.9, 14쪽

다가, 1932년에서 1935년 사이에는 1934년을 제외하면 대체로 35퍼센트의 높은 수준을 유지하고 있다. 태업의 비율은 1931년부터 1935년까지 대체로 증가하는 경향을 띠고 있다.

전반적으로 말해서 1930년대 초에는 1934년을 제외하면 한국인의 노동쟁의는 대체로 절반 정도가 파업이나 태업 또는 시위에 호소하는 과격한 운동이었다. 1930년대 후반기에 접어들면서 이런 행동에 나서지 않고 절충에 따라 해결하는 비율이 높아지는데, 이는 노동운동의 약화를 반영하고 있다.

이것을 일본 전체의 노동쟁의와 견주어 보면, 〈표2〉에서 보는 바와 같이 일본의 노동쟁의 가운데 동맹파태업 공장폐쇄와 같은 과격한 운동형태가 차지하는 비율이 30년대에 계속 감소하는 경향과는 매우 대조적이다. 이는 일본인 노동자들의 경우 1930년대 군수산업의 확장과 더불어 고용사정이 호전된 데 견주어, 한국인 노동자들의 경우 주로 불황을 탈출하지 못한 중소영세기업에 종사하는 바람에 고용 사정이 그다지 좋지 못했던 사정을 반영하고 있는 것이다.

4. 결 과

〈표4〉에서 보는 것처럼 쟁의의 결과 가운데 요구가 그대로 관철된 비율은 1929년과 1930년에 각각 32퍼센트, 35.5퍼센트로 비교적 높았으나, 공황이 심화된 1930년 11월에서 1931년 10월까지는 12.4퍼센트로 격감했다. 1932년에도 그 비율은 16.4퍼센트로 비교적 낮았으나 1933년에서 1937년 사이에는 20퍼센트 안팎으로 일정하다. 중일전쟁 이후 전시체제로 들어가면서 노동운동이 완전히 탄압된 1938년에는 그것이 14.3퍼센트로 대폭 감소하게 된다.

운동결과에 대해서 특기할 사항은 타협의 비율이 높게 증가 추세를 보인다는 것이다. 앞에 서술한 바와 같이 1931년 뒤로 경찰관의 쟁의조정이 뚜렷하게 증가하는 경향을 띠고 있었기 때문에 타협에 따른 해결의 비율이 점차 증가했다고 볼 수 있다. 이것은 물론 노동쟁의나 노동운동에 대한 탄압의 강화를 뜻하기도 한다.

한국인의 노동쟁의 특히 비교적 과격한 노동쟁의에는 항상 경찰관의 관여가 있었다. 한국인 노동자들을 독립사상이나 좌익사상 또는 그러한 운동에서 분리시키기 위해서 경찰의 감시나 단속이 평상시에도 자행되었지만, 특히 노동쟁의가 일어난 경우에는 대체로 주동자를 먼저 검거한 뒤에 쟁의를 분쇄하거나 경찰관의 쟁의조정이 이루어지는 것이 관례였다. 이를테면 내무성 경보국이 작성한 《사회운동의 상황》의 〈在留 조선인운동〉에서 1932년도의 주요 쟁의 사례로 들고 있는 8개의 사례 가운데 경찰이 검거나 알선에 관여하지 않은 사건은 하나도 없었다. 그 내용을 요약하면 다음과 같다.

紀勢東線철도공사쟁의

三重縣尾鷲町에 있는 紀勢東線철도공사에서 한국인 노동자가 2월 13일 파업에 들어가자 2월 15일 관할서에서 주모자 이만수를 비롯한 31명을 검거하여 폭력행위 등 처벌에 관한 법률위반 사건으로 송국해서, 전부 기소하고는 安濃津 지방재판소에서 심리한 나머지, 이만수를 비롯한 5명은 징역 3개월에서 2년, 기타는 각각 벌금 30~100円에 처했다.[24)]

野中屑物問屋쟁의

東京 시외 代代幡町에 있는 野中屑物問屋본점 및 中野, 駒澤 두 지점의 한국인 판매원 유영선을 비롯한 30명이 3월 2일에 파업하자 전부 검거되고, 또 쟁의가 계속되자 4월 1일 및 5일 이틀에 걸쳐 정남국을 비롯한 13명을 검거하는 것으로 쟁의는 자연 소멸되었다.[25)]

---

24) 朴慶植 編, 앞의 책, 제2권 1, 528쪽.

25) 같은 책, 528~529쪽.

豊橋市하수도공사장쟁의

豊橋市 하수도공사에 취로하고 있는 한국인 토목공 약 130명은 전협계 豊橋합동노동조합 간부 최종하, 김명원 등의 선동으로 5월 5일 파업을 감행하여 그 지도자인 김명원을 비롯하여 1명을 검거하고, 이어서 이들의 탈환을 모의하던 都禹岩을 비롯한 6명을 검거하여 쟁의는 자연 소멸하였다.[26]

小津武林기업회사쟁의

大阪에 있는 小津武林기업회사의 한국인 여공 37명이 3월부터 파업을 단행하였다. 관할서에서는 7월 10일까지 전부 검거하여 소요죄로 양남사를 비롯한 33명을 大阪지방검사국에 송치하여 전부 기소하였다. 그뒤 그들은 大阪지방재판소에서 각각 징역 8월에서 10월에 처해졌다.[27]

麻生탄갱쟁의

福岡縣飯塚市에 있는 주식회사 麻生상점이 경영하는 麻生탄갱에서 한국인 갱부 약 90여 명은 해고 및 轉坑 문제로 8월 14일 이후 파업을 계속했다.[28] 또 쟁의 단원의 처분에 관해서는 133명은 탄갱에 돌려보내고, 190명은 해고, 73명은 다른 곳으로 옮겨갔다. 이 결정에 대해 갱부 가운데 많은 사람들이 불만을 품었다. 탄갱에 돌아가기로 한 133명은 좀처럼 돌아가려고 하지 않았다. 그러나 가장 큰 소리로 돌아가는 것을 거부해 온 26명이 체포됨으로써 나머지 갱부들은 하는 수 없이 9월 3일 밤에 직장으로 돌아갔다.[29]

狩野川 개수 공사장쟁의

내무성직영 靜岡縣狩野川 개수 공사장에서 취로하고 있는 한국인 239명은 8월 2일 임금인상을 비롯하여 8개 항목에 이르는 요구서를 제출하고 파

---

26) 같은 책, 529쪽.
27) 같은 책, 529~530쪽.
28) 같은 책, 530쪽.
29) ドナルド・スミス, 〈1932년 麻生炭坑爭議における勞動者同士の團結と對立〉, 《在日朝鮮人史研究》, 제25호, 1995.9, 46쪽.

업에 돌입했다. 縣 당국의 알선으로 8월 6일 타협이 이루어졌다.

이것보다 앞서 데모를 감행 때 관할서에서 주모자로 인정되는 한국인 22명을 검거·취조한 나머지, 본건 쟁의의 이면에 전협계 극좌분자의 책동이 있었음이 판명되어 계속하여 관계자로서 전협토건 神奈川지부의 상임 활동가 김일성을 비롯한 14명의 전협계 분자를 검거했다.[30)]

西陳天鵞絨공장쟁의

京都 西陳지방에 흩어져 있는 岩井捨를 비롯한 33명이 경영하는 天鵞絨 각 제조공장에 일하고 있는 한국인 노동자 140명은 10월 4일과 5일 이틀에 걸쳐 임금 40퍼센트 인상, 그 밖의 대우개선을 요구하며 동맹파업을 결행했다. 그러나 관할서는 주모자 47명을 검거하고 노자 쌍방을 조정한 나머지, 쟁의단 쪽이 요구를 철회하고 약간의 쟁의비용을 받는 조건으로 쟁의는 해결되었다.[31)]

土浦국도신설공사장쟁의

내무성 직영 茨城縣土浦町에 있는 국도신설 공사장에서 일본인과 한국인 약 100명은 11월 1일 임금인상을 요구하며 파업에 들어갔지만, 관할서 쪽은 주모자 이강복, 이봉기를 비롯하여 33명을 검거하였다.[32)]

이러한 경찰의 탄압과 관여는 그뒤로도 한국인의 주요 쟁의에서 계속 이루어진다. 1933년의 한국인의 주요 쟁의로 경보국이 들고 있는 사례는 北川개수 공사장쟁의, 丸岩ズック靴공장쟁의, 渡辺護謨제조소쟁의, 調子敷物공장쟁의, 藤原護謨공장쟁의, 藤本護謨공업소쟁의, 大福絨毯제조소쟁의, 西吳羽국도 공사장쟁의, 高山線철도 공사장쟁의, 谷山及松本護謨공장쟁의, 町田屑物立場쟁의, 矢作수력발전소 공사장쟁의, 曾我硝子제조소쟁의, 東濱名村

30) 朴慶植 編, 앞의 책, 제2권 1, 531쪽.

31) 같은 책, 531쪽.

32) 같은 책, 531쪽.

公有水面 매립 공사장쟁의, 三菱鯰田六坑쟁의, 眞鶴箱根間縣道 공사장쟁의, 慶德鑄物 공사장쟁의 등인데, 그 대부분의 쟁의에 경찰의 검거, 알선, 조정 등의 탄압이 자행되고 있었던 것이다.33)

1934년의 주요 쟁의로는 帝室林野局 삼림철도 제2기 공사장쟁의, 姬六발전소 공사장쟁의, 光明池築堤 공사장쟁의, 八田江湖 개수 공사장쟁의, 丹那隧道東口來之宮驛 공사장쟁의, 旭硝子주식회사 鶴見공장증설 공사장쟁의, 日立제작소공장 부지매립 공사장쟁의 등을 들고 있는데, 이 가운데 八田江湖 개수 공사장쟁의만을 제외하고는 모든 쟁의에 경찰이 관여하고 탄압했던 일이 기록되어 있다.34)

1935년의 주요 쟁의로는 山田ポンプ제작소쟁의, 湯川연탄공장쟁의, 大阪美活비누공장쟁의, 和氣철선공장쟁의를 들고 있는데, 모든 쟁의에서 경찰의 검거나 알선 조정이 이루어지고 있다.35)

위에서 서술한 바와 같이 주요한 한국인의 노동쟁의에는 대부분 주모자 검거 등 경찰관의 탄압이 자행되었고, 그들의 알선, 조정에 따라 마무리되었던 것이다. 따라서 쟁의는 극소수의 예외적인 경우를 제외하고는 경찰관이 개입하면서 타협적으로 해결되었다. 타협에 따른 해결의 비율이 높아지고 또 그것이 증가해간다는 사실은, 노동운동이나 노동쟁의에 대한 경찰의 관여와 탄압이 심해지고, 그것이 더욱 강화되어 가고 있음을 뜻한다. 요구거절, 요구철회 및 자연종식 등의 해결방법도 대부분 경찰의 탄압에 따른 결과인 경우가 많다.

---

33) 朴慶植 編, 《在日朝鮮人關係資料集成》, 제2권 2, 799~807쪽 참조
34) 朴慶植 編, 《在日朝鮮人關係資料集成》, 제3권 1, 187~191쪽 참조
35) 같은 책, 390~393쪽 참조

5. 맺는말

지금까지 재일 한국인 노동자의 노동쟁의에 관하여 살펴보았다. 재일 한국인 노동자는 중소 공장의 미숙련직공, 토목공사장의 인부가 대부분이었기 때문에, 1930년의 대공황 아래서 해고, 인원정리, 임금인하, 격일출근 등의 일차 대상이었다. 따라서 이런 문제를 중심으로 재일 한국인 노동자의 노동쟁의는 폭증하게 된다. 또한 공황 아래 한국인 노동자의 노동쟁의가 폭증하게 된 까닭은, 재일본조선노동총동맹이 결성된 뒤에 한국인 노동운동 역량이 축적되고, 또한 이것을 통합한 일본 좌익계 노동조합인 전협의 지원에서 힘입은 바도 컸기 때문이라고 본다.

1930년에서 1932년 사이 공황이 가장 심각했던 시기에 재일 한국인의 노동쟁의가 폭발적·집중적으로 일어나고, 그뒤로 발생 건수가 감소하는 경향을 띠고 있는 것은 일본 전체의 노동쟁의의 경향과 대체로 일치한다. 다만 일본 전체의 노동쟁의는 30년대에 진행된 군수 인플레이션에 따른 물가등귀와 실질 임금의 감소, 노동시간의 연장, 노동 강도의 강화 등 전반적 노동조건의 악화로 1937년에 다시 폭증하게 된다. 그러나 재일 한국인 노동자의 노동쟁의는 1937년에 대폭 감소하는데, 이것은 1937년 중일전쟁의 발발로 취업자가 증가했기 때문이다. 실업자를 포함하고 있는 한국인 노동자 쪽에서는 임금 수준보다 취업 자체가 훨씬 더 중요하기도 했던 것이다. 그러나 그 원인을 살펴보면, 임금인상 요구에서 말미암은 쟁의 건수 비율이 1937년에는 다른 연도에 견주어 훨씬 높은 것으로 나타나는데, 이는 역시 일본인 노동자의 경우와 마찬가지로 인플레이션에 따른 실질 임금의 감소가 격심했음을 반영하고 있다.

1937년에 재일 한국인 노동자의 쟁의 건수를 급격하게 감소시킨 또 하나의 요인으로는 그때까지 형식적으로 민간 주도로 이루어졌던 협화사업이 1936년부터 그 사업비를 국가예산에 올려 국가의 지원 아래 더더욱 강화되었기 때문임을 지적할 수 있다. 이 한국인의 황민화 사업은 중일전쟁을 계기로 더더욱 강화된다. 그리고 노동단체와 노동운동에 대한 강화된 경찰의 탄압이 또한 노동쟁의 건수를 감소시킨다.

재일 한국인의 노동쟁의의 원인 가운데 해고 반대의 비율이 일본 전체의 노동분쟁에서 차지하는 해고 반대의 비율보다 훨씬 높은데, 이것은 한국인이 일본인에 견주어 우선적인 해고 대상이 되어 해고가 더더욱 심각한 문제로 떠올랐기 때문에 나타나는 현상이다. 또 일본인의 경우에는 해고 반대의 비율이 경제가 회복세를 띤 1933년부터 점차 낮아지는 반면, 한국인의 그것은 1932~1933년에 견주어 1934~1936년에는 오히려 증가했는데, 이것은 한국인 노동자가 여전히 불황에서 탈출하지 못한 중소기업에 주로 종사하고 있었음을 반영한 것이다.

그리고 노동쟁의의 원인 가운데 임금인상 요구의 비율이 매우 높게 나타나다가 1937년에는 폭증하게 되는데, 이것은 대체로 일본 전체의 경향과 비슷하다. 이것은 군수 인플레이션에 따른 실질 임금의 감소가 점차 심각한 문제로 떠오르고 있음을 반영한 것이다.

또 노동쟁의의 원인 가운데 임금인하 반대와 휴업반대는 일본 전체의 경우 1933년 뒤로 대폭 감소하는 것과는 대조적으로 1932년에서 1936년 사이에는 비교적 안정세를 띠고 있다. 이것 역시 중소기업이 불황에서 탈출하지 못하는 바람에 여전히 한국인 노동자의 임금인하와 휴업을 계속 자행하고 있음을 나타낸다.

한국인의 노동쟁의의 형태는 전반적으로 이야기해서 1930년대 초반에는 1934년을 제외하면 대체로 절반 정도가 파업, 태업과 시위에 호소하는 과격한 운동이었다. 일본 전체의 노동쟁의 가운데 동맹파태업 공장폐쇄와 같은 과격한 운동 형태는 1930년대에 계속 감소하는 경향과는 대조적이다. 여전히 일본인에 견주어 한국인 노동자는 여러모로 고용조건이 나빴기 때문이다. 한국인의 파업, 태업 및 시위는 1930년대 후반에 들어서 그 비율이 감소하고, 이런 행동에 나서지 않고 절충에 따른 해결의 비율이 높아지는데, 이것은 노동운동이 관헌의 탄압으로 약화되었음을 반영한다.

운동의 결과 가운데 특기할 만한 사항으로 타협의 비율이 크게 증가하는 경향을 들 수 있는데, 이것은 1931년 이후에 경찰관이 중재하는 쟁의조정이 눈에 띄게 증가했기 때문이다. 한국인의 주요한 노동쟁의에는 항상 경찰관의 관여가 있었다. 한국인의 경우에는 노동자들을 특히 독립운동이나 좌익운동에서 분리시키기 위해서 평상시에도 경찰의 감시나 단속이 자행되었지만, 주요한 노동쟁의가 일어난 경우에는 대체로 먼저 주동자를 검거한 뒤에 쟁의를 분쇄하거나 경찰관의 알선·조정으로 타협이 이루어지는 것이 관례였다. 노자 관계보다 노경 관계가 더욱 전면에 부각되었던 것이다.

이는 노동쟁의를 사회적 갈등이라는 관점에서 노자 사이 교섭으로 해결하기보다는, 사상문제나 치안문제라는 관점에서 경찰의 탄압(그들의 조정이나 알선도 실은 모두 경찰의 무력에 따른 탄압이었다)으로 문제를 해결하려는 방식이 주류였음을 뜻한다.

재일 한국인 공장노동자의 노동쟁의 사례분석

1930년대 전반기를 중심으로

1. 머리말

제1차 세계대전 뒤 재일 한국인의 수가 증가하고, 특히 1925년 재일본조선노동총동맹(재일조선노총)이 재일 한국인 노동운동의 구심점이 되어, 독자적인 노동운동이 활발하게 진행됨에 따라 노동쟁의도 점차 활발하게 펼쳐진다.

1930년대에 들어서면 일본 경제가 세계 대공황의 소용돌이 속에 휘말리게 되고, 그로 말미암아 그 일차적 희생자였던 재일 한국인 노동자의 쟁의는 폭발하게 된다. 당시 재일 한국인 노동자는 주로 토목공사의 일용인부, 미숙련 공장노동자, 광부, 그 밖의 잡역층 등 일본 안의 노동자 가운데 최저변층을 이루고 있었고, 더욱이 민족적 차별대우가 극심했기 때문에 대공황의 일차적 희생자가 되지 않을 수 없었다.

일본 경제는 1932년 뒤로 군사비를 중심으로 하는 적자재정과, 그로 말미암은 인플레이션과 군수산업의 확충 등으로 약간의 회복세를 띤다. 그러나 재일 한국인 노동자가 주로 취업했던 중소 영세공장은 여전히 불황의 늪에서 빠져나오지 못하는 바람에, 해고, 임금인하, 그 밖의 노동조건을 계속 악화시켰는데 그 일차 대상을 한국인 노동자로 삼았기 때문에, 한국인 공장노동자의 노동쟁의는 1930년대 전반기에 집중적으로 일어났던 것이다.

1930년대 후반기에는 중일전쟁으로 말미암은 군수호황, 한국인을 황민화하는 협화사업의 급격한 진행, 파쇼정권이 자행한 노동운동 탄압과 자유와 인권에 대한 대탄압 등으로 일본 전체의 노동쟁의는 물론이거니와, 특히 재일 한국인의 노동쟁의는 급격히 감소하게 된다. 그러므로 1930년대 전반기가 재일 한국인 노동쟁의가 가장 활발했던 시기라고 할 수 있다.

이 글은 1930년대 전반기에 재일 한국인 공장노동자의 쟁의사례를 중심으로 분석한다. 사례를 통하여 노동쟁의의 원인, 쟁의의 운동형태, 쟁의와 노동조합 사이의 관계, 그리고 경찰의 개입과 관련된 해결의 방법 등을 살펴볼 것이다. 특히 여기서는 한국인 공장노동자가 많이 집중되어 있던 大阪과 神戶의 고무 공장노동자 또는 다른 쟁의와는 구별되는 특성을 가진 공장노동자의 쟁의도 살펴보기로 한다.

2. 1920년대 공장노동자의 쟁의 사례

1920년대에도 재일 한국인 공장노동자가 주도한 노동쟁의가 꽤 일어나고 있는데, 그 하나의 사례로 山梨縣中巨摩郡在家塚村組合製絲에서 일어난 노동쟁의를 살펴보기로 하자. 쟁의발생의 원인에서 보면 이 쟁의는 하나의 전형적인 사례에 속한다고 할 수 있다.

일본인 사무원과 한국인 여공의 남녀 문제로 시작된 이 쟁의는 한국인 여공 60여 명이 1928년 10월 14일에 일으켰다. 쟁의 당시 이 공장에는 종업원 135명 가운데 한국인 여성노동자 65명, 남성노동자 4명으로 한국인이 과반수를 차지하고 있었다. 쟁의는 일본어에 능통했던 龍毅面(경상북도 출신, 야채상)이 지도했다.

그들은 다음 네 가지 요구를 내걸고 파업에 돌입했다.

— 차별대우 철폐
— 최저임금 50전
— 1개월에 4회 어류를 부식물로 제공할 것
— 일본인 사무원, 한국인 여공 2명을 해고하든가 여공에게 여비를 지급하여 귀국시킬 것[1)]

파업은 3일 동안 계속되었는데, 4개 항목의 요구가 모두 관철된 뒤에 종결되었다. 《山梨노동운동사》는 이 쟁의를 부식물 요구쟁의라고 하지만, 본질적으로는 일상적 민족차별과 저임금에 그 원인이 있었던 것이다. 이 시기에 隆基館을 비롯해 많은 組合製絲쟁의가 일어나 일종의 여공(女工) 쟁의시대와 같은 양상을 나타내고 있는 가운데, 이 쟁의는 '민족적 차별대우 철폐'를 내걸었던 유일한 여공 쟁의로서 올바른 위치를 부여해야 할 것이다.[2)]

이와 같이 재일 한국인 노동자의 쟁의는 주로 평상시에 누적되어 온 민족차별에서 말미암은 경우가 많았다. 이런 뜻에서 이 쟁의는 재일 한국인 노동자의 쟁의에서 하나의 전형이라고 할 수 있다.

3. 고무공장 쟁의

大阪의 東成區와 神戶의 林田區에는 영세 고무공장이 집중되어 있고, 여기에 많은 한국인 노동자가 취업하고 있었다. 1930년대 전반기 재일 한국인 노동자의 공장쟁의는 이 고무공장에서 집중적으로 나타난다. 고무공업계는 1929년 이후의 불황에서 회복하여 1932년에는 인플레이션과 원평가 절하

1) 金湖, 〈山梨における在日朝鮮人の形成と狀況: 1920年代〉, 在日朝鮮人運動史硏究會, 《在日朝鮮人史硏究》, 제11호, 1983.3, 13쪽.
2) 같은 책, 14쪽.

의 조류를 타고 좋은 성적을 올리고 있었다. 그러나 국내용 고무화의 과잉생산 때문에 고무업체 사이에 과다한 경쟁이 지속되었다. 1933년에 들어서면 수출대상국이 고율의 관세를 부과하는 바람에 수출이 정체되고, 업계는 어려운 지경에 빠지게 된다. 이것을 반영하여 고무공장 쟁의는 1930년 후반부터 1931년 전반과 1933년에 집중적으로 나타난다.

1. 大阪辻村 고무공업소 쟁의

大阪에서는 공장노동자를 중심으로 하는 재일조선노총이 전협[3]으로 재조직되는 일이 1930년 9월에서 10월 사이에 완료된다.

전협 아래서 한국인 노동자의 쟁의로서는 1930년의 岸和田방적 여공쟁의와 1932년의 小津武林기업쟁의가 가장 유명하지만, 오히려 전협의 한국인 노동자가 주체적·조직적으로 쟁의를 이끌 수 있었던 것은 東成區의 고무공장에서 많았다고 생각한다. 왜냐하면 앞에서 서술한 바와 같이 전협 아래서 공장조직은 소수였지만 그 가운데서 東成區의 한국인 노동자 사이에는 비교적 통일된 조직이 존재했기 때문이다.[4] 따라서 大阪에서 전협 아래 한국인 노동자의 공장쟁의의 일반적인 예로서 東成區의 중소고무공장 쟁의를 들 수 있고, 그 한 사례로서 辻村고무공업소의 쟁의를 들 수 있다.

東成區 猪飼野町에 있는 辻村고무공업소에는 1931년 7월에 남녀 노동자 합해서 120명의 한국인 노동자가 취업해 있었다. 이 공장은 매년 지불하던 연말수당을 1929년부터 지급하지 않아 그해 한국인 노동자들이 쟁의를 일으켰지만, 일본인 노동자들이 협력하지 않아서 승리하지 못했다.

---

3) 전협(일본노동조합전국협의회)은 1928년 12월 23일 동경본소공회당에서 평의회의 후계조직으로 일본 공산당의 지도 아래 결성되었다. 이 단체는 일본 노동운동에서 가장 전투적인 조직으로 1936년까지 일본에서 혁명적 노동운동을 이끌었다. 국제연대를 강조하며, 산업별 조직원칙에 따라 조직 확대와 강화를 도모했다. 金仁德, 〈兵庫縣における朝鮮人勞動運動〉, 《在日朝鮮人史硏究》, 제19호, 1989.10, 33쪽 참고

4) 谷合佳代子, 〈1930年代在阪朝鮮人勞動者のたたかい〉, 《在日朝鮮人史硏究》, 제15호, 1985.10, 4쪽

그뒤 1931년 2월에 이 공장에서는 한국인 노동자 40여 명이 비밀리에 종업원 대회를 열고, 파업위원회까지 만들었지만 일본인 노동자들은 협력하지 않았다. 한일 노동자 사이의 계급적 통일을 위해서 재일조선노총을 일본인 노동자의 좌익계 노동조합인 전협으로 해소·통합시켰지만, 양국 노동자 사이의 민족적 대립이 이를 저지시킨 전형적인 사례라고 볼 수 있다.

쟁의는 다시 장기화되고, 이 공장은 그해 6월 경영난으로 임시휴업에 들어간다. 그때 경영자가 공장의 전 재산을 노동자에게 분배한다고 약속했기 때문에, 한국인 노동자는 공장을 점거하여 채권자가 차압을 하지 못하도록 싸웠다. 드디어 7월 한국인 2명이 검거되었고 공장은 폐쇄되었지만, 전 재산을 노동자에게 분배한다는 약속은 실행에 옮겨지게 되었다. 이와 같이 辻村고무공장쟁의는 한국인 주도로 펼쳐져 일본인의 반발·무시를 제거함으로써, 일단 승리를 거두었다. 그동안 東成區에서는 1930년과 1931년에도 계속 고무공 동맹파업이 몇 번이나 계획되었지만 모두 탄압을 받아 성공하지 못하고, 또 참가하는 노동자도 한국인뿐이었다.[5)]

전협은 1산업1조합주의를 표방하고 있었지만, 실제로는 지역별 조합의 성격이 강했다. 이를테면 전협 일본화학노동조합 大阪지부는 東成區(현재의 生野區와 東成區)의 고무공장의 한국인 노동자를 중심으로 조직되고, 大阪에서는 한국인 노동자의 공산주의 운동의 중핵을 이루는 것이었다.

특히 고무공장에는 재일조선노총 시대의 고무공조합이 생긴 뒤로 그 기반이 존속하고 있었다. 즉, 한일 노동자의 공동투쟁을 실천하기 위하여 전협에 합류하지 않을 수 없었던 한국인 노동자도 재일조선노총의 인맥에 의지하여 투쟁하고 있는 데 지나지 않았던 것이다.[6)]

5) 같은 책, 5쪽.

6) 같은 책, 5쪽.

2. 神戶 지역의 고무공장 쟁의

神戶市 서부의 林田區를 중심으로 하는 지역은 일본 유수의 고무공업지대이며, 이 지역의 고무신발 공업은 1918년부터 계속 전국 1위의 자리를 차지하고 있었다.

神戶市에서 한국인의 증가는 제1차 세계대전 뒤 영세규모의 고무신발 공장이 우후죽순처럼 설립된 것과 때를 같이 한다. 영세규모로 말미암은 저임금, 열악한 노동조건이 神戶의 고무공업에 한국인을 불러들였다고 볼 수 있다. 한국인들은 고무공업의 번영을 지탱하는 저임금 노동자들이었고, 불황 때는 경기의 안전판으로서 가장 먼저 해고되는 존재였다.

1929년 세계 대공황을 경계로 고무신발 공업은 과잉생산과 과당경쟁에 빠져 제품의 덤핑 현상이 나타나고, 이것은 필연적으로 임금인하를 불러왔다. 더욱이 한국인의 경우에는 원래 일본인의 반액 정도밖에 되지 않는 민족차별적 임금인데다 불황이 되면 가차 없이 임금이 인하되었던 것이다. 특히 1931년 후반부터 神戶市 서부의 고무공장 밀집지대에서는 잇달아 해고, 인원정리, 임금인하, 시간연장, 조업단축에 따른 격일출근 등 원래 열악한 노동조건을 더더욱 끌어내렸기 때문에, 1931년 상반기에 집중적이고도 격렬한 노동쟁의가 일어났던 것이다. 이 지대는 특히 중소 영세공장이 밀집해 있었고, 한국인 노동자가 많아서 부단한 차별대우에서 말미암은 憤懣의 內攻이 쟁의행동 가운데 폭발적인 형태를 띠었던 것이다.[7)]

당시의 노동단체로서는 일본노동조합전국협의회(전협), 전국노동조합동맹(전노)[8)], 일본노동총동맹[9)](총동맹) 등이 있었는데, 한국인 노동자들이 벌

7) 若生みすず, 〈朝鮮人勞動者の兵神ゴム爭議について〉, 《在日朝鮮人史研究》, 제10호, 1982.7, 17～18쪽

8) 일본노동총동맹의 우익화에 반발하여 2차(1926년), 3차(1929년)의 분열에 말미암아 일본노동조합동맹, 노동조합전국동맹이 각각 생겼다. 이들은 일본의 노동운동 분야에서는 중간파를 형성하고 있었다. 이 두 단체가 합동하여 1930년 6월 전국노동조합동맹이 창립되었다. 堀內 稔, 〈神戶のゴム工業と朝鮮人勞動者〉, 《在日朝鮮人史研究》, 제14호, 1984.11, 12쪽 참고

9) 일본노동총동맹(총동맹)은 1912년 결성된 友愛會의 후신이다. 友愛會는 점차 전투적으로 되어 1919년에

인 고무공장 쟁의의 경우 재일조선노총 산하였던 兵庫조선노동조합을 해체 통합한 전협화학 兵庫縣지부가 중심이 되어 지도해 간다.

가. 兵神고무공장 쟁의

兵神고무공장은 神戶市 林田區 御藏通7丁目에 있고, 한국인은 종업원 142명 가운데 116명으로서 그 수가 압도적이었다. 이 때문에 가끔 일본인 감독과 분의가 빚어졌던 상황으로서 공장에 대한 반감이 유독 강했던 때였다.10)

최초의 쟁의는 1930년 10월 25일 이른바 한국인 '불량직공' 한 명이 해고된 것을 계기로 직공 쪽에서 다음날 복직, 대우개선의 요구서를 제출함으로써 일어났다. 직공 30명이 전협화학 兵庫縣지부의 응원을 받으면서 그달 29일에 파업에 돌입한다. 공장 쪽은 이민선(전협 兵神분회 책임자)을 비롯한 9명을 당일 해고하여 쟁의가 장기화될 것으로 예상했지만 11월 2일 林田署 特高係의 알선으로 쟁의는 일단 해결되었다. 해결 조건은 회사 쪽이 해고 노동자를 복직시키고, 대우의 일부개선을 승인하는 데 반하여 직공 쪽으로선 임금인상과 해고수당지급 요구를 보류하는 것이었다. 그러나 공장에 대한 직공들의 불만은 2개월 뒤에 다시 폭발하게 된다.

1931년 1월 5일 회사 쪽은 14일 동안 무단결근을 구실로 한국인 직공 조두종을 해고했다. 그는 질병으로 13일 동안 몸져누워 있다가 14일째에 무리한 몸으로 공장에 출근했는데, 공장주 쪽에서는 14일간 결근했다고 우기면서 해고했던 것이다.

는 대일본노동총동맹우애회, 1921년에는 일본노동총동맹으로 개칭된다. 관동대지진 이후의 白色테러 가운데 사회민주주의적 간부는 우경화하여, 하부 대중의 좌경화의 선두에 선 渡邊政之輔 등 공산주의자와 첨예하게 대립되었다. 결국 1925년 5월 우파에게 제명당한 좌익조합은 일본노동조합평의회를 결성, 총동맹은 1차 분열을 했다. 다시 1926년의 대회에서 중간파는 일본노동조합동맹을 결성하여 우익적 부분만 남아 이후 총동맹은 우익노조의 대표로서 시종했다. 1931년의 만주사변 이후의 침략과 군국주의체제의 강화와 더불어 총동맹은 그 협력기관이 되고, 1935년에는 중간파와 합동하여 전일본노동총동맹이 된다. 1940년에는 자발적으로 조직을 해산하여 산업보국회로 해소된다. (監田庄兵衛 編, 〈勞動用語辭典〉, 東洋經濟新報社, 1972, 142쪽 참고)

10) 若生みすず, 앞의 책, 18쪽.

그는 전년도에 일어난 10월 쟁의에서 가장 용감하게 투쟁했던 노동자 가운데 한 사람이었는데, 아마 그 때문에 해고를 당했을 것이다. 이에 반대하는 남녀 노동자 30명은 그날로 파업에 돌입하고, 1월 7일에는 이민선을 비롯한 5명이 복직을 요구하면서 현장의 노동자들에게 파업할 것을 호소했다. 이때 이른바 '피스톨쟁의'가 일어난다. 공장주 小島鐵次郎의 명령을 받은 수위 酒井吾一이 쟁의단에게 피스톨을 발사하여 난투극이 벌어졌다. 다음날 8일에 전협화학·교통·금속 등 6개 단체가 협의회를 열고 지원전단을 작성하여 공표했다. 이런 불온문서를 공장부근에 붙였다는 구실로 13명이 검거되었다. 앞서 검거된 16명 가운데 4명에게는 벌금 40円이 부과되고, 이민선·이창익은 상해죄로 징역 2개월을 구형받았다. 酒井은 총포화약취체법 위반으로 징역 3개월을 구형받았다. 쟁의단은 18일과 20일 두 번에 걸쳐 회사에 요구서를 제출했는데, 그 내용은 ① 해고자의 복직, ②건강보험의 공장주 전액부담, ③ 쟁의의 희생자를 내지 않을 것, ④ 직공의 부서를 변경하지 않을 것, ⑤ 임금인하 절대반대, ⑥ 파업중의 생활보호, ⑦ 이 사건의 벌금과 소송비용의 부담 등 7개 항목이었다.[11] 그러나 공장 쪽은 이 요구를 모두 일축하고 21일에는 경영난을 구실로 공장을 御藏고무에 임대할 것을 결정하고 쟁의직공 69명을 해고했다.

쟁의단은 전협의 지원을 받으면서 투쟁하여 16명이 검거되었다. 결국 쟁의단은 天狗고무, 峰泰고무, 興隆고무 등 쟁의중인 각 공장과 연대를 도모하여 全市고무산업 동맹파업을 조직하려고 했지만, 검거를 두려워한 나머지 당국의 조정에 따라 결국 2월 1일에 1개월에 걸친 兵神고무 쟁의는 해결되었다.

노자 상호가 양보한 해결의 조건은 ① 해고자는 40명으로 한정, ② 지명은 공장주에게 일임, ③ 해고자에게 총액 400円 지급, ④ 쟁의단에게 총액 200

11) 같은 책, 19쪽.

円 지급 등 4개 항목이었다.12)

나. 平尾라버공업소 쟁의

이 공업소는 神戶市神樂町에 있는 공장인데, 전체 종업원 81명 가운데 거의 절반이 한국인이었다. 일본인 감독은 평상시에 한국인 종업원에 대하여 차별대우를 해왔다.

1931년 3월 14일 일본인 감독 森津某가 한국인 종업원 김병능을 구타한 사건이 일어난다. 이에 격분한 종업원은 회사가 1월 말부터 임금을 약 15퍼센트 인하한 것과 맞물려 3월 18일에 다음과 같은 요구서를 회사에 제출하게 된다.13)

— 강제적 임금인하를 철회할 것
— 작년 말 공약한 연말 상여금을 지불할 것
— 전 종업원을 건강보험에 가입시킬 것
— 森津, 淸水 2명의 감독을 해임할 것
— 불량품에 대한 벌금제도를 철회할 것
— 임시휴업에는 일급 전액을 지급할 것
— 김병능의 상해로 말미암은 손해를 배상할 것
— 미싱場을 공장구역 밖으로 이전시키지 않을 것
— 쟁의에 관련하여 해고자를 절대 내지 않을 것
— 해고수당을 제정할 것
— 위생설비를 시설할 것

회사 쪽이 이 요구를 거절했기 때문에 종업원 34명(그 가운데 여자 11명)은 곧 파업에 들어간다. 이 쟁의는 전국노동조합동맹 神戶일반노동조합 고

---

12) 같은 책, 20쪽.

13) 堀內 稔, 〈神戶のゴム工業と朝鮮人勞動者〉, 《在日朝鮮人史硏究》, 제14호, 1984.11, 5쪽.

무공지부가 지도했다. 다음날인 19일 쟁의단과 조합은 아침에 공장 부근에 피켓을 설치하고 있었는데, 中村武雄, 김대운 2명이 검거된다. 오후에는 김대영, 김병능 등 4명이 平尾 공장주에게 면회를 요청했지만, 노동조합의 존재를 인정하지 않는다면서 거절했다.

3월 20일 오전 4시부터 林田署에서 林田署 特高係, 縣調停課의 입회 아래 교섭이 진행되었지만 결렬되었다. 쟁의단에서는 김대영을 비롯한 5명, 그리고 조합에서는 中島克己가 참석했다. 이날 밤 스티커를 붙이고 있었던 쟁의단원 2명이 林田署에 검거된다.

쟁의단은 그뒤 西神戸 각 공장에 대한 호소문 발표, 시위, 규탄연설회 개최 등 여러가지 방법으로 투쟁을 계속한다. 그런 가운데 조합원으로 中島克己, 中村武雄 2명이 林田署에 검거되었다. 이러한 쟁의단의 끈질긴 투쟁에도 아랑곳하지 않고 거의 절반에 가까운 종업원이 출근했다. 그래서 28일에는 피켓을 들고 농성을 하던 쟁의단원 여러 명이 출근하던 직공 한 명을 집단구타하는 바람에 5명이 검거된다. 공장에서 경관과 쟁의단원 및 조합원 사이에 난투극이 벌어져 8명이 검거되기도 했다.

4월 1일 林田署에서 조합대표 酒井秀夫, 前田源二, 쟁의단 대표 홍계택, 박태기 등이 공장주와 교섭하여 다음과 같은 조건으로 쟁의는 해결되었다.[14)]

〈해결조건〉

1. 장래 임금인하의 경우에는 미리 공시하여 실행할 것
2. 공장주는 공장의 직접 감독자를 독려하여 장래 불공평한 느낌을 품지 않도록 주의하고, 만일 이에 반하는 경우에는 적당한 조치를 취할 것
3. 불량품에 대한 벌금제도는 1足當을 2足當으로 개정할 것
4. 임시휴업수당제도는 다른 공장의 사례를 조사한 뒤에 제정할 것

---

14) 같은 책, 6쪽.

5. 공장 밖으로 미싱공장을 이전할 경우에도 이 공장과 관계를 끊지 말 것
6. 해고자는 4명으로 하고, 그들에 대하여 법정의 예고수당, 그 밖의 금일봉을 지급할 것
7. 해고수당의 제정은 다른 공장의 사례를 조사하여 시행할 것
8. 공장 안의 위생설비는 노력하여 개선할 것

임금인하가 기정사실로 되었다는 점, 연말상여금 지급 및 건강보험 가입, 임시휴업 때 일급 지급 등에 관해서 아무런 언급이 없다는 점, 해고자 4명을 냈다는 점 등으로 미루어 볼 때, 매우 불충분한 결과가 되어버렸다고 말할 수 있다. 다만 쟁의단 및 조합의 중심적인 활동가가 검거, 취조중인 엄격한 상황에서는 어쩔 수 없었을지도 모른다.[15]

다. 渡邊護謨(고무)공업소 쟁의

渡邊護謨공업소는 林田區東尻池에 있는 공장으로 종업원 150명 가운데 60명이 한국인이다. 이 공장은 인도 관세문제와 계절적 불황 때문에 1933년 6월 1일부터 20일까지 임시휴업을 발표했다. 또 7월 8일에는 1인당 2円 50錢의 임시휴업수당과 공장폐쇄를 발표했다.

이에 관하여 종업원대회가 열리고, 그 가운데 57명(한국인 남자 27명, 여자 23명, 일본인 7명)이 쟁의를 일으킨다. 7월 12일의 종업원대회에서는 총평神戶화학의 지도를 받기로 결의하고, 같은 날 대표 6명이 공장주와 교섭하여 공장폐쇄의 이유 설명과, 임시휴업수당의 증액을 요구했지만 거절당했다.

13일에 대표가 林田署員의 입회 아래 공장주에게 요구서를 제출했지만, 회사 쪽이 경찰에 일임하겠다는 바람에 결렬되었다. 그 내용은 다음과 같다.

15) 같은 책, 7쪽.

— 해고수당 1인당 金200円씩 지급한다.
— 쟁의비용을 부담하라.
— 7월 8일 이후의 임시휴업 기간의 일급 전액을 지급하라.[16)]

15일 회사 쪽은 9월 안으로 공장을 재개한다고 발표했다. 이에 대하여 조합 쪽은 다음과 같이 요구서를 변경하여 교섭에 임했지만 결렬된다.

— 임시휴업 기간의 수당으로 1인당 金150円씩 지급하라.
— 쟁의비용 전액을 부담하라.
— 희생자를 절대로 내지 않도록 하라.[17)]

7월 16일 경찰 쪽은 모든 것을 포함하여 701円을 지불한다는 조정안을 제출했다. 이 회견 가운데 갑자기 쟁의단원 전원을 검거한 경찰 쪽은 조합에 대하여 쟁의단원 개개인과 개인적으로 해결한다는 취지를 주장한다. 그 때문에 교섭원이 林田署에서 쟁의단원과 개별적으로 면회하여 각자의 의견을 들었는데, '가급적 좋은 조건으로 해결하고 싶다'는 것으로 되어 오후 9시에 쟁의단원 전원이 석방되었다.

다음날인 17일 노자 교섭이 계속 林田署에서 있었는데, 모든 것을 포함하여 826円을 지급하도록 하여 해결되었다. 19일에 금전 수수가 완료되고, 쟁의단은 공장위원회 형태의 프랜드會라는 이름으로 남았다.

이 쟁의를 지도한 총평神戶화학은 투쟁을 지원하기 위하여 7월 12일경부터 林田區 방면의 고무공업분회 23개 공장에 동맹파업의 격문을 보내고, 공대회의의 결성을 요구했다. 그 기금모집으로 약 20円의 응모가 있었지만, 쟁의단의 여러 주체적 조건의 악화 때문에 표면화하지는 못했다.[18)]

---

16) 같은 책, 8쪽.
17) 같은 책, 8쪽.

4. 고무공장 이외의 공장쟁의

1. 金文면포공장 쟁의

和歌山市 畑屋敷에 있는 金文면포공장은 면포의 起毛가공(綿플란넬 생지를 만듦)을 하는 공장으로 1931년 당시에는 노동자 24명 가운데 한국인이 12명(전원 남자), 일본인이 12명(남 2명, 여 10명), 1933년 당시에는 노동자 24명 가운데 한국인이 14명이었다. 어느 쟁의든 한국인 전원이 투쟁했지만 일본인은 가담하지 않았다. 和歌山에는 1930년 12월 전협 산하의 일본섬유노동조합 和歌山지부가 조직되었는데, 1930년 당시 金文공장에서 일하고 있었던 대부분의 한국인이 전협에 가입해 있었다고 한다.

1931년 6월 17일 金文공장의 노동자는 공장 쪽에게서 한국인 일급 1円의 20퍼센트 인하, 일본인 남공 일급 1円 30錢의 10퍼센트 인하, 일본인 여공 일급 95錢의 15퍼센트의 인하를 통고받았다. 金文공장의 임금인하 통고는 불황대책으로서 起毛협회가 계획했는데, 和歌山市의 모든 起毛공장의 20퍼센트 임금인하 방침을 처음으로 실시하려던 참에, 유독 한국인에 대한 임금인하율이 더욱 높았던 것이다.[19]

원래 한국인의 임금이 일본인에 견주어 낮았음에도, 공황 때문에 임금이 인하될 때는 더욱 고율로 인하되는 민족적 차별을 겪었던 것이다. 예정대로 임금인하가 이루어졌다면 한국인 남공의 임금이 일본인 여공의 임금보다 조금 낮았을 것이다. 한국인 노동자는 4일 동안의 파업투쟁으로 임금인하를 철회하는 데 성공했지만, 30분의 휴게시간을 빼앗기는 바람에 12시간을 계속 일하게 되어 노동조건은 도리어 악화되었다.

그리고 노동자가 그다지 많지 않은 공장에서 임금인하율이 서로 다르다

18) 같은 책, 9쪽.

19) 金靜美, 〈和歌山·在日朝鮮人の歷史 : 解放前〉, 《在日朝鮮人史硏究》, 제14호, 1984.11, 81쪽.

고 하더라도, 마찬가지로 임금이 인하된 일본인 노동자와 함께 투쟁하는 길을 만들어 낼 수 없었던 전협섬유 和歌山지부의 쟁의지도 방침 때문에 한일 노동자 사이의 참된 연대가 이루어지지 못했던 것이다. 金文공장에서 일하는 한국인 노동자는 그해 8월 23일에도 10퍼센트의 임금인상을 요구하며 파업에 돌입했는데, 5퍼센트의 임금인상으로 만족해야 했다.[20)]

이어서 1933년 1월 22일부터 2월 23일에 걸쳐 한국인 노동자 14명 전원은 아래의 요구사항을 주장하며 쟁의에 들어갔다.

① 임금 50퍼센트 인상
② 노동시간에 기계 고장의 경우에는 1工(1일의 임금)지급
③ 종래의 11시간 노동을 10시간으로 단축할 것
④ 임시휴업에는 일급 전액지급
⑤ 잔업에는 도시락 지급
⑥ 中繼(미싱 돌리기)의 경우에는 별도로 사람을 고용할 것
⑦ 호출 근무의 경우에는 分을 빼지 말 것
⑧ 10分으로써 1工으로 할 것 등을 요구하며 쟁의에 들어갔다.

그 결과 다음과 같은 결과를 쟁취했다.

① 임금은 일률적으로 20전씩 인상한다.
② 기계고장에 따라 임시 휴업할 때는 半工을 지급
③ 殘業이 2시간에 이르는 경우에는 半工을 지급
④ 호출 근무의 경우에는 1工을 지급
⑤ 分增은 종래의 계산을 폐지하고, 10분으로써 1工으로 한다.
⑥ 이번의 쟁의에 희생자를 내지 않는다.
⑦ 쟁의비용으로서 금일봉을 지급
⑧ 종업원은 성의를 가지고 근무에 종사할 것[21)]

---

20) 같은 책, 82쪽.

이 쟁의가 끝난 뒤 3월 26일부터 和歌山에서는 일본공산당 및 전협 조직이 대탄압을 받아 107명이 체포되고, 그 가운데 12명이 치안유지법 위반으로 기소되었다.[22)]

2. 和氣철선공장 쟁의

大阪市 東成區 中本町에 있는 和氣철선공장은 메이지 35년 창업 이래 만만찮은 업적을 올리고, 1935년 1월에는 한국인 노동자 400명, 일본인 노동자 154명을 사역하여 철선의 제조에 종사하던 가운데, 그해 영업이 부진하는 바람에 부채가 약 100만 円에 이르고, 특히 그 가운데서 영국 런던에 본점을 둔 헬상회 동경지점에게 졌던 부채액이 약 30만 円에 달했다. 당시 이 상회에서는 원료공급이 중단되자 점점 조업이 곤란하게 되어 1월 4일 휴업을 발표하지 않을 수 없었다.[23)]

방만한 경영과 1934년의 풍수해(室戶태풍)에 따른 피해 때문에 경영난에 빠진 이 공장이 1934년 말부터 임금을 지불하지 못하게 되자, 1935년 1월부터 휴업에 들어갔다.[24)] 이 때문에 600명의 쟁의단이 2월 16일 공장사무소에 몰려갔고 또 府廳에서 시위를 감행하려는 과정에서 경관대와 충돌, 큰 난투극이 벌어졌다.

2월분의 휴업수당도 받을 수 없고 또 조업이 곤란한 상황이었기 때문에 극도의 생활불안을 느끼는 가운데, 결국 2월 28일 직공 약 250명은 鶴橋설교소에 집합하여, 조업촉진, 휴업수당 획득을 주장하기로 했으며, 종업원의 통제를 목적으로 和氣철선조입촉진회를 창실하기로 협의하고는, 일부 직공

---

21) 같은 책, 83쪽.

22) 같은 책, 83쪽.

23) 內務省, 警保局, 〈社會運動の狀況〉, 朴慶植 編, 《在日朝鮮人關係資料集成》 제3권 1, 三一書房, 1974. 392쪽.

24) 谷合佳代子, 〈1930年代 在阪朝鮮人勞動者のたたかい〉, 《在日朝鮮人史硏究》, 제15호, 1985.10, 15쪽

150명이 당일에 공장문 앞에서 농성에 들어갔던 것이다. 또 일부 극좌적인 직공은 공장 밖의 극좌분자와 계책에 따라 호응[策應]하고, 직공 동요에 편승해 조직을 기도하는 등 점차 불온한 태도를 띠었다고 한다.[25] 여기서 공장 밖의 극좌 분자란 전협금속의 조직책으로서 이 공장에 잠입해 있었던 藤井英男과 岩間義人을 가리킨다.

3월에 공장의 경영권이 노동자에게 양도되었으나 공장은 곧 판매되어 새로운 경영자 아래서 다시 출발하게 되었다. 결국 쟁의는 이겼는지 졌는지도 모르게 끝났다.[26]

3. 大阪美活비누공장 쟁의

大阪市 東成區 中濱町에 있는 이 공장에는 직공 28명 가운데 한국인 노동자가 22명이었다. 이들은 1934년 5월에 일본노동총동맹 산하 大阪금속노동조합에 가맹하여 같은 조합 東成지부를 결성하였다. 그해 6월에는 그 조직을 배경으로 공장주에게 대우개선을 요구한 나머지 꽤 유리하게 해결된 사례를 경험했다.

1935년 3월 22일 이 조합지부장 이병호를 비롯한 20명(한국인 16명, 일본인 4명)이 (1) 일급 50퍼센트 인상, (2) 근로시간 단축을 비롯한 4항목에 걸친 대우개선을 요구했다. 5월 6일 공장주가 이 요구를 모두 거절하자, 직공 쪽은 태업으로 대항하였고, 공장 쪽은 쟁의에 참가한 직공 전원을 해고하는 것으로 대처했다. 직공 쪽은 쟁의단 본부를 설치하고, 공장주 쪽과 교섭하려고 시도했으나 교섭이 이루어지지 않았다.

5월 16일부터 지도자 熊本與一은 쟁의단원 7명과 함께 회사의 단골거래처인 三越十合백화점, 그 밖에도 관계 도매상을 돌아다니면서 '美活비누공

25) 朴慶植 編, 앞의 책, 393쪽.
26) 谷合佳代子, 앞의 책, 15쪽.

장은 숙련공 20명을 아무 까닭 없이 해고했는데, 잔류 직공은 모두 미숙련이기 때문에 금후의 제품은 조악하니까 공장과 거래를 중지하고 공장대표자에게 해고 노동자 전원을 복직하도록 진력해 달라'고 간청했다. 그리고 또 시내 백화점 옥상에서 그 공장의 제조비누의 불매를 종용하는 전단을 살포하고 더욱이 취로 직공의 가정을 방문하여 동정 파업을 권유하는 등 매우 활발하게 쟁의투쟁을 펼쳤던 것이다.[27)]

그러나 그들의 투쟁이 아무런 반향도 없이 공연히 시일만 보내는 것 같으니까 초조해진 쟁의단 쪽이 결국 최후의 전술에 나서기로 협의했는데, 쟁의단원 손용학, 홍용생 2명은 5월 23일 오후 9시 30분경 공장 안의 인분을 살포하여 포장용지에 대해 약 70円의 손해를 입히고 달아나는 일이 발생했다. 관할경찰서에서는 인분사건 관계자를 검거하여 폭력행위 등 처벌에 관한 법률위반으로 송국하는 한편, 양자의 알선에 노력한 나머지 6월 23일에 쟁의단 쪽은 쟁의참가 직공 전원의 해고를 승인해주는 대신에, 공장주 쪽이 해고수당의 금일봉(750円)을 지급한다는 조건으로 매듭지어졌다. 결국 쟁의단 쪽의 패배로 끝이 났다.[28)]

4. 야마토 제망소 쟁의

1935년 7월 4일 名古屋市 西區 則武町에 있는 야마토 제망소에서 한국인 여공들이 열악한 작업조건임에도 회사 쪽의 일방적인 임금인하 조치에 항의해 쟁의를 일으켰다. 名古屋합동노조[29)]는 이 쟁의의 지도를 담당하여 '온

---

27) 朴慶植 編, 〈在日朝鮮人關係資料集成〉, 제3권 1, 三一書房, 1974, 391~392쪽.

28) 같은 책, 392쪽.

29) 名古屋합동노조라는 이름에서 '합동'이라는 말은 나고야에 있는 한국인 노동자를 총체적으로 망라한다는 뜻을 가지고 있다. 1930년대 나고야에서는 노동조합의 형태가 아닌 한국인 노동자의 독자적인 계몽단체나 공제단체가 많이 결성되어 있었는데, 이를 통합해서 조직했다는 뜻이다. 이 조합은 '全協'과 같은 이데올로기적인 단체가 아니라 한국인의 노동 문제, 생활 문제의 해결, 문화계몽운동, 민족차별반대운동 등 한국 민족과 관련된 독자적 생활 문제 전반을 다루는 나고야 지방의 단독 노조였다.

정주의의 가면을 쓴 악질공장주 竹內를 굴복시키자'는 전단을 공장부근에 살포하여 쟁의의 정당성과 지원을 호소했다.

전단은 '우리들 조선 여공을 먹이로 하는 악질적 공장내규 절대반대, 아사를 강요하는 해고 절대반대, 민족차별 절대반대'라는 한국인 노동자가 받고 있던 계급적·민족적 이중차별에 반대하는 뜻을 담았다. 또한 名古屋합동노조는 산하 조직을 통하여 이 쟁의의 응원활동을 펼쳤다. 則武지부에 있는 문화보급회 사무소에서는 지구대표자회의를 개최하고, 西古渡분회에서는 전단을 살포하거나 모금운동을 하여 야마토 제망소 쟁의의 지원을 호소했다. 그리고 7월 15일에는 '민족차별 절대반대, 임금인하 반대' 등 7개 항목의 요구를 관철시켜 쟁의단 쪽의 승리로 끝이 났다. 쟁의가 해결된 뒤 한국인 여성노동자 10명이 名古屋합동노조에 가입하여 야마토 제망분회가 조직되었다.[30]

이 11일 동안의 야마토 제망소 쟁의에서 名古屋합동노조의 활약은 쟁의를 승리로 이끄는 큰 힘이 되었다. 또한 이 합동노조가 결성된 뒤 처음으로 민족적 그리고 계급적으로 차별을 받고 있었던 한국인 노동자 쟁의를 성공으로 이끌었다는 점, 그리고 그것이 조합의 행동강령에 열거되어 있던 '민족별 임금 차별에 대한 반대투쟁'을 실천했다는 점에서 큰 의의를 지닌 것이었다.[31]

5. 久保田제작소 한일 종업원 쟁의

1935년 11월에는 久保田제작소 庄內町공장의 한일 노동자들이 쟁의를 일으켰다. 회사 쪽이 군수 인플레이션 덕분으로 막대한 이득을 올리고 있었음에도 노동자 쪽에게 저임금과 과중노동을 강요하고 있었던 데서 말미암은

30) 金廣烈, 〈1930年代名古屋地域における朝鮮人勞動運動〉, 《在日朝鮮人史研究》, 제23호, 1993.9, 14쪽
31) 같은 책, 14쪽.

것이었다.

名古屋합동노조는 이 쟁의를 지도하여 '임금인상, 공장설비개선, 대우개선' 등의 요구사항을 제출했다. 회사 쪽은 그 요구에 응하기는커녕 쟁의가 다른 공장에 파급될 것을 두려워한 나머지 파업 파괴꾼을 동원하긴 했지만, 쟁의단의 공고한 단결 앞에는 무력했다. 그래서 경찰서 特高는 쟁의지도를 담당하고 있었던 名古屋합동노조의 申山祝, 石川右左衛門 등을 검거하고, 강제조정을 기도했다. 그러나 쟁의단은 어디까지나 요구조건 관철을 주장하며, 완강하게 계속 투쟁했기 때문에 회사 쪽은 '평균 임금 30퍼센트 인상, 해고하지 않는다는 것, 파업중의 일급 전액을 지급한다는 것' 등 쟁의단에게 유리한 조건으로 양보하지 않을 수 없었다.

名古屋합동노조는 久保田제작소 쟁의에서는 분회조직은 만들 수 없었지만, 그 쟁의지도는 효과적이었다. 쟁의단 쪽이 特高의 탄압이나 사용자의 방해가 있었음에도 종업원에게 유리한 조건을 쟁취했던 사실이 그것을 말해주고 있다.[32]

5. 사례에 나타난 공장쟁의의 특징

앞서 열거한 사례에 나타난 재일 한국인 노동자의 공장쟁의의 몇 가지 특징을 살펴보기로 한다.

1. 쟁의의 원인

쟁의의 원인 가운데 가장 중요한 것은 한국인 노동자가 평소에 받아왔던 민족적 차별이었다. 그 차별은 임금, 노동관리, 숙소나 음식물 등 노동과 생활의 전 영역에 걸친 한일 노동자 사이의 차별이었다. 1928년 山梨縣中巨摩

32) 같은 책, 15쪽.

郡 在家塚村組合製絲에서 일어난 쟁의에서 첫째 요구조건이 차별대우 철폐였다. 또 부식물을 개선해 달라는 요구도 부식물 자체가 너무 형편없었다는 점도 있었지만, 많은 경우에 부식물에서 한일 노동자 사이에 차별이 있었기 때문에 나타났던 것이다.

또한 노무관리에서 일본인 감독의 한국인에 대한 차별과 멸시가 중요한 쟁의의 원인이 되었다. 이러한 감독의 행위에 대한 한국인 노동자의 반감은 쟁의의 직접적인 원인이 되기도 했지만, 이러한 분노가 평소에 쌓여 있다가 어떤 사건을 계기로 폭발하는 간접적인 원인이 되기도 했다. 兵神고무공업 쟁의는 그것이 간접적인 원인이 된 경우이고, 平尾라버공업소 쟁의는 그것이 직접적인 원인이 된 경우이다.

그리고 金文면포공장쟁의에서는 공황에 따른 임금인하 때 원래 한국인 노동자의 임금이 일본인 노동자의 임금에 견주어 훨씬 낮았음에도, 한국인 노동자의 임금인하율을 일본인 노동자의 그것보다 높게 결정한 민족차별적 임금인하율이 노동쟁의의 직접적인 원인이 되었다. 그리고 이러한 민족차별로 말미암은 민족 감정 때문에 대부분의 한국인 쟁의에서는 일본인 노동자가 가담하지 않고 있었다.

노동쟁의의 또 하나의 주요 원인은 임금문제였다. 임금이 너무 낮았기 때문에 임금인상을 요구하는 쟁의가 일어났거나, 또는 불황을 구실로 임금을 인하했기 때문에 이에 반대하는 쟁의가 많이 일어났던 것이다. 在家塚村組合製絲의 최저임금 요구, 大阪美活비누공장, 久保田제작소 및 金文면포공장의 쟁의는 적극적으로 임금인상을 요구하는 사례였고, 兵神고무공장, 平尾라버공업소 및 야마토 제망소 쟁의는 소극적으로 임금인하를 반대하는 사례였다. 임금과 관련되는 것으로 平尾라버공업소에서는 연말연시 상여금지불을 요구하고 있다.

兵神고무공장에서는 해고자 때문에 쟁의가 일어났기 때문에 해고자 복직을 요구하고 있다. 또한 平尾라버공업소에서는 해고수당의 제정을 요구했다. 앞에서 서술한 사례에서는 별로 나와 있지 않지만, 불황으로 말미암은 한국인 노동자의 해고가 여러 공장에서 일어나면서 해고 반대, 복직요구와 해고수당 지급이 불황 아래 노동쟁의의 주요 현안이 되고 있다.

그리고 불황 아래 경영곤란으로 많은 공장이 임시휴업을 선택하게 되는데, 이와 관련하여 휴업반대와 조업촉진, 휴업 기간의 일급 전액지급의 요구가 많이 등장했다. 앞서 서술한 사례에서는 平尾라버공업소, 渡邊護謨공업소, 金文면포공장과 和氣철선공장에서 이러한 요구가 제기되었다. 장시간 노동으로 말미암은 노동시간단축 요구도 金文면포공장과 大阪美活비누공장에서 제기되었다. 물론 이때의 노동시간 단축요구는 그 내용에서 '임금 삭감 없는 노동시간 단축'을 뜻함은 물론이다. 설비와 관련된 요구로서 平尾라버공업소에서는 위생설비 설치, 그리고 久保田제작소에서는 공장설비 개선 요구가 제기되었다.

1927년부터 「건강보험법」[33]이 시행되었기 때문에 이에 대한 요구도 제기되고 있는데, 兵神고무공장에서는 건강보험의 공장주 전액부담, 平尾라버공업소에서는 건강보험가입을 요구했다. 그 밖에도 상해로 말미암은 보상과 특유한 문제에 대한 요구가 그 공장에 제기되었다.

마지막으로 파업을 일으킨 대부분의 경우는 이와 관련된 파업으로 말미암은 희생자(해고자)를 내지 않을 것, 파업 기간의 일급 지급이나 생활보호, 파업으로 말미암은 벌금과 소송비용, 그 밖에도 쟁의 비용의 사용자부담을 주장했다.

요컨대 1930년대 전반의 재일 한국인 공장 노동쟁의는 평소에 누적되어 온 민족차별적 대우를 반대하는 것은 물론이고, 임금인하 반대와 임금인상

33) 사업에 고용되는 노동자를 피보험자로 하는 의료보험제도. 노동자의 생활안정과 노동력 회복에 기여함을 목적으로 피보험자의 업무, 그 밖에도 상병, 사망 및 분만, 그리고 그 가족의 상병, 사망, 분만 등의 요양 보상의 보험급부를 하는 사회보험사업의 하나이다. 1922년 건강보험법이 제정되었지만 1923년의 관동대지진으로 시행이 연기되다가, 1927년에 들어서 일본에서는 최초의 사회보험입법으로서 시행되었다. 塩田庄兵衛編, 《勞動用語辭典》 東洋經濟新聞社, 1972, 56쪽 참고.

요구, 해고 반대와 해고수당 요구, 휴업반대와 휴업수당 요구, 과도한 노동시간 단축 요구 등 최저한의 생존을 위한 요구를 내세웠다.

2. 쟁의의 운동형태

대부분의 노동쟁의에서는 파업이 주요한 운동형태였다. 파업과 더불어 시위가 병행하여 일어나는 경우도 가끔 있었다.

하나의 특수한 투쟁형태로서 大阪美活비누공장의 쟁의를 들 수 있다. 처음에는 태업이라는 쟁의행위로써 공장주와 교섭을 벌였지만, 이것이 결렬되자 회사의 단골거래처인 三月十合백화점과 관계 도매상을 방문하면서 그 공장의 제품을 구입하지 않도록 불매운동(보이콧)을 벌였다. 당시의 상황으로는 고등전술에 해당되는 것이었다. 아마도 이것은 그 공장의 제품이 비누로서 그 공장의 거래처가 주로 大阪 안에 있었기 때문에 가능했을 것이다. 이 공장의 쟁의는 비록 노동자 쪽의 패배로 끝나기는 했지만 불매운동이라는 고등전술을 구사하고 있다는 데 그 특징이 있다.

또 하나 특기할 것은 久保田제작소쟁의다. 이 쟁의에서는 회사 쪽이 파업파괴꾼을 동원하여 갖가지로 파업을 방해하고, 경찰特高가 쟁의를 지도했던 名古屋합동노조의 간부들을 검거하여 강제 중재를 기도했지만 쟁의단이 단결하여 끝까지 투쟁했기 때문에 승리를 거둘 수 있었다.

3. 쟁의에서 노동조합의 구실

지금까지 보아온 바와 같이 1930년대 전반기에 재일 한국인 노동자의 쟁의가 분출할 수 있었던 까닭은, 1925년에 창립된 재일조선노총 중심의 노동운동 축적은 물론이고, 이것을 통합·승계한 일본 좌익계 노동조합인 전협, 그 밖의 여러 노동조합의 지도가 있었기 때문이다.

1930년과 1931년에 집중적으로 일어난 大阪市 東成區의 한국인 고무공장

쟁의에서 지도를 담당했던 노동조합은 전협화학노동조합 大阪지부였다. 이 노동조합은 東成區 고무공장의 한국인 노동자를 중심으로 조직되어 있어서 大阪 한국인 노동운동의 핵심을 이루는 것이었다.

神戶 고무공장의 한국인 노동자의 쟁의에는 재일조선노총 산하였던 兵庫조선노동조합을 해체·통합한 전협화학노동조합 兵庫縣지부가 중심이 되어 지도했다. 1931년의 쟁의에서는 전협계는 兵神고무, 大正고무, 溱川고무, 染川고무, 御藏고무, 武川고무를 지도했다.

1933년에 神戶의 고무공업지대에서 쟁의가 많이 일어난 것은 관세벽에 따른 수출부진이 큰 배경이 되었지만, 한편으로는 노동조합의 활동이 적극적으로 펼쳐졌다는 사실도 무시할 수 없는 요인일 것이다. 앞서 본 바와 같이 1930년부터 1933년에 걸쳐서 일어난 노동쟁의의 많은 부분은 어떤 형태로든 상부의 조합과 결부되어 있었다. 특히 고무공장에는 일본노동조합전국협의회(전협)와는 관계가 깊었다. 林田署 特高係의 통계에서는 관내의 1933년도 파업 수는 36건이고, 그 대부분은 전협계의 지시의 영향이 있었다고 한다.[34)]

이와 같이 전협, 특히 전협 안에 설치되어 있는 조선인위원회는 재일 한국인의 노동쟁의에서 지도적인 영향력을 행사했지만, 그 원래의 취지인 민족을 초월한 계급주의원칙의 관철에는 실패했다.[35)]

전협은 노동자계급의 계급적 통일(재일조선노총이 전협으로 해소·통합된 목적)을 이루어내지 못했기 때문에, 대부분의 재일 한국인 노동자의 쟁의에서 일본인 노동자는 매우 적은 수를 제외하고는 거의 가담하지 않았다. 앞

34) 堀內 稔, 〈神戶のゴム工業と朝鮮人勞動者〉, 《在日朝鮮人史硏究》, 제14호, 1984.11, 10~11쪽.

35) 全基浩, 〈日帝下在日朝鮮人勞動運動의 特性에 관한 硏究〉, 앞의 책, 56쪽. 재일 한국인의 독자적·통일적 노동운동단체인 재일조선노총(1925년 2월 창립)은 국제공산주의 운동의 1국1당주의, 나아가서는 1국1조합주의 원칙에 따라 1929년 12월 해체결정을 하고, 일본좌익노동운동단체인 全協으로 통합된다. 이것은 물론 강력한 자본가계급에 대항하기 위해서는 노동자계급은 하나로 단결해야 한다는 계급주의 원칙의 관철이다. 이 원칙을 따르면, 민족운동과 계급운동의 통일적 운동은 불가능하게 되고, 민족운동은 계급운동으로 매몰·해소되어 사라지고 만다. (이 책의 183~228쪽 참고)

에서 서술한 사례 가운데 久保田제작소에서는 한일 노동자의 공동투쟁이 있었으나 이것은 매우 예외적인 사례였다.

평소에 쌓여 왔던 한일 노동자 사이의 반감이 이러한 계급적 통일운동을 방해했던 것이다. 평소 일본인에게 멸시와 차별대우를 받아왔던 식민지 출신의 한국인 노동자와, 이를 마땅하다고 여겼던 일본인 노동자 사이의 감정의 골은 그 어떤 명분으로도 해소될 수 없었다.

이러한 의식상의 배타성을 뛰어넘어 심지어는 한일 노동자 사이의 쟁투사건도 헤아릴 수 없을 만큼 자주 일어났었다. 요컨대 한일 노동자 사이의 민족적 차별의식과 행동, 양국 노동자 사이의 쟁투사건 등은 차별을 하는 쪽이나 차별받는 쪽이나 그 어느 쪽에서도 이를 초월한 계급적 통일운동을 가로막았다. 전국노동조합동맹(전노)계인 神戶일반노동조합도 天狗고무, 昭和타이어, 平尾라버, 渡邊고무, 染川고무, 白崎木材 등의 공장에서 1931년 1월에서 5월 사이의 격렬한 투쟁을 지도했다.

그리고 이 시기에 神戶지방 좌익노동조합연맹[36] 산하의 神戶화학산업노동조합은 阪神고무, 山部고무 등의 쟁의를 지도했고, 兵庫縣합동노동조합[37]은 太平고무, 明治고무, 丸大고무, 北星고무 등의 쟁의를 지도했다. 여태 고무공장 쟁의를 중심으로 노동조합과 노동쟁의 사이의 관계를 살펴보았지만, 그 밖의 공장쟁의 가운데 金文면포공장쟁의와 和氣철선공장쟁의도 전협계 노조의 지도를 받았다. 그리고 大阪美活비누공장 쟁의는 일본노동총동맹 大阪금속노동조합의 지원을 받았으며, 야마토 제망소와 久保田제작소 쟁의는 名古屋합동노조가 지원했다.

---

36) 新勞農黨樹立의 지지를 둘러싸고 政獲동맹, 전협神戶地協이 분열했는데, 이 가운데 합법좌익의 입장에서 신당지지를 주장하는 부분은 神戶금속노조를 중심으로 새로이 神戶출판조합과 神戶화학산업조합을 창립했다. 이것을 기반으로 1930년 7월 神戶지방좌익노동조합연맹이 결성되었다. 堀內 稔, 앞의 책, 12쪽.

37) 兵庫縣합동노동조합은 兵庫縣무산대중당의 자매단체로서 1928년 10월에 결성되었다. 下駄工組合, 丸大고무말고도 중소 고무공장 노동자 600명이 결집해 있었다. 좌익노조에 가까운 성격을 가진 지방의 독립단독 노동조합이다. 堀內 稔, 앞의 책, 13쪽.

요컨대 재일 한국인 공장노동자의 쟁의는 재일조선노총을 흡수한 일본 좌익계 노동조합인 전협계 노조의 지도를 가장 많이 받았으며, 名古屋 지방에서는 한국인의 지방 단독 노조인 名古屋합동노조의 지도를 주로 받고 있었다. 또 神戸의 고무공장 쟁의에서는 神戸지방 좌익노동조합연맹 산하의 노동조합의 지도를 받기도 했다. 그 밖에도 때로는 일본의 중립 노동조합인 전노계(全勞系)나 우익노동조합인 총동맹계(總同盟系)의 노동조합의 지도를 받는 경우도 있었다. 어쨌든 대부분의 재일 한국인 공장노동자의 쟁의는 노동조합의 지도 아래서 진행되었다고 할 수 있다.

4. 쟁의의 해결방법

한국인의 주요 쟁의에는 언제나 경찰의 개입과 탄압이 뒤따른다. 경찰의 경계·개입은 빈번하고, 쟁의확대를 두려워하여 검거·가택수색 등을 자행하는 한편, 강경하게 조정으로 해결하려는 것이 상투적인 수단이었다.[38] 쟁의가 일어나 파업이나 시위, 그 밖의 비교적 과격한 행위가 일어나면 경찰은 치안을 구실로 일단 쟁의지도를 담당했던 노동조합의 간부나 쟁의단의 지도부 또는 쟁의를 일으킨 주모자를 검거하고 나서 강제적으로 조정을 하거나 경우에 따라서는 이런 탄압을 통하여 쟁의를 파괴한다.

渡邊護謨공업소 쟁의의 경우에는 林田署에서 쟁의단원 전원을 검거하고 경찰서에서 쟁의단원과 개별적으로 면회하여 그들의 의견을 듣고 강제적으로 조정을 했다. 경찰에 검거된 조합간부, 쟁의지도부, 쟁의주모자는 쟁의가 타협에 따라 해결되거나 분쇄된 뒤로는 석방되거나 또는 송국·기소되어 유죄판결을 받기도 한다. 이와 같이 개별적인 쟁의에 대하여 경찰이 개입했을 뿐만 아니라 거시적으로는 좌익계 정치단체, 노동조합·노동운동에 대한 대탄압을 지속적으로 감행함으로써 노동쟁의를 파괴한다.

---

38) 若生 みすず, 〈朝鮮人勞動者の兵神ゴム爭議について〉, 앞의 책, 18쪽.

이런 뜻에서 본다면 재일 한국인의 노동운동이나 노동쟁의는 단순한 노자 관계라고 하기보다는 노경 관계의 성격이 더욱 강했다고 볼 수 있다.

6. 맺는말

지금까지 1930년대 전반기 재일 한국인의 공장노동 쟁의를 주요사례를 중심으로 살펴보았다. 특히 한국인이 많이 종사하고 있던 大阪·神戶지방의 고무공장 쟁의를 중심으로 살펴보았다.

1930년대 전반기에는 중소 영세공장에 주로 취업하고 있었던 한국인 노동자들이 해고, 인원정리, 임금인하, 시간연장, 조업단축에 따른 격일출근 등 대공황의 일차적 희생의 대상이 되었기 때문에 집중적·폭발적으로 노동쟁의를 일으킬 수밖에 없었다. 이 시기 재일 한국인 공장노동쟁의는 평소에 누적되어 온 민족적 차별대우 반대와 임금인하 반대·임금인상 요구, 해고 반대·해고수당 지급, 휴업 반대·휴업수당 요구, 과도노동시간 단축요구 등 최저한의 생존을 위한 요구를 내세웠다.

그리고 대부분의 노동쟁의에서는 파업이 주요한 운동 형태였으며, 이와 더불어 시위가 병행되는 경우도 있었다. 특수한 경우로서 大阪美活비누공장의 쟁의에서는 태업과 불매운동이 펼쳐지기도 했다. 그리고 대부분의 재일 한국인 공장노동자 쟁의는 노동조합의 지도를 받고 있었는데, 그 많은 부분은 재일조선노총을 흡수·통일한 전협계 노동조합의 지도를 받았다. 그러나 전협은 재일조선노총을 통합한 명분인 한일 노동자 사이의 계급적 통일투쟁을 이루어내지 못했다. 그러기에는 한일 노동자 사이의 민족적 반감이 너무 깊었기 때문이다. 그 밖에도 중립의 전노계나 우익의 총동맹계, 그리고 경우에 따라서는 지방의 단독 노조의 지도를 받기도 했다. 어쨌든 이러한 노동조합의 지도가 없었다면 재일 한국인 공장노동쟁의는 그렇게 집중적·폭발적으로 일어날 수 없었을 것이고, 또 통일적·조직적으로 끈질기게 진행되지도 못했을 것이며, 쟁의의 성과도 훨씬 적었을 것이다.

그리고 대부분의 주요 쟁의에는 경찰의 개입과 탄압이 뒤따랐다. 경찰은 치안을 구실로 쟁의지도를 담당했던 조합간부, 쟁의단 지도부, 그리고 쟁의의 주모자를 일단 검거한 뒤에 강제조정을 하거나 또는 쟁의를 파괴시키는 것 등을 상투적인 수단으로 삼았다. 또한 경찰은 거시적 차원에서 지속적으로 좌익계 정치단체나 노동조합·노동운동에 대한 대탄압을 가함으로써 노동쟁의를 파괴시켰다. 이러 뜻에서 본다면 이 시기 재일 한국인 공장노동자의 쟁의는 단순한 노자 관계라기보다 노경 관계의 성격이 더욱 짙다고 볼 수 있다.

강제연행 재일 한국인 노동자들의 투쟁

1.머리말

일제는 1938년 4월의 「국가총동원법」, 이에 바탕을 둔 1939년 4월의 「국민징용령」에 따라 1939년 7월의 각의결정으로 한국인을 「모집」이라는 명목으로 일본으로 집단 연행해 간다. 「모집」이 1942년 2월에는 「관알선」으로, 1944년 9월에는 「징용」으로 점점 강제성이 강화되는 쪽으로 바뀌어 간다. 한국인의 징용에 앞서 1942년 9월부터 일본에 와 있던 재일 한국인에게는 징용령이 실시되고 있었다.

저자는 앞서 발표한 글에서 「징용」뿐만 아니라 「관알선」이나 「모집」까지도 강제연행이었음을 증명하고, 그 '강제성'의 성격에 대해서 분석한 바 있다.[1] 모집의 초기에도 모집인원이 할당수에 못 미치면 경찰은 압력을 가해서라도 「모집」을 강행하는 체제를 갖추고 있었는데, 이것만 봐도 경찰이 주도한 강제연행이 존재했음을 알 수 있다.

---

1) 全基浩, 〈日帝下 朝鮮人 强制連行·强制勞動에 있어서 强制의 性格에 관한 硏究〉, 《經濟硏究》 16, 慶熙大經濟硏究所, 2000.12, 1~29쪽. (이 책의 149~180쪽에도 수록)

三菱광산에 강제로 징용되어 와서 찍은 사진 (남현 스님 제공)

「관알선」 시기의 동원방법은 더욱 노골적으로 강제성을 띠고 있는데, 그것은 성근배의 다음과 같은 증언에서 잘 드러나고 있다.

내가 추석에 (일본에서) 고향에 돌아왔을 때 귀성해 있던 한창 일할 나이의 일꾼을 징용하려는 지방 관리들이 왔다. 지휘하는 사람은 일본인이고, 그 앞잡이가 되어 '조선인 사냥'을 하는 자는 같은 조선인 말단관리였다. 도망치려고 우왕좌왕하는 남자들은 산으로 올라간다. 그들을 뒤쫓아 말단관리들이 산으로 올라간다. 쫓기는 사람도 쫓는 사람도 백의(白衣)의 조선 사람이다. 산이 갑자기 하얗게 된다. 그 하얀 광경을 나는 지금도 잊지 못한다. 붙잡힌 사람은 필사적으로 도망치려고 저항하고, 그 가족인 어머니나 부인들은 울부짖고 있어서 바로 이수라장과 다를 바 없었다.[2)]

위의 증언에서 말하는 추석이 1942년의 추석이었으며, 따라서 아직 한국

2) 朝鮮人 强制連行 眞相調査團 編, 《朝鮮人 强制連行の記錄》, 大阪篇, 柏書房, 1993, 成根培의 증언, 129쪽

안에서는 징용제도가 실시되지 않고 있었고, 그해 2월에 「모집」 방식에서 「관알선」 방식으로 동원방법을 바꾸었던 것이다. 위의 사례는 「관알선」의 시기인데도 불구하고 징용을 거부할 경우 납치·연행해가는 것과 같은 방식이 존재했음을 보여주고 있으며, 실제로 성근배는 이를 '징용하러 왔다'고 표현하고 있다.

이 글에서 다루는 강제 연행된 재일 한국인 노동자들의 투쟁이란, 1939년 7월에 시작된 「모집」, 「관알선」, 「징용」을 거쳐 집단적으로 일본으로 강제 연행되어 간 한국인 노동자들이 일본에서 벌인 투쟁을 뜻한다. 이 시기의 동원방법과 노동실태를 함께 표현하는 용어로 최근에는 '조선인 강제연행·강제노동'을 사용하는 경우가 가끔 있지만 이 글에서는 간단히 '강제연행'으로 표현하고자 한다.

이 글이 다루는 범위는 강제 연행된 재일 한국인 노동자들의 적극적인 투쟁형태로서 '사업장 안 분쟁의(紛爭議)'와 소극적인 투쟁형태로서 '도주'를 다루고자 한다. 단, 사업장 안의 분쟁의의 용어에 관해서는 뒤에 서술하기로 한다. 따라서 사업장 '밖'의 단체와 연계해서 일어난 정치적, 사상적 투쟁에 관한 용어규정은 하지 않기로 한다. 이러한 투쟁은 매우 예외적인 경우말고는 거의 일어나지 않았다.

사업장 '밖'에서 자주 일어난 분쟁의로서 내선인(內鮮人) 쟁투사건과 차지·차가분쟁의(借地借家紛爭議)가 있다. '내선인 쟁투사건'이란 사업장 밖에서 일어난 일본인과 한국인 사이의 일체의 쟁투사건을 일컫는 말로서, 주로 강제연행 이전에 자유의사에 따라 개별적으로 일본으로 건너간 한국인들과 일본인들 사이에서 벌어진 쟁투사건을 가리킨다면, 이 글에서 다루는 강제연행 한국인 노동자와 일본인 노동자 사이의 사업장 '안' 투쟁은 앞서 말한 '내선인 쟁투'와는 사뭇 다르다.

그 원인별 건수는 강제 연행된 한국인 노동자들의 분쟁의와 별도로 발표되고 있는데, 그 건수는 엄청나게 많아서 협화사업이 시작되기 이전인 1935

년 이전에는 많게는 6천여 건(1933년, 1934년)에서 적게는 3천여 건(1935년) 사이였다. 협화사업이 시작된 1936년 뒤로는 그 수치가 매년 감소하여 1942년에는 734건까지 내려갔다.

차지·차가분쟁의도 역시 주로 강제연행기 이전에 도일한 기주(旣住) 조선인[3])들에게서 일어난 문제이다. 왜냐하면 강제 연행된 한국인들은 회사 쪽이 제공한 寮에서 집단적으로 수용되어 있었기 때문에, 차지·차가분쟁의가 일어날 여지가 없었던 것이다. 따라서 강제 연행된 한국인 노동자들에게 별로 해당되지 않는 내선인 쟁투사건과 차지·차가분쟁의는 이 글의 분석 대상에서 마땅히 제외된다.

2. 노동운동을 둘러싼 환경조건[4])

강제연행기 당시 노동운동을 둘러싼 환경조건은 과연 어떠하였는가? 1936년에서 1937년 사이의 廣田·林 두 내각 아래서 군부대신 현역제가 부활하여 사실상 군부는 외교, 조각, 수상의 인선 등을 농단할 수 있게 되었다. 그리고 1938년 「국가총동원법」 체제가 형성되어 자금, 인력, 물자, 가격, 임금 등을 정부가 마음대로 통제할 수 있게 되었다. 그리고 이것은 경제 통제의 범위를 훨씬 넘어서 노동운동의 금압, 언론·출판의 통제까지 노렸던 것이다. 그뒤 의회는 사실상 존재 의의를 잃어버렸고, 1940년 육군을 중심으로 신체제운동이 시작되어 1국1당체제의 구축을 시도했다. 그 결과 모든 정당이 해산되고, 그해 7월 大政翼贊會가 성립되었는데, 그 실권은 국수주의적 군부와 관료가 쥐고 있었다.

---

3) 당시의 여러 통계 아래서는 집단적 강제연행 이전에 일본으로 건너간 한국인들을 일러 '旣住朝鮮人'라고 불렀으며, 「모집」, 「관알선」, 「징용」에 따라 집단적으로 강제 연행되어 일본으로 건너간 한국인들을 '移住朝鮮人' 또는 '移入朝鮮人'이라고 불렀다.

4) 이에 관한 자세한 내용은 金基浩, 앞의 글, 13~20쪽 참조.

노동운동·농민운동 등은 1937년 말의 탄압으로 거의 숨통이 끊어지고, 이때부터 1939년에 걸쳐 주요한 노동조합도 강제적으로 해산되었다. 1940년에는 농민조합도 해산되었다. 모든 대중 조직이 해산된 뒤 관제조직으로서 나치의 노동전선을 모방한 산업보국회나 농업보국회가 만들어졌는데, 이것은 '근로보국' 정신을 고취할 목적으로 만들어진 관제조합으로서 파시즘 체제의 일익을 담당하고 있었다. 또한 언론·출판의 통제, 사상탄압, 교육통제, 종교 특히 기독교에 대한 탄압도 철저하게 이루어졌다.

요컨대 강제연행기의 일본은 국가총동원법 체제 아래서 군부가 실권을 쥐고서 국민의 모든 재산과 인력, 정치, 경제, 사회 등 모두를 마음대로 통제할 수 있는 완벽한 전체주의적 독재국가, 단일의 파시즘 체제였기에 제도적으로나 실제적으로나 노동운동이 설 자리는 조금도 없었다.

3. 사업장 안의 분쟁의 발생 건수 및 참가 인원

1. 용어 및 자료설명

〈표1〉이 보여주는 바와 같이 노동분쟁과 관련된 통계는 모두 내무성 경보국에서 집계·발표하고 있다. 다만 1944년도의 그것은 내무성 경보국의 통계를 발견할 수 없어서 司法省의 통계를 이용하였다. 그러나 같은 내무성 경보국의 통계라고 하더라도 그 편제가 항상 같지 않아서 본 연구에 많은 어려움을 주고 있다.

편제상 가장 큰 변화는 물론 1939년 7월 뒤에 있은 「노무동원계획」 또는 「국민동원계획」에 바탕해서 한국인을 집단적으로 강제 연행한 것을 계기로 일어난다. 그래서 1939년까지는 재일 한국인 전체의 노동분쟁의를 다루고 있으나, 1940년 뒤로는 집단적으로 강제 연행된 한국인의 노동분쟁의만을 따로 다루고 있다. 한국인 노동자의 분쟁의 가운데서 집단적으로 강제 연행된 한국인 노동자의 분쟁의가 주류를 이루고 있다는 것을 통계상으로 드러낸 것이다.

그리고 또 하나 중요한 변화는 사업장 안의 노동관련 분쟁의를 1939년까지는 '노동분쟁의'라는 하나의 이름으로 부르고 있으나, 1940년 뒤로는 노동분쟁의 범주에 내선인 노동자 사이의 투쟁사건을 추가하고 있다. 그래서 저자는 이 양자를 합쳐서 '사업장 안의 분쟁의'로 부르기로 한다.[5)]

이 양자에 관한 통계상의 용어설명을 발견할 수 없어서 정확한 내용은 알 수 없으나, '노동분쟁의'란 사용자에 대한 한국인 노동자의 분쟁의를 뜻하고, '내선인 쟁투사건'이란 한국인 노동자가 집단적으로 강제 연행되어 와서는 집단적으로 한 직장에 배치되어 한국인 노동자와 일본인 노동자 사이에 새롭게 벌어진 투쟁을 뜻한다.

원칙적으로 노동관련 분쟁의를 다루면서는 앞의 노동분쟁의만을 다루어야겠지만, 저자가 이것을 사업장 안의 분쟁의로 총괄해서 다루는 것은 다음과 같은 두 가지 까닭 때문이다.

첫째로는 통계의 일관성의 결여문제이다. 이를테면 1940년, 1941년의 통계 안에서는 노동분쟁의와 내선인 쟁투사건을 분리하지 않고 총괄해서 그 건수, 참가 인원, 분쟁의의 원인, 요구사항, 수단, 결과를 다루고 있어서 양자를 분리할 수 없기 때문이다. 1942년과 1943년의 통계에서는 이 양자를 분리해서 「모집」, 「알선」 별로 건수, 참가 인원, 그리고 분쟁의의 형태와 결과만을 게재하고 있다. 1944년의 통계에서는 양자를 분리하여 원인과 형태만을 기록하고 있다.

둘째로 사용주를 상대로 한 노동분쟁의와 한일 노동자 사이의 투쟁인 내

5) 여기서 '사업장 안'이란 작업장 안이라는 좁은 뜻으로 사용한 것이 아니다. 그들은 회사가 제공하는 작업장 부근의 寮에서 집단적으로 수용되어 생활하고 있으면서, 노동과 생활 일체를 통제받고 있었기 때문에 그들의 생활 터전은 대부분 일과 관련된 것이다. 이를 통틀어 '사업장 안'이라고 표현한 것이며, 그들에게 그 밖의 활동 공간이 거의 주어지지 않았다.

선인 쟁투사건이 엄격하게 구분되지 않고 얽혀서 일어날 수 있기 때문이다. 실제로 강제 연행되어 최악의 노동조건으로 강제노동에 종사하는 한국인 노동자들에게 불만과 증오의 대상은 일본 또는 일본인이기 때문에 일본인 사용자와 일본인 노동자 사이의 구별은 그렇게 뚜렷하지도 않을 뿐더러 중요하지도 않았던 것이다. 즉 계급의식보다 민족의식이 훨씬 앞섰던 것이다. 따라서 한국인 노동자와 일본인 노동자가 함께 일본인 사용자에게 대항한 경우는 적어도 강제연행기에는 전무했다는 사실이 그것을 잘 입증해주고 있다. 그래서 한국인 노동자가 보기에는 일본인 사용자든 일본인 노동자든 모두 같은 일본인이었던 것이다. 뿐만 아니라 평소 일본인 사용자에 대한 불만이 어떤 일을 계기로 일본인 노동자를 상대로 폭발할 수도 있었고, 그 반대일 수도 있었다. 그리고 처음에는 일본인 사용자를 상대로 일어난 분쟁의가 일본인 노동자에 대한 투쟁으로 전환될 수도 있고, 그 반대일 수도 있다. 결론적으로 이 양자를 구별하는 것은 매우 어려울 뿐만 아니라 그렇게 중요하지 않을 수도 있다.

2. 분쟁의 발생 건수 및 참가 인원

재일 한국인 노동분쟁의는 대공황기에 노동조건의 악화, 대량해고 등으로 폭발적으로 일어나, 1930년에서 1932년 사이에는 매년 400건이 훨씬 넘는 건수가 일어났다. 1933년에서 1936년 사이에는 그 건수가 약간 줄어들어 300건이 넘는 수를 기록했다. 그러던 것이 1937년에는 297건, 1938년에는 166건으로 대폭 감소하게 된다.[6]

〈표1〉에서 보는 바와 같이 1939년의 노동분쟁의는 153건으로 전년도에 견주어 건수 면에서는 줄어들었지만, 참가 인원 면에서는 9천630명으로

6) 이에 관한 자세한 내용은 金基浩, 〈1930年代 在日朝鮮人勞動者의 勞動爭議〉, 《經濟硏究》 제14호, 慶熙大經濟硏究所, 1998, 29~62쪽 참조. (이 책의 229~259쪽에도 수록)

〈표1〉 사업장내 분쟁의 발생조건 및 참가 인원

연도	건수	참가 인원
1938	166	3,650
1939	153	9,630
1940	338	23,383
1941	154	10,143
1942	295	16,006
1943	346	16,693
1944	129	10,029

주 : ① 1939년까지는 재일 조선인 전체의 노동분쟁의. 1940년 이후는 강제 연행된 移住朝鮮人 노동자에 따른 노동분쟁의와 내선인 쟁투사건을 합계한 수치임. 저자는 이 합계를 사업장 안의 분쟁의라고 부름

② 1940년도의 수치는 1939년 이후 강제 연행된 移住朝鮮人 노동자의 사업장내 분쟁의를 1940년 말까지 누계한 것임.

자료 : 1938년에서 1942년은 內務省 警保局, 〈社會運動の狀況〉

1943년은 內務省 警保局, 〈特高月報〉

1944년은 司法省, 〈治安維持法についての報告〉

朴慶植 편, 《재일 조선인 관계자료집성》제4권(三一書房, 1975) 및 제5권(1976)에서 저자 작성

1938년의 3천650명에 견주어 대폭 증가했던 것이다. 1938년, 1939년에 일어난 노동분쟁의는 재일 한국인 노동자 전체의 분쟁의이다. 1939년의 노동분쟁의에 참가한 인원이 1938년에 견주어 대폭 증가한 까닭은 1939년부터 강제 연행된 한국인 노동자들 가운데 다수가 노동쟁의에 가담했기 때문이다.

이에 대한 내무성 경보국의 설명은 다음과 같다.

> 그런데 올해부터 「노무동원계획」이 실시됨에 따라 새로 조선인 노동자 다수를 일본으로 이주시키게 되어 벌써 1만9천135명의 이입이 있었다. 그들은 노동조건을 비롯하여 일본의 풍습 등에 대해서 알지 못하기 때문에, 그로 말미암아 공연한 노동분쟁의를 일으키는 경향이 있으므로 이후 꽤 주의를 요한다고 생각한다. 즉 금년에 참가 인원이 격증한 것은 이주 조선인 노동자가 곳곳에서 다수 단결하여 노동쟁의를 일으켰기 때문이다.[7]

여기서 이주 한국인 노동자란 1939년의 「노무동원계획」 실시에 따라

7) 朴慶植 編, 《在日朝鮮人關係資料集成》 第4券, 三一書房, 1975, 308쪽

「모집」이란 명목으로 집단적으로 강제 연행된 한국인 노동자를 가리킨다. 이를테면 北海道의 한국인 노동자 분쟁의는 1939년에 45건, 참가 인원 6천703명인데, 이 가운데 16건의 참가 인원이 6천528명에 달했으며 이들 모두가 이주 한국인 노동자였던 것이다.

한국인 노동자가 집단적으로 강제 연행되어 한 사업장에 다수 배치되었기 때문에 이주 한국인 노동자의 경우에는 건당 참가 인원이 훨씬 많을 수밖에 없었다. 여기에 사업장 안의 노동분쟁의와 한일 노동자 사이의 투쟁사건을 함께 포함하고 있다는 것은 앞에서 서술한 바 있다. 1940년도의 수치는 1939년 7월 이후 강제 연행된 이주 한국인 노동자의 분쟁의를 1940년 말까지 합산한 것인데, 338건에 참가 인원 2만 3천383명이라는 폭발적인 증가 현상을 보이고 있다. 그때까지 이주 한국인 노동자 수가 1939년 4만 8천594명, 1940년 3만 8천171명 등 합계 8만 6천765명이라는 점을 감안하면, 강제연행으로 일본에 건너간 초기에 한국인 노동자 가운데 27퍼센트가 분쟁의에 가담했음을 알 수 있다. 더욱이 도주(1만 6천268명), 귀선 등 감원요인(2만 3천727명)을 고려하면 대체로 이주 한국인 노동자의 3분의 1이 분쟁의에 가담했던 것으로 추정된다.

이와 같이 이주 초기에 사업장 안의 분쟁의가 다수 폭발했던 것은 임금을 비롯하여 노동조건이나 생활조건이 그들이 예상했던 것보다 너무 열악했기 때문이다. 더욱이 당시에는 모든 노동조직이 해산되고, 노동운동이 완전히 금압된 상태였기 때문에 이들에 대한 외부의 영향은 조금도 있을 수 없었다. 다만 현실의 조건들이 너무 열악했기 때문에 거기에 대한 단말마적인 저항이라고 볼 수 있다. 분쟁의는 외부에서 지도·조직·계획된 것이 아니라, 일시적인 불만의 폭발, 즉 자연발생적이라는 데 뚜렷한 특징이 있다.

이러한 분쟁의는 1941년에는 154건, 참가 인원 1만 143명으로 약간 감소하는 듯 보이지만, 그뒤 이주 한국인 수가 늘어나면서 점차 증가하게 된다. 즉 1942년에는 295건, 1만 6천6명, 1943년에는 346건, 1만 6천693명으로 증

〈표2〉 노동분쟁의 발생 원인(1938)

원 인	건 수
해 고 반 대	45(27.1)
임금인상요구	54(32.5)
임금인하 반대	7(4.2)
휴 업 반 대	6(3.6)
기 타	54(32.5)
계	166(100.0)

주 : ( )안은 백분율

자료 : 內務省 警保局, 〈社會運動の狀況〉, 박경식, 〈재일 조선인 관계자료집성〉 제4권 1, 134~136쪽.

가했던 것이다. 다만 1944년에는 꽤 떨어졌는데, 자료의 출처가 사법성(司法省)이기 때문에 재판에 회부된 것만을 집계했을 것으로 추정된다. 따라서 그 이전의 내무성 경보국 자료의 건수와 바로 비교할 수는 없다. 어쨌든 강제 연행된 한국인 노동자들의 분쟁의는 모든 노동단체가 해산되고, 노동운동이 완전히 금압된 파시즘 체제 아래에서도 건수나 참가 인원 면에서 많이 일어났으며, 혹독한 노동·생활조건에 대한 자연발생적 폭발이었다는 데서 그 특징을 발견할 수 있다.

4. 사업장 안의 분쟁의의 원인, 수단, 결과

1. 원 인

이주 한국인 노동자가 분쟁의를 일으킨 원인을 그 이전의 재일 한국인 노동자의 그것과 견주기 위하여 〈표2〉와 〈표3〉을 살펴보기로 하자.

〈표2〉에서 보면 1938년 재일 한국인 노동자의 노동분쟁의 발생의 원인은 주로 임금인상 요구(32.5퍼센트)와 해고 반대(27.1퍼센트)였다. 임금인하 반대까지 합치면 임금관련 원인이 약 37퍼센트를 차지하게 된다. 이로써 당시 재일 한국인 노동자들에게 임금과 해고가 가장 중요한 문제였음을 알 수

〈표3〉 이주 조선인 노동자의 분쟁의 발생 원인 및 요구사항(1939~1941)

원 인	건수	요구사항	건수
언어감정의 상위에 따른 투쟁	150(30.4)	임금인상	93(18.9)
재 해 발 생	34(7.0)	임금지급방법변경	23(4.7)
대 우 불 만	142(28.9)	노동시간 단축	3(0.6)
계약 사항의 불만	63(12.8)	시설 기타 복지시설변경	32(6.5)
기 타	103(20.9)	감독자 배척	66(13.4)
		기 타	275(55.9)
계	492(100.0)	계	492(100.0)

주 : ① 1939년 강제연행이 시작된 이후 1941년 연말까지의 누계임.
② ( )안은 백분율임.
자료 : 〈표2〉와 같음. 朴慶植 편, 같은 책, 710~711쪽.

있다.

〈표3〉은 1939년에서 1941년 사이에서 이주 한국인 노동자들이 분쟁의를 일으킨 원인을 나타내고 있다. 그러나 원인에 대한 분류가 완전히 바뀌어서 1938년의 그것과 바로 비교하기는 어렵다. 그 원인을 보면 기타를 제외하고, 언어감정의 상위(相違)에 따른 투쟁이 150건(30.4퍼센트)으로 가장 많고, 대우불만 142건(28.9퍼센트), 계약 사항에 대한 불만 63건(12.8퍼센트), 재해발생 34건(7.0퍼센트)의 순이다. 강제 연행되어 새로 일본으로 온 한국인 노동자들이 일본인들과 관계하면서 가장 큰 갈등을 빚은 것은 언어·감정·풍습 따위의 상위에 따른 문화적 요인이었음을 알 수 있다. 임금 등 대우불만도 약 29퍼센트나 된다. 계약 사항에 대한 불만도 약 13퍼센트로 만만찮은 수에 이르고 있는데, 이것은 모집 때의 계약 조건과 실제 대우가 다른 나머지 불만이 터져 나오면서 비롯된 분쟁의이다. 다시 말하자면 계약 조건을 지키지 않은 데서 말미암은 분쟁의인 것이다. 계약할 때 모집인원을 채우기 위해 모집 종사자가 임금이나 대우조건을 과장해서 공표한 사실을 경보국에서도 다음과 같이 시인하고 있다.

그리고 사업주 쪽에서 이주 조선인 노동자를 모집할 때 모집 종사자가 피모집자에게 분명히 밝힌 임금이나 대우조건은 가끔 응모자의 도항열(渡航熱)을 부추길 정도로 최고 표준을 표시하는 경우가 있다. 그 때문에 피모집자가 일본으로 들어온 뒤 각 직장의 특수사정에 따라 임금을 받는데, 그 지급방법이 '고정일급제' 또는 '능률급제' 등 다양한 길이 있었기에 응모 때 알려진 임금 수준보다 감액되거나, 또는 응모 때 기대한 대우보다 열악한 경우도 있어서, 이 경우 별항과 같이 분쟁의를 일으키고 있다.[8)]

분쟁의가 발생한 원인으로 또 하나 주목할 만한 사항은 재해발생이다. 이주 한국인 노동자 가운데 다수가 탄광에 투입되었는데, 재해 예방시설조차 제대로 갖추지 않은 상태에서 무리하게 일을 시키는 바람에 많은 재해가 일어나 사망자나 부상자가 속출했던 것이다.[9)] 이로 말미암아 재해예방 시설이나, 재해를 입은 노동자들에 대한 사후 대책을 둘러싸고 분쟁의가 일어났다.

통계로 보면 〈표3〉에 나와 있는 요구사항이 〈표2〉의 분쟁의가 발생한 원인에 해당된다. 이 양자를 견주어 보면 이주 한국인 노동자의 경우에 분쟁의 발생 원인으로 임금관련이 약 24퍼센트로서 기타를 제외하면 높은 비율을 차지하고 있지만, 그 비율은 1938년 당시 먼저와 있던〔旣住〕 한국인 노동자의 경우(임금관련 분쟁이 약 37퍼센트)에 견주어 보면 현저하게 낮아진 편이다.

그리고 강제노동을 위해서 강제로 연행되었기 때문에, 1938년 당시 기주 한국인 노동자의 현안인 '해고'나 '휴업'과 같은 분쟁의의 원인이 이주 한국인 노동자의 경우에는 일어날 여지가 조금도 없었다. 그 대신 감독자들의 구타 등 가혹한 노무관리에 대한 반항으로서 감독자 배척이 이주 한국인 노동

8) 같은 책, 제4권 1, 477쪽.
9) 탄광의 노무관리에 대한 자세한 내용은 全基浩, 〈日帝下 韓國人勞動者의 日本强制連行과 勞務管理〉, 《勞使關係의 課題와 人的資源開發戰略(1)》, 李奎昌敎授回甲紀念論文集, 1994, 15~20쪽 참조

〈표4〉 이입 반도인 노동자 분쟁의 원인(1944)

원 인	세목별원인	건 수	참가 인원
정착・귀선문제	정착 반대	23	3,653
	즉시 귀선 요구	2	129
	일시 귀선 요구	2	76
소 계		27(20.9)	3,858
식료・의료문제	식료 배급 개선 요구	17	943
	설날 식료 개선 요구	1	36
	淸酒 배급 요구	2	36
	衣料 배급 요구	6	541
	寢具 배급 요구	1	37
소 계		27(20.9)	1,593
임금문제	賃金 不拂	1	25
	청부 단가 인상 요구	1	3
	임금 인상 요구	1	33
	저금액 인하 요구	2	41
	작업 상여 평균 배급 요구	1	53
	반환금 교부 지연	1	45
소 계		7(5.4)	200
노동관리문제	숙사 설비 완비 요구	3	520
	계원 폭행	24	2,080
	鮮人 계원에 대한 반감	2	343
	계원의 조치 오해	2	122
	휴업의 질책 반감	1	23
	외출 제한	1	15
	전사 반대	3	262
	물품 검사 반대	1	10
	숙사 변경 요구	1	90
	직장 변경 요구	1	17
	반장 해임 불만	1	6
	계원의 모욕적 언사	4	161
	갱내 계원의 불친절	1	5
	수도 사용 조치	1	50
	입욕 조치	1	15
	도주자 연행 반려반감	1	29
소 계		48(37.2)	3,749
이기적 요구	전업희망	1	18
	稼動嫌忌	2	70
	공휴요구	1	73
	조선 설날 공휴 요구	1	34

	통역 채용 거부	1	13
소 계		6(4.7)	208
쟁 투	내선쟁투	4	70
소 계		4(3.1)	70
오 해	노동자의 사인 오해	1	30
	국어 불해에 말미암은 오해	1	47
소 계		2(1.6)	77
其 他	갱내 설비 완비 요구	1	30
	공사계약 相違	1	6
	고용조건 相違	1	34
	부녀에 대한 외설행위 질책	1	30
	불량자의 선동	2	66
	차기 공사 할당 요구	1	23
	내선人 동시 수송 요구	1	85
소 계		8(6.2)	274
합 계		129(100.0)	10,029

주 : ① 통계상의 일관성을 유지하기 위해 鮮人間 爭鬪 5건, 137명은 제외.
② ( )안은 백분율임.
자료 : 司法省, 〈治安維持法についての報告〉, 朴慶植 편, 앞의 책, 제5권, 623~624쪽.

자들의 분쟁의의 주요한 현안으로 등장했으며, 시설을 비롯하여 복리시설 변경도 새로운 분쟁의의 현안으로 떠올랐다.

내무성 경보국이 지적하고 있는 분쟁의의 원인은 다음과 같다.10)

① 응모시 노동조건을 과대하게 평가하여 실제와 다른 것
② 언어 풍습의 상위에 따른 오해
③ 갱내 작업을 위험시하는 것
④ 민족적 편견에 따른 사물에 대한 곡해
⑤ 경제통제, 이를테면 식량배급규정, 임금통제령 등에 대한 몰이해
⑥ 위험방지 또는 복리시설의 완비를 요구하는 것
⑦ 사소한 일을 과장해서 듣고 일반이 부화뇌동하는 것
⑧ 사업주 쪽에서 그들을 산업전사로 우대하는 데 부추겨져서 우쭐해진 것, 한

10) 같은 책, 제4권 1, 708쪽.

편 지도자 쪽의 일부에서도 협화사업의 수행상 잘못된 내선일체의 관념에 사로잡혀 그 지도를 면탈한 나머지 공연히 그들을 우쭐하게 만든 것

위의 사항 가운데서 ①은 사실이지만 과대 평가하도록 만든 것은 이주 한국인 노동자들이 아니라 일본인 모집 종사자였다는 사실은 앞에서 서술한 바 있다. ②와 ③은 사실이다. ④는 편견이 아니라 사실상 임금을 비롯하여 여러 면에서 한국인 노동자를 일본인 노동자와 차별대우를 했다. ⑤와 ⑥도 사실이다. ⑦과 ⑧은 사실이 아니다.

이주 한국인 노동자의 분쟁의의 원인을 가장 자세하게 분류해 놓은 것이 〈표4〉이다. 여기서 분쟁의가 일어난 원인 가운데 가장 다수를 차지하고 있는 것은 노동관리 문제로서 전체 발생 건수의 37퍼센트에 해당되는, 48건이었다. 이것을 다시 세목별 원인으로 살펴보면 절반인 24건이 계원폭행이며, 4건이 계원의 모욕적 언사였다. 그들의 비인간적이고 악랄한 노무관리가 분쟁의의 가장 큰 원인임을 알 수 있다. 다음으로 주요한 원인은 27건으로서, 21퍼센트를 각각 차지하고 있는 정착·귀선(定着·歸鮮) 문제와 식료·의료문제다

우선 정착·귀선 문제부터 살펴보기로 하자. 일제는 강제연행자의 계약이 만기가 되어도 갖은 협박과 회유책을 동원하여 재계약이라는 귀국 만류책을 강구하였으며, 1944년 4월부터는 만기자의 계약기간이 일방적으로 연장되기까지 했다. 그리고 1944년 3월 3일의 각의결정에서 가족의 유치를 인정하는 회유책도 강구되었다. 정착·귀선 문제를 세목별 원인으로 보면 정착 반대가 23건으로 대부분을 차지하며, 즉시 귀선 요구와 일시 귀선 요구가 각각 2건으로 되어 있다. 이것만 봐도 많은 노동자들이 정착을 반대하고 귀선을 희망했음을 알 수 있다.

다음으로 식료·의료문제를 살펴보기로 하자. 1943년 8월 常磐탄광에 연행된 이팔용에 따르면, 가장 곤란했던 것은 배고픈 것, 잠자리(빈대), 입는 것,

신발, 갱내열이라고 했다.[11] 일제는 「국가총동원법」 체제 아래서 각종 경제통제를 실시하고, 주요 물자의 배급제도를 시행하였다. 그 때문에 식료, 의료, 작업화 등이 항상 부족하고 열악한 상태여서 생존 자체가 어려운 형편이었다.

식료·의료 문제에서 세목별 원인을 보면 식료배급 개선요구가 17건으로 대부분을 차지하고 있으며, 의료배급 요구가 6건으로 그뒤를 따르고 있다. 우선 중노동에 시달리다 보니 배가 고파서 견딜 수 없었던 것이다. 1944년뿐만 아니라 그 이전에도 「미곡소비규정」을 실시하는 바람에 많은 분쟁의가 속출했다.

그들의 기록을 살펴보면 아래와 같다.

> 중일전쟁의 전선이 확대되면서 미곡을 비롯한 다른 소비규정이 강화되어 많은 불평불만이 퍼지고 있다. 더욱이 1941년 4월 1일부터 6대 도시(전국 在住 한국인의 대부분은 6대 도시에 과밀 거주하고 있다)에 미곡의 통장제(通帳制)가 실시되고, 그 배급량은 1人 1日 2合 3勺 정도(11세 이상 60세까지, 기타는 2合, 근육노동자는 최고 3合 8勺 정도)로 되어 있어서 각 府縣에서도 점차 이 표준에 따라 할당 배급량을 개정하게 되었다. 따라서 곳곳에 만만찮은 충격을 주고, 특히 在住 한국인의 대부분은 노동자로서 시국 인식이 부족한 자가 많고 또 일본인에 견주어 훨씬 大食이므로 1人 1日의 소비량은 대체로 1升 내지 7~8合 정도이기 때문에 규정 초기에는 고통을 크게 느껴 공연히 불평불만을 토로하며, 飯米 부족을 구실로 …… 태업 또는 파업을 하여 작업 능률을 저하시키는 등 치안 면에서 우려할 만한 사태를 빈발시킨다.[12]

이상에서 살펴본 바와 같이 1944년에 이주 한국인 노동자가 분쟁의를 일

---

11) 長澤秀, 〈ある朝鮮人炭鑛勞動者の回想〉, 在日朝鮮人運動史研究會, 《在日朝鮮人史研究》 第4號, 1979.6, 1~29쪽 참조.

12) 內務省 警保局, 《社會運動の狀況》, 朴慶植 編, 앞의 책, 제4권 1, 665~666쪽.

〈표5〉 노동분쟁의의 수단(1938)

수단	건수	참가 인원
파 업	26	298
태 업	20	278
기 타	120	2,590
계	166	3,650

자료 : 內務省 警保局, 《社會運動の狀況》, 朴慶植 편, 앞의 책, 제4권 1, 134~136쪽.

〈표6〉 이주 조선인 노동자의 분쟁의의 수단(1939~1941년 누계)

수 단	건 수
진 정	38
태 업	134
파 업	121
시위운동	31
직접행동	99
기 타	69
소 계	492

자료 : 內務省 警保局, 《社會運動の狀況》, 朴慶植 편, 앞의 책, 제4권 1, 710~711쪽.

으킨 원인 가운데 가장 중요한 것은 혹독하고도 잔인한 노동관리, 턱없이 부족한 식료·의료배급 문제, 정착반대 귀선요구 등 세 가지로 집약된다. 이것이 전체 분쟁의 건수의 79퍼센트 이상을 차지하고 있다. 그때는 임금문제가 별로 중요하지 않았다. 가혹한 노무관리, 배고픔을 탈피하여 고향으로 돌아가는 것이 그들의 열망이었고, 이것이 분쟁의 발생의 가장 중요한 원인이었다.

2. 수 단

〈표5〉는 재일 한국인 노동분쟁의의 수단을, 〈표6〉, 〈표7〉, 〈표8〉, 〈표9〉는 각각 강제 연행된 이주 한국인 노동자의 분쟁의의 수단을 보여주고 있다. 1939년 이후의 통계에는 노동분쟁의뿐만 아니라 이주 한국인 노동자와 일

〈표7〉 이주 조선인 노동자의 분쟁의의 수단(1942) (단위 : 건)

분쟁의	수 단	모 집	알 선	합 계
노동분쟁의	파 업	42	6	48
	태 업	46	22	68
	직접행동	22	13	35
	기 타	40	12	52
	소 계	150	53	203
내선인 쟁투사건	직접행동	48	38	86
	기 타	5	1	6
	소 계	53	39	92
합 계		203	92	295

자료 : 内務省 警保局, 《社會運動の狀況》, 朴慶植 편, 앞의 책, 제4권 2, 928~931쪽.

〈표8〉 이주 조선인 노동자의 분쟁의의 수단(1943) (단위 : 건)

분쟁의	수 단	모 집	알 선	합 계
노동분쟁의	파 업	8	28	36
	태 업	4	37	41
	직접행동	6	74	80
	기 타	8	70	78
	소 계	26	209	235
내선인 쟁투사건	직접행동	18	73	91
	기 타	6	14	28
	소 계	24	87	111
합 계		50	296	346

자료 : 内務省 警保局, 〈特高月報〉, 朴慶植 편, 앞의 책, 제5권, 217~220쪽 및 358~360쪽.

〈표9〉 이주 조선인 노동자의 분쟁의의 수단(1944) (단위 : 건, 명)

수 단	건 수	참가 인원
폭 행	52	3,762
파 업	47	4,789
태 업	13	373
기 타	17	1,105
합 계	129	10,029

자료 : 司法省, 〈治安維持法についての報告〉, 朴慶植 편, 앞의 책, 제5권, 623~624쪽.

본인 노동자 사이의 투쟁도 포함하고 있다.

〈표5〉에서는 노동분쟁의의 수단을 파업, 태업, 기타로 간단히 분류하고 있어서 그뒤의 통계와 비교하기는 무척 힘들다. 어쨌든 1938년에 파업이 전체 노동분쟁의 건수의 15.7퍼센트, 태업이 12퍼센트를 차지한다. 1939년에서 1941년까지 이주 한국인 노동자의 분쟁의의 누계를 〈표6〉에서 살펴보면 파업이 24.6퍼센트, 태업이 27.2퍼센트로서 그 중요성이 1938년에 견주어 더욱 커졌음을 보여주고 있다. 그러나 1942년과 1943년의 경우에는 파업이 295건과 346건으로 전체 분쟁의에서 각각 차지하는 비중이 16.3퍼센트, 10.4퍼센트 그리고 태업이 차지하는 비중이 각각 23.1퍼센트, 11.8퍼센트로서 점점 낮아지고 있는 추세인데, 이것은 직접행동에 기대는 경우가 많아졌기 때문이다. 그리고 1938년에는 파업 건수가 태업 건수보다 많았지만, 1939년 뒤로는 점차 반대의 경향을 띠고 있는데, 그것은 관헌과 회사의 강력한 탄압 때문에 파업하기가 점점 어려워졌음을 나타내고 있다.

1939년 뒤로는 점차 직접행동에 기대는 비중이 증가하고 있다. 이를테면 노동분쟁의의 직접행동과 내선인 쟁투사건의 직접행동을 합쳐서 볼 경우, 이것이 전체 분쟁의 건수에서 차지하는 비중은 1939년에서 1941년 사이의 누계로 20.1퍼센트, 1942년 23.7퍼센트, 1943년 49.4퍼센트로 격증하고 있음을 알 수 있다. 특히 1943년에는 약 절반이 직접행동에 기대고 있다. 1944년은 통계의 주체가 다르기 때문에 서로 견주지 않기로 한다.

내선인 쟁투사건은 대부분 직접행동에 기대고 있다. 1942년과 1943년에는 「모집」, 「알선」(관알선)별, 노동분쟁의 내선인 쟁투사건별로 통계를 작성하고 있다. 「모집」, 「알선」별 분쟁의를 보면 1942년에는 「모집」에 따른 이주 한국인 노동자의 분쟁의가 203건(68.8퍼센트), 「알선」에 따른 이주 한국인 노동자의 분쟁의가 92건(31.2퍼센트)으로 「모집」에 따른 이주 한국인 노동자의 분쟁의가 압도적으로 많다. 1939년부터 1942년 1월까지는 「모집」의 방식으로 한국인 노동자를 강제 연행해 갔지만, 그뒤로는 「모집」 방식을 「관알선」 방식으로 바꾸어 강제로 연행해가게 된다.

1942년 말까지 「모집」에 따른 한국인 이주 수는 15만 7천664명, 「알선」에 따른 그것은 9만 857명으로 「모집」에 따른 이주 수가 훨씬 많았기 때문에 「모집」에 따른 노동자의 분쟁의가 훨씬 더 많았던 것이다.

그러나 1943년에는 「알선」에 따른 이주 한국인 노동자의 분쟁의 건수가 296건(85.5퍼센트), 「모집」에 따른 이주 한국인 노동자의 분쟁의가 50건(14.5퍼센트)으로 「알선」에 따른 이주 한국인 노동자의 분쟁의가 대부분을 차지하고 있다. 참고로 그해 말 이주 한국인 노동자의 수를 「모집」, 「알선」별로 보면 「모집」에 따른 이주 수는 14만 6천473명, 「알선」에 따른 이주 수는 15만 4천181명으로 「알선」에 따른 이주 수가 약간 많기는 하지만 양자 사이에 큰 차이는 없다.

그러면 「모집」, 「알선」별 한국인 노동자의 이주 수는 비슷한데, 왜 대부분의 노동쟁의는 「알선」으로 이주해 온 한국인 노동자들이 주축이 되었던 것일까? 그 까닭을 다음의 두 가지로 나눌 수 있다.

첫째, 강제의 성격[13]과 관련이 있다. 「모집」의 시기에도 물론 응모자 수가 할당수에 못 미칠 때는 경찰의 강제연행체제가 갖추어져 있기는 했지만, 형식상으로는 자유응모의 방식을 취했던 것이다. 그리고 많은 경우에 경제적 궁핍에 따른 응모, 일본으로 가라는 경관이나 면직원의 말이 가진 위압, 진로 선택폭이 극도로 좁아지면서 시행된 응모, 전시 아래 식민지 조선에서 강화된 황민화정책에 따른 정신적 영향[14], 그리고 일본의 노동·생활조건에 대한 무지와, 일본에 대한 동경·기대 따위가 있었기 때문에 자유응모라는 방식으로도 할당수를 쉽게 채울 수 있었던 것이다. 따라서 「모집」에 따라 일본으로 이주해 온 한국인 노동자의 경우에는 비록 강제연행의 체제는 먼

---

13) 이에 관한 자세한 내용은 全基浩, 〈日帝下 朝鮮人 强制連行·强制勞動에 있어서 强制의 性格에 관한 硏究〉, 《經濟硏究》 제16호, 慶熙大經濟硏究所, 2000.12, 참조 (이 책의 149~180쪽 에도 수록)

14) 같은 글, 7~10쪽 참조

저 마련되어 있었다 하더라도, 많은 경우 자유의사에 따른 응모라고 봐야 한다. 반면에 「관알선」의 경우에는 대체로 납치연행과 같은 신체적 구속으로 강요된 연행이었다. 「모집」의 경우보다 강제성이 훨씬 강화된 「알선」의 경우에 불만의 정도가 훨씬 더 크고, 분쟁의를 훨씬 더 많이 일으키는 것은 너무나 당연했다.

둘째, 일본에 체류한 기간과 관련이 있다. 「모집」이 「알선」에 견주어 일본에 체류한 기간이 훨씬 더 길기 때문에 일본의 노동·생활조건에 어느 정도 순치되어 있고, 또 분쟁의를 일으켜도 별 소용이 없다는 것을 경험과 전해 듣는 소식에 기대어 잘 알고 있었기 때문에 처음부터 자포자기해 버리는 경우가 많았다. 그러나 「알선」의 경우에는 일본 체류기간이 짧아서 그런지 갑자기 달라진 열악한 노동·생활조건을 견딜 수가 없어서 우발적으로 분쟁의를 일으키는 경우가 많았던 것이다.

이러한 경향은 노동분쟁의의 폭력화에도 여실히 드러나고 있다. 1942년에 노동분쟁의 203건 가운데 직접행동이라는 수단에 기대는 것은 35건으로 17퍼센트를 차지한다. 그리고 이를 「모집」, 「알선」 별로 보면 「모집」이 22건으로 「알선」 13건에 견주어 훨씬 많다. 그러나 1943년에 일어난 노동분쟁의 235건 가운데 직접행동이라는 수단에 기대는 것은 80건으로 34퍼센트나 되어 비율 면에서 1942년의 두 배에 이른다. 여기서 직접행동이란 사무실이나 기물을 파괴한다든지 회사의 관리자를 구타하는 등 주로 폭력수단에 기대는 것을 말한다. 노동분쟁의의 폭력화는 「알선」에 따른 강제연행이 본격적으로 이루어지면서 서서히 나타난 경향이다. 그리고 이를 「모집」, 「알선」별로 보면 직접행동 80건 가운데 76건이 「알선」에 따라 이주해 온 한국인 노동자가 대부분 일으킨 것이다. 「알선」에 따라 이주해 온 한국인 노동자의 노동분쟁의가 폭력성을 띠는 것도 위에서 설명한 두 가지 까닭에서 말미암은 것이다.

〈표10〉 노동분쟁의의 결과(1938)

결 과	건 수
요구관철	23
요구거절	18
타 협	102
요구철회	5
자연소멸	5
기 타	8
계	161
비 고	미해결 5

자료 : 〈표5〉와 같음.

〈표11〉 이주 조선인 노동자의 분쟁의의 결과(1939년~1941년 누계)

결 과	건 수
목적 관철	37
목적 불관철	49
타 협	82
慰留 해결	324
미해결	0
계	492

자료 : 〈표6〉과 같음.

3. 결 과

〈표10〉, 〈표11〉, 〈표12〉, 〈표13〉은 노동분쟁의의 결과를 나타내고 있다. 다만 〈표11〉의 경우 노동분쟁의와 내선인 쟁투사건이 통계상 분리되어 있지 않아서 비교에서 제외하기로 한다.

노동쟁의의 결과를 보면 요구가 그대로 관철된 비율은 1933년에서 1937년 사이에 20퍼센트 안팎으로 일정하다. 중일전쟁이 끝난 뒤 전시체제로 들어가면서 노동운동이 완전히 탄압되는데, 1938년에는 그것이 14.3퍼센트로 대폭 감소하기에 이른다.15) 1942년에 일어난 노동분쟁의 203건 가운데 요

〈표12〉 이주 조선인 노동자의 분쟁의의 결과(1942)

분쟁의	수 단	모 집	알 선	합 계
노동분쟁의	요구관철	13	3	16
	요구거절	16	3	19
	타 협	33	6	39
	요구철회	4	9	13
	송 국	5	2	7
	자연소멸	4	3	7
	기 타	75	27	102
	소 계	150	53	203
내선인 쟁투사건	송 국	22	13	35
	타 협	9	7	16
	기 타	22	19	41
	소 계	53	39	92
합 계		203	92	295

자료 : 〈표7〉과 같음.

〈표13〉 이주 조선인 노동자의 분쟁의의 결과(1943)

분쟁의	수 단	모 집	알 선	합 계
노동분쟁의	요구관철	1	10	11
	요구거절	0	7	7
	타 협	11	34	45
	요구철회	1	17	18
	송 국	2	40	42
	자연소멸	3	6	9
	기 타	8	72	80
	소 계	26	186	212
내선인 쟁투사건	송 국	14	34	48
	타 협	3	14	17
	기 타	7	39	46
	소 계	24	87	111
합 계		50	273	323

자료 : 〈표8〉과 같음.

15) 全基浩, 〈1930年代 在日朝鮮人勞動者의 勞動爭議〉, 《經濟硏究》 제14호, 慶熙大經濟硏究所, 1998, 54쪽

구가 관철된 건수는 16건이고, 그 비율은 7.9퍼센트를 차지하며, 1943년에는 그 비율이 5.2퍼센트로 대폭 감소하는 경향을 보이고 있다. 이것은 노동자들에 대한 탄압이 강화되면서 회사가 한국인 노동자들의 요구를 들어주지 않는 방향으로 가고 있음을 뜻한다.

노동분쟁의의 결과에 대해서 특이할 사항은 타협의 비율이다. 1931년 뒤로는 경찰관에 따른 쟁의의 조정이 눈에 띄게 증가하기 때문에 타협에 따른 해결의 비율이 점차 증가했다고 볼 수 있다.[16] 그래서 그 비율은 1938년에 63.4퍼센트나 된다. 그러나 타협에 따른 해결의 비율은 1942년과 1943년에는 20퍼센트 안팎으로 대폭 감소한다.

한국인의 노동쟁의, 특히 비교적 과격한 노동쟁의에는 항상 경찰관의 관여가 있었다. 한국인 노동자를 독립사상이나 좌익사상 또는 그러한 운동에서 분리시키기 위해 경찰의 감시나 단속이 평상시에도 자행되었지만, 특히 노동쟁의가 일어난 경우에는 먼저 주동자를 검거한 뒤에 쟁의를 분쇄하거나 경찰관이 개입하여 쟁의를 조정하는 것이 관례였다.[17]

1930년대에 견주어 1942년과 1943년에 타협을 거친 쟁의해결의 비율이 격감한 것은 경찰의 방침이 쟁의조정에서 쟁의의 분쇄·탄압 쪽으로 바뀌었음을 나타내고 있다.

또 하나 노동분쟁의의 결과에 대해서 지적해 둘 것은, 「알선」에 따라 이주해 온 한국인 노동자들의 노동쟁의가 폭력성을 띠고 검찰로 송국한 건수가 1942년 7건(3.4퍼센트)에서 1943년 42건(19.8퍼센트)으로 대폭 증가했다는 사실이다. 이주 한국인 노동자들의 노동분쟁의에 대한 탄압이 1943년을 계기로 더욱 강화되었음을 뜻한다.

---

16) 같은 글, 54쪽.

17) 같은 글, 55쪽.

5. 도 주

이주 한국인 노동자들의 투쟁은 적극적인 형태로서 저자가 명명한 '사업장 안의 분쟁의'와, 소극적인 형태인 '도주'가 있다는 것을 앞에서 서술한 바 있다. 사업장 안의 분쟁의는 사업장에 머물면서 일으킨 분쟁의로서 이주 한국인 노동자들이 일본인 사용자 또는 회사를 상대로 일으킨 노동분쟁의와, 일본인 노동자에 대해서 일으킨 투쟁사건(그들은 이것을 내선인 쟁투사건이라고 부르고 있다)이 있다. 이 글에서는 노동분쟁의를 중심으로 분석하고 있지만 한일 노동자 사이의 투쟁사건도 일부 분석에 포함시키고 있다.

도주는 일본인 사용자나 노동자와 직접 투쟁하는 것이 아니라 그것을 벗어나 사업장을 떠난다는 뜻에서 소극적인 투쟁이라고 표현했다. 그렇다고 해서 도주가 결코 사업장 안의 투쟁보다 용이하다거나 위험성이 적다는 것을 뜻하지는 않는다. 그것은 사업장 안의 투쟁보다 오히려 더 어렵고 때로는 목숨을 건 투쟁이기도 했다.

일제는 전쟁 수행을 위해 불가결한 부문에 한국인 노동자들을 강제 연행해서 강제로 일을 시켰다. 그래서 그들은 갖가지 도주방지 대책을 강구했던 것이다. 극히 소액의 용돈말고는 현금을 지참시키지 않는다거나, 경우에 따라서는 종이옷을 입히기도 했다. 그러나 이것은 도주방지책으로는 너그러운 편에 속한다.

생각하거나 모여서 의논할 틈을 주지 않는 계속되는 노동과 훈시·훈련·황민화 교육, 사업장 안의 삼엄한 감시체제, 그리고 전국에 그물망처럼 처진 도주자 감시 및 체포망, 도주하다 붙잡혔을 때 가해지는 때로는 죽음에 이르는 잔인한 구타행위와 사업장 복귀, 모두 협화회에 엮어 협화회회원장을 가지고 있지 않으면 어느 곳에서도 취업할 수 없도록 한 협화회회원장 제도, 도주해서 취업하더라도 비슷한 노동·생활조건 등등, 이 모든 악조건에도 아랑곳하지 않고, 단지 지옥 같은 현실 조건에서 벗어나고자 도주를 감행한 것이다. 미래의 자유나 희망과 같은 기대, 또는 미래에 대한 계획도 없이 우선 도주해 놓고 보자는 것이다. 그만큼 현실의 여러 조건이 가혹했던 것이다. 사업장 안의 분쟁의보다 훨씬 더 어렵고, 목숨을 내놓을 용기가 없으면 도주를 감행할 수도 없었다.

내무성 경보국이 도주의 원인으로 열거하고 있는 것은 다음과 같다.

① 처음부터 계획적으로 內地 도항의 수단으로 응모한 것
② 타고난 浮浪性에 기인한 것
③ 직장의 사고 등으로 작업에 공포를 느낀 것
④ 타인의 선동 유혹에 따라서 직장을 포기, 자유노동자로 되고자 하는 것
⑤ 작업의 과로를 몹시 싫어하는 것
⑥ 도회 생활을 동경하는 것
⑦ 응모당시의 노동조건과 실제가 상이한 것[18]

위의 지적 가운데 작업에 대한 공포, 과도한 노동, 응모당시의 노동조건과 실제가 상이한 것 등이 도주의 진정한 원인이었다. 탄광에서는 무리한 생산 독려와 보안시설의 미비, 평소에 웬만한 갱내의 징조에는 겁내지 말고 채탄을 계속하라는 노무관리 등으로 말미암아 탄광재해에 따른 한국인 사망자 수는 6천 명에서 8천 명으로 추정된다. 실로 죽음의 공포를 느끼고, 결사적으로 도주하려고 마음먹었던 것이다. 여기에 가혹한 강제노동, 물자부족에 따른 열악한 의식주 생활조건, 외부와 차단된 감옥생활 등이 도주를 불가피하게 만들었다.

회사나 경찰이 기울인 도주방지 노력이 결사적으로 한데 모아졌지만, 도주자가 너무 많이 나오는 바람에 1942년에는 관계관청의 협의에 따라 도주방지 대책으로서 「이입 조선인 노동자 요강」을 결정·시행하기에 이른

18) 內務省 警保局, 〈社會運動の狀況〉, 1942 ; 朴慶植 編, 앞의 책, 제4권2, 932~933쪽.

다.[19] 그리고 1944년 3월 3일 각의 결정으로 일정한 조건 아래서 가족의 유치를 인정하는 회유책도 강구된다. 또한 일제는 연행자의 계약이 만기되어도 갖은 협박과 회유책으로써 재계약이라는 귀국 만류책을 강구하였으며, 1944년 4월부터는 만기자의 계약기간도 일방적으로 연장되고 모든 한국인 노동자는 도망말고는 사업장을 벗어날 길이 없었던 것이다.

1943년 12월말 당시 이입 한국인 노동자의 도주상황을 보면 총 이입자 36만 6천464명 가운데 12만 2천169명이 도주했는데 이것은 총 이입자 수의 33.3퍼센트에 해당되는 수치이다. 특히 「모집」의 경우에는 총 이입자 수 14만 6천938명 가운데 6만 1천237명이 도주했으니 41.7퍼센트의 엄청난 도주율을 보인 셈이다. 모집의 경우 도주자, 불량송환, 기간만료귀선, 기타 등 감모수를 고려하면 현재원 수는 3만 4천945명이다. 감모수 가운데 불량송환은 강제귀선 시킨 수치이고, 기타는 자세한 설명이 없어서 알 수는 없으나 재해로 말미암은 사망과 부상, 분쟁의 사건으로 말미암은 구금 등을 뜻할 수 있기에 이들은 도주할 수 없는 불가피한 감모 수치인 것이다. 불량송환, 기타를 합치면 약 3만 명에 이르는데, 이들을 고려하여 도주율을 계산하면 약 52퍼센트에 이르는 엄청난 수치이다. 이처럼 여러 사정으로 도주하기 매우 힘든 실정인데도, 실로 절반 이상이 도주를 감행했던 것이다.

「알선」의 경우에는 총 이입자 수 21만 9천526명 가운데 6만 932명이 도주하여 28퍼센트의 도주율을 나타내고 있다. 모집의 경우와 같이 불량송환, 기타를 합친 약 2만 명의 불가피한 감모분을 고려하면 도주율은 30퍼센트가 넘는다. 강제성이 더더욱 강한 「알선」의 경우 「모집」의 경우보다 도주율이 더 높은 것이 논리적으로는 마땅하지만, 실제로 더 낮은 까닭은 「알선」이 1942년 2월에 결정되어 일본에 건너간 기간이 그렇게 오래 되지 않았기 때문이다. 그리고 도주하기 위해서는 어느 정도 일본어와 부근지리를 익혀

---

19) 그 자세한 내용은 全基浩, 〈日帝下 朝鮮人 强制連行·强制勞動에 있어서 强制의 性格에 관한 硏究〉, 26쪽. (이 책의 149~180쪽에도 수록)

야 하고, 친척·지인들과 연락이 닿을 기간이 필요하기 때문이다. 뿐만 아니라 도주방지 대책이 더욱 강화되었기 때문이기도 하다. 「알선」 노동자들의 불만이 사업장 안의 분쟁의의 폭발과 그 폭력성에서 뚜렷이 드러나고 있다는 점은 앞서 서술한 바 있다.

6. 맺는말

강제 연행된 재일 한국인 노동자들은 노동조합과 노동운동이 완전히 금압되고, 언론·출판·사상·교육·종교가 통제된 1국1당(一國一黨)의 파시즘 체제 아래서 투쟁했던 것이다.

이 글은 강제 연행된 이주 한국인 노동자들의 투쟁을 사업장 안의 분쟁의와 도주로 나누어서 다루고 있다. 사업장 안의 분쟁의는 노동분쟁의(對사용자투쟁)를 중심으로 다루면서도 일부 한일 노동자 사이의 쟁투사건도 포함시켰다.

이주 한국인 노동자들의 사업장 안의 분쟁의 건수는 1939년 이후 이주 한국인 노동자들이 늘어나면서 같이 증가해 간다. 이 분쟁의는 모든 노동단체가 해산되고, 노동운동이 완전히 금지된 파시즘 체제 아래서 노동조합을 비롯한 운동단체의 지도도 없이, 혹독한 노동·생활조건에 대한 자연발생적 폭발이었다는 데서 그 특징을 발견할 수 있다.

분쟁의의 주된 원인을 보면, 1938년에는 임금인상과 해고 반대가 주류를 이루었으나, 강제연행기 뒤로 일본인과 많이 관계하면서 언어·감정·습속 등의 상위(相違)에 따른 문화적 요인이 가장 컸다. 임금 등 대우 불만과 응모시의 계약 사항 불이행도 분쟁의의 중요한 원인이었다. 탄광의 경우에는 재해예방 시설의 미비로 말미암은 빈발한 재해가 분쟁의의 원인이 되기도 했다. 이주 한국인 노동자들의 분쟁의에서 주요한 요구사항은 감독자들의 구타 등 가혹한 노무관리에 대한 반항으로서 감독자 배척이었다. 1944년의 분쟁의 원인 가운데 가장 큰 비율을 차지하는 것은 역시 노무관리(전체 건수의 37퍼센트) 문제였으며, 그 가운데 절반이 계원폭행이었다.

역시 1944년 분쟁의 원인을 보면 노무관리 다음으로 계약만기가 된 노동자들을 귀선시키지 않아서 일어난 정착·귀선 문제, 이어서 물자의 배급통제 강화로 말미암은 의료·식료 부족 문제 등이다.

분쟁의의 수단을 보면 1938년에는 파업 건수가 태업 건수보다 많았지만 1939년 뒤로는 반대의 경향을 띠고 있는데, 이는 관헌과 회사의 강화된 탄압으로 점점 파업하기가 어려워졌음을 뜻한다.

1942년 2월부터 강제연행의 방식이 종전의 「모집」에서 「관알선」으로 바뀌자, 1943년에는 「알선」 노동자의 분쟁의가 대부분을 차지하고 있다. 두 경우의 이주 수는 서로 비슷하다. 그럼에도 「알선」의 경우에 강제성이 훨씬 더 강화되었다는 사실, 둘째로 「모집」이 「알선」에 견주어 일본에 체류한 기간이 훨씬 더 길었기 때문에, 「모집」 노동자들은 일본의 노동·생활조건에 어느 정도 순치되어 있었고, 또 분쟁의를 일으켜도 별로 소용없다는 것을 경험과 전해 듣는 소식에 기대어 잘 알고 있어서 그런지 일찍이 자포자기해 버리는 데 반해, 「알선」 노동자의 경우에는 짧은 일본체류 동안 갑자기 달라진 열악한 노동·생활조건을 도저히 견딜 수가 없어서 우발적으로 많은 분쟁의를 일으켰던 것이다. 「알선」 노동자가 주도한 분쟁의에서 나타나기 시작한 또 하나의 경향은 파괴·구타와 같은 분쟁의의 폭력성인데, 그것도 위에서 설명한 두 가지 원인에서 비롯된다.

분쟁의의 결과를 보면, 강제연행기 이후 시간이 지나면서 노동자들의 요구가 관철된 비율은 점차 줄어들고, 타협에 따른 해결의 비율도 같은 경향을 띠고 있다. 반면에 검찰에 송국한 비율은 대폭 증가하고 있다. 이들 경향은 분쟁의에 대한 경찰의 탄압이 강화되었음을 뜻한다.

강제 연행된 이주 한국인 노동자들의 또 하나의 투쟁방식은 도주였다. 도주는 사업장 안의 투쟁보다 더 어렵고 경우에 따라서는 목숨을 건 투쟁이기도 했다. 갖가지 도주방지책이 가로막고 있어서 도주 자체가 매우 어려웠음에도, 「모집」의 경우 도주율은 실로 50퍼센트를 넘어섰다. 재해로 말미암는 죽음에 대한 공포, 가혹한 강제노동, 열악한 생활조건 등이 도주를 불가피하게 했다. 사업장 안의 분쟁이나 도주는 결국 일제의 강제연행·강제노동에 대한 처절한 자연발생적 투쟁인 것이다.

참고문헌

1. 자료집

朴慶植, 《朝鮮問題資料叢書》第一卷~第十五卷.

———, 《在日朝鮮人關係資料集成》第一卷~第五卷, 三一書房, 1975~1976.

塩田庄兵衛編, 《勞動用語辭典》, 東洋經濟新報社, 1972

日帝36年史研究會·曹溪宗在日總本山高麗史 주최 《朝鮮人强制連行에 관한 국제 심포지엄》, 1992.

長澤秀 編·解說 《戰時下 强制連行極秘資料集》, 東日本篇, Ⅰ~Ⅳ, 綠蔭書房, 1996.

在日朝鮮人運動史研究會, 《在日朝鮮人史研究》, 創刊號~第28號, 1977~1998.

朝鮮人强制連行眞相調査團, 《朝鮮人强制連行の記錄》, 大阪篇 및 兵庫篇, 中部東海篇, 四國篇, 柏書房, 1992~1997.

朝鮮總督府 警務局 編, 김봉우 역, 《日本植民地統治秘史》, 청아출판사, 1989.

木寸田陽 編譯, 《コミンテルン資料集》, 第1~5卷, 大月書店, 1978~1983.

2. 단행본

加藤佑治, 《日本帝國主義の勞動政策》, 御茶の水書房, 1970.

江口朴郎, 《帝國主義時代の研究》, 岩波書店, 1975.

姜東鎭, 《日本の朝鮮支配政策史研究》, 東京大學出版會, 1979.

金森襄作, 《1920年代の社會主義運動史》, 미래사, 1985.

金仁德, 《식민지시대 재일 조선인연구》, 국학자료원, 1996.

마르크스, K., 金秀行 譯, 《資本論》Ⅰ(上)(下)·Ⅱ·Ⅲ(上)(下), 比峰出版社, 1989.

朴慶植, 《朝鮮人强制連行の記錄》, 未來社, 1965.

三菱美唄炭鑛勞組編, 《炭鑛に生きる》, 1960.

安秉直, 《日本帝國主義と朝鮮民衆》, 御茶の水書房, 1986.
隅谷三喜男, 《勞動經濟論》, 筑摩書房, 1969.
李鍾爋, 《日本經濟論》, 法文社, 1993.
楫西光速·加藤俊彦·大島淸·大內力, 《日本資本主義の發展》, I~IV東京大學出版會, 1964.
――――――――――――――, 《日本資本主義の發展》, 東京大學出版會, 1959.
淺田喬二, 《日本帝國主義と舊植民地地主制》, 御茶の水書房, 1968.
한길사 編, 《한국사13 : 식민지시기의 사회경제》, 한길사, 1994
海野福壽, 《朝鮮人强制連行に關する基礎的硏究》, 私家版, 1995.
Cole, G.D.H, *A Short History of British Working Class Movement*, London George Allen And Unwin Limited, The Labour Publishing Company, Limited, 1925.
한국노동조합총연맹, 《한국노동조합운동사》, 1979.
Webb, S.&B., *The History of Trade Unionism*, Augustums M. Kelley Publishers Clifton, 1973.

3. 논문

角木 征一, 〈東京深川における朝鮮人運動〉, 《在日朝鮮人史硏究》, 제6호, 1980.
――――, 〈全協失業者同盟下の朝鮮人運動〉, 《在日朝鮮人史硏究》, 제9호, 1981.
高木伸夫, 〈滿洲事變前後の勞動運動と在日朝鮮人勞動者〉, 《在日朝鮮人史硏究》, 제23호, 1993.
谷合佳代子, 〈1930年代在阪朝鮮人勞動者のたたかい〉, 《在日朝鮮人史硏究》, 제15호, 1985.
橋澤 裕子, 〈新潟縣における朝鮮人勞動運動〉, 《在日朝鮮人史硏究》, 제17호, 1987.
堀內 稔, 〈兵庫縣における朝鮮人勞動運動〉, 《在日朝鮮人史硏究》, 제19호, 1989.
――――, 〈阪神消費組合について〉, 《在日朝鮮人史硏究》, 제7호, 1980.
――――, 〈在日朝鮮人アナキズム勞動運動(解放前)〉, 《在日朝鮮人史硏究》제16호,1986.
――――, 〈兵庫縣朝鮮人の初期勞動運動〉, 《在日朝鮮人史硏究》, 제23호, 1993.
金廣烈, 〈1920년대~1930년대在日朝鮮人と失業救濟事業〉, 《在日朝鮮人史硏究》, 제24호, 在日朝鮮人運動史硏究會, 1994.
――――, 〈1930年代 名古屋地域における朝鮮人勞動運動〉, 《在日朝鮮人史硏究》,

제23호, 1993.
金森襄作, 〈在日朝鮮勞組大阪事件について〉, 《在日朝鮮人史研究》, 제20호 1990.
金英達, 〈在日朝鮮人社會の形成と1899年勅令第352號について〉, 《在日朝鮮人史研究》, 제21호, 1991.
金仁德, 外村大 譯, 〈在日本朝鮮勞動總同盟についての-考察〉, 《在日朝鮮人史研究》, 제26호, 1996.
金靜美, 〈和哥山 在日朝鮮人の歷史 : 解放前〉, 《在日朝鮮人史研究》, 제14호, 1984.
金　浩, 〈山梨における在日朝鮮人の形成と狀況 : 1920年代〉, 《在日朝鮮人史研究》, 제11호 1983.
———, 〈日本輕金屬(株)によるの當士川水力工事と朝鮮人勞動者動員 1939~1941년〉, 《在日朝鮮人史研究》, 제19호 1989.
———, 〈山梨縣梁川村の朝日勞動者衝突事件〉, 《在日朝鮮人史研究》, 제20호 1990.
ドナルド・スミス, 〈1932년 麻生炭坑爭議における勞動者同士の團結と對立〉, 《在日朝 鮮人史研究》, 제25호, 1995.
梶村秀樹, 〈1920~30年代 朝鮮農民渡日の背景 : 蔚山郡達里の事例〉, 《在日朝鮮人史研究》 제6호, 1980.
———, 〈海がほけた〉, 《在日朝鮮人史研究》 제10호, 1982.
白戶仁康, 〈北海道의 朝鮮人勞動者 强制連行概況〉, 《朝鮮人强制連行에 관한 國際 심포지엄》, 1992.
———, 〈第2次 世界大戰期 美唄炭鑛 : 朝鮮人問題를 中心으로〉, 《朝鮮人强制連行에 관한 國際심포지엄》, 1992.
山田昭次, 〈日立鑛山朝鮮人强制連行の記錄〉, 在日朝鮮人運動史研究會, 《在日朝鮮人史研究》 제7호, 1980.
———, 〈朝鮮人强制勞動の歷史的前提〉, 《在日朝鮮人史研究》 제17호, 1987.
———, 〈植民地支配下の朝鮮人强制連行·强制勞動とは何か〉, 在日朝鮮人史研究會 編, 《在日朝鮮人史研究》, 제28호, 1998.
山脇改造, 〈朝鮮合倂以前の日本における朝鮮人勞動者の移入問題〉, 《在日朝鮮人史研究》, 제22호, 1992.
三輪嘉男, 〈在日朝鮮人集住地區の類型と立地特性〉, 在日朝鮮人運動史研究會, 《在日朝鮮人史研究》 제11호, 1983.
三田登美子, 〈江陵-興南-大夕張 : ある在日朝鮮人の記憶〉, 《在日朝鮮人史研究》

第16號, 1986.

宋連玉, 〈大阪における解放前の在日朝鮮人の生活(1)〉, 《在日朝鮮人史研究》 제13호, 1984.

松永洋一, 〈關東自由勞動組合と在日朝鮮人勞動者〉, 《在日朝鮮人史研究》, 제2호, 1978.

水野直樹, 〈朝鮮總督府の內地渡航管理政策〉, 《在日朝鮮人史研究》 제22호, 1992.

市原 博, 〈戰時下 朝鮮人炭鑛勞動의 實態〉, 《朝鮮人强制連行에 관한國際심포지엄》, 1992.

野村名美, 〈朝鮮勞動總同盟會について〉, 《在日朝鮮人史研究》, 제5호, 1979.

若生みすず, 〈朝鮮人勞動者の兵神爭ゴム議について〉, 《在日朝鮮人史研究》, 제10호, 1982.

外村 大, 〈在日朝鮮勞動總同盟に關する-考察〉, 《在日朝鮮人史研究》, 제18호, 1988.

———, 〈大阪朝鮮無産者診療所の鬪い〉, 《在日朝鮮人史研究》, 제20호, 1990.

———, 〈親睦扶助團體と在日朝鮮人運動〉, 《在日朝鮮人史研究》, 제23호, 1993.

友田直子, 〈戰時下における舞鶴の朝鮮人をめぐる狀況〉, 《在日朝鮮人史研究》 제23호, 1993.

伊藤悅子, 〈大阪における內鮮融和期の在日朝鮮人教育〉, 在日朝鮮人運動史研究會, 《在日朝鮮人史研究》 제12호, 1983.

장시원, 〈산미증식계획과 농업구조의 변화〉, 《한국사》 13, 한길사, 1994

長澤秀, 〈第2次大戰中の植民地鑛業勞動者について : 日本鑛業株式會社資料お中心に〉, 在日朝鮮人運動史研究會, 《在日朝鮮人史研究》 창간호, 1977.

———, 〈日帝の朝鮮人炭鑛勞動者支配について〉, 《在日朝鮮人史研究》 제3호, 1978.

———, 〈ある朝鮮人炭鑛勞動者の回想〉, 在日朝鮮人運動史研究會, 《在日朝鮮人史研究》 제4호, 1979.

———, 〈日帝の朝鮮人炭鑛勞動者支配について(續) : 常磐炭鑛株式會社を中心に〉, 《在日朝鮮人史研究》 제5호, 1979.

———, 〈新潟縣と朝鮮人强制連行〉, 在日朝鮮人運動史研究會, 《在日朝鮮人史研究》 제19호, 1989.

全基浩, 〈日本經濟膨脹力의 對內外的 構造〉, 《政經研究》 제106호, 1973.

조석곤, 〈토지조사사업과 식민지지주제〉, 《한국사 》13, 한길사, 1994.

崔碩義, 〈私の原體驗 大阪, 小林町朝鮮部落の思い出〉, 《在日朝鮮人史研究》 제20호, 1990.

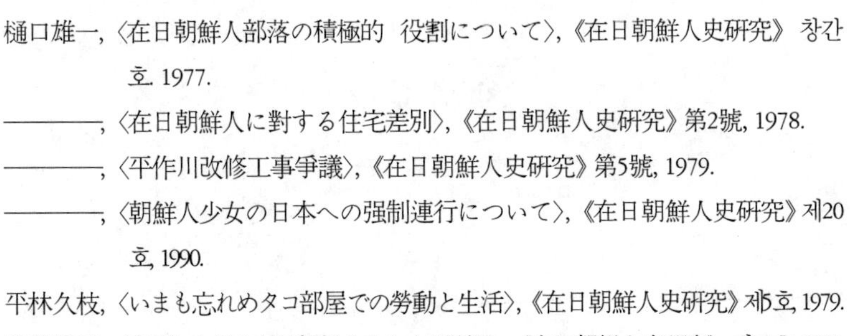

樋口雄一, 〈在日朝鮮人部落の積極的 役割について〉, 《在日朝鮮人史研究》 창간호. 1977.

———, 〈在日朝鮮人に對する住宅差別〉, 《在日朝鮮人史研究》 第2號, 1978.

———, 〈平作川改修工事爭議〉, 《在日朝鮮人史研究》 第5號, 1979.

———, 〈朝鮮人少女の日本への强制連行について〉, 《在日朝鮮人史研究》 제20호, 1990.

平林久枝, 〈いまも忘れめタコ部屋での勞動と生活〉, 《在日朝鮮人史研究》 제5호, 1979.

後藤耕二, 〈京都における在日朝鮮人をめぐる狀況〉, 《在日朝鮮人史研究》, 제21호, 1991

*

찾아보기

【ㄱ】

【ㄴ】

【ㅅ】

【ㅇ】

【ㅈ】

【ㅊ】

【ㅋ】

【ㅌ】

【ㅍ】

【ㅎ】

*